近代中日關係史料彙編
蘆溝橋事變前後的中日外交關係

Historical Documents on Modern Sino-Japanese Relations

Sino-Japanese Relations
Before and After the Marco Polo Bridge Incident

近代中日關係史料彙編 總序

呂芳上
民國歷史文化學社社長

一

　　日本是中國的近鄰，也是強鄰，中日之間一衣帶水，本應唇齒相依，共營孫中山的大亞洲主義，互助互榮；也大可以在一念之間，分出蔣介石所規勸的敵乎友乎，和睦共處，以臻東亞大同境界。但日本國力強大之後，不此之圖，選擇走向侵略、走向戰爭，對鄰邦由蠶食而鯨吞，結果釀成的是你傷我殘的悲劇。

　　中日關係的發展，遠的不提，辛亥革命時，日本原有干涉意圖不果，改採兩面外交，著重者在滿洲特殊權益。1914 年一戰爆發，次年日方即向袁政府提出二十一條要求，嚴重妨礙中日正常外交的推進。二十一條交涉甫告段落，日本又為洪憲帝制，蛇鼠兩端，迫得袁世凱含恨以終。其後復對北洋政府在參戰、借款問題及和會、山東問題上，施其詭譎伎倆，導致五四運動的發生。1921 年的華盛頓會議，九國公約中，日本雖在特殊利益上，沒獲多大斬獲，但日本遍及東北、華北的軍事部署，其有恃無恐、肆意在華

擴張的野心，已相當明顯。

　　1926 年，在南方的國民革命軍，揮師北指，很快的統一中國，這不是對中國抱持野心的日本所樂見的事，於是中日關係走入新的階段。

二

　　1920 年代初期，在南方的國民黨勢力崛起，1926 年國民政府開府廣州，接著北伐，1927 年定都南京，於是中國對內、對外新局面形成。1927 至 1952 年間，自北伐後中日談判重訂關稅、出兵山東開始，中經九一八、上海事件、華北事變、蘆溝橋事變，以迄戰爭結束、簽訂和約，具見日本以強國步步進逼，盛氣凌人，中國則以弱勢對應，先是退讓、容忍，終以干戈相見，最後日本以敗戰自食惡果。

　　1961 年，逢中華民國建國五十年，民間各界特別組成「中華民國開國五十年文獻編纂委員會」，負責出版各類叢書，其中之一是 1964 年至 1966 年以「中華民國外交問題研究會」為名編印之《中日外交史料叢編》一套九種。這套《叢編》基本上以國民政府外交檔案為主，北京政府外交檔案為輔編成。雖不能對兩國從文爭到武鬥的材料，作鉅細靡遺的羅列，但對兩國關係的重大起伏，實已提供學界深入研究的基礎史料。本社鑒於這套《叢編》對近代中日關係具有很高的史料價值，除聘請學者專家新編「華北事變」資料專輯附入外，特別以《中日外交史料叢編》九種為基礎，重新增刪並編輯匯成《近代中日關係史料彙編》

（以下簡稱《彙編》），以方便學界利用。

三

　　這套《彙編》，共含十五個主題概分為十七冊，包含約四千種文獻、三百萬字：一、《一九三〇年代的華北特殊化》本社最新輯編本，分三冊，由黃自進、陳佑慎、蘇聖雄主編，除利用外交部檔案外，並加入國史館庋藏之蔣中正總統文物相關史料。主要內容，包括長城戰役與塘沽協定（1933）、通航、通車、通郵交涉（1934）、華北特殊化與華北自治運動（1933-1935）、河北事件與南京政府退出華北（1935）、宋哲元與冀察政權（1935）、中日國交調整（1933-1935）、全面戰爭的前奏（1936）等，這三本資料集希望以豐富史料，重新探索1930年代中日、內外各方勢力競逐下的華北問題。二、《國民政府北伐後中日外交關係》19世紀中葉以後，西方勢力進入中國，因國力懸殊，中國頓成列強瓜分角逐場所，不平等條約既是帝國主義勢力的依憑，也是中國近代民族主義油然而生的根由。廢除不平等條約既是國民革命目標，北伐後爭取國際地位平等是國民政府外交努力的方向，也是中國與列強爭執的焦點。這本資料集可以看出中日雙方為長期的、偶發的政策或事件，形成外交角力的過程。主要內容有：國民政府定都南京後外交政策宣言（1927）、日本退還庚款及運用交涉（1929-1931）及中日重訂關稅協定（1926-

1935）、萬寶山事件與中村事件（1931-1932）均與日本有關。三、《國民政府北伐後中日直接衝突》北伐進行過程中，發生若干涉外事件，本冊所輯南京事件（1927-1934）、漢口事件（1927-1931）、日本第一、二次出兵山東（1927-1929）、。四、《九一八事變的發生與中國的反應》侵略滿蒙，進而兼併中國，是日本大陸政策的目標，甲午戰爭、日俄戰爭均是向外擴張的北進政策，1931年的瀋陽事變是日本北進的高峰，更是二次大戰前奏。當時政府為應付嚴重變局，特在中央政治會議內成立「特種外交委員會」，自1931年9月至12月，共召開五十九次會議，本冊收錄了這一重要會議的會議紀錄。五、《九一八事變後日本對華的破壞與侵逼》九一八事變之後，日本侵華腳步未曾停止，所謂「得寸進尺」差可形容，本冊所輯資料，重在日軍繼續挑釁（1932-1933）、日軍暴行與中國損失（1931-1933）、日本在東北破壞中國行政權完整（1932）。六、《日軍侵犯上海與進攻華北》1932年，日本藉口上海排斥日貨，嗾使日本浪人及海軍陸戰隊滋事，毆人縱火、殺死華警。上海市府提出抗議，日領反稱日本和尚五人被毆，提出反抗議，要求中方道歉、賠償、懲兇、制止反日行動。1月28日，日方迫令中國軍隊退出閘北，隨即向中方開火，是為淞滬戰役。歷時月餘，5月初始成立停戰協定。事實上，九一八事變後，日軍節節進迫，進攻熱河，侵擾察冀，無底於止；中方則忍辱負重，地方飽受戰火蹂躪，中央遭受輿論撻伐，中日關係瀕臨破裂。本

資料集收錄日軍侵犯上海之一二八事變（1932）、進犯熱河（1932-1935）、侵擾察冀及河北事件致有「塘沽協定」，及所謂「何梅協定」（1933-1935）等文件的簽訂。七、《蘆溝橋事變前後的中日外交關係》廣義的第二次中日戰爭，始於1931年九一八事變，止於1945年日本投降。十四年間又可分為兩階段：九一八至七七（1931-1937）中國是屬備戰、局部抵抗時期，日方是侵犯、挑釁期；七七之後中國是全面抗戰，日方則陷入戰爭泥沼期。前六年中日關係有戰有和，中方出於容忍、訴諸國際調停者多，後八年中方前四年獨立作戰，後四年與盟國協同作戰，對內對外，對敵對友的諸多交涉，交件中充分顯示戰前與戰爭外交的複雜面貌。本冊主要內容包含：（一）七七事變前的中日交涉（1934-1937），涉及廣田三原則、共同防共及滿洲國承認問題。（二）事變前日方的挑釁（1934-1936），又包括藏本事件、香河事件、成都事件、日人間諜行為等。（三）從七七到八一三（1937-1938），指的是全面抗戰爆發前後的中日衝突，例如蘆溝橋事變的發生、交涉、日本中國撤僑、八一三虹橋事件及戰事發展等。八、《蘆溝橋事變後中國向國際的申訴》七七事變後中日軍事衝突加劇，但鑒於雙方勢力懸殊，中國仍寄望透過國際干涉以制止日本侵華野心。本冊文件集中在中國向國聯控訴日本侵略（1937）。內容包括是年9月13日中國向國聯提出對日控訴始末。其間涉及國際間聲援、九國公約會議種種相關資料。九、《滿洲國的成立與國聯對日

本侵華的處理》1931 年九一八事變後，因國聯不能有效制裁日本的侵略行動，日本乃放膽實施侵吞中國計畫，一方取速戰速決之策，以亡中國；一方為掩人耳目，實行以華制華之計，製造傀儡組織。1932 年滿洲國之成立到1938 年扶植汪偽，均此之圖。本集主要內容有偽滿洲國的成立經過（1932-1935）；中國控訴、國聯之處理（1931-1933）。十、《偽組織的建立與各國態度》本冊文件集中在華北自治問題（1935-1937）及南京偽政權（1938-1943）之醞釀與成立。十一、《抗戰時期封鎖與禁運事件》戰爭發生後，可注意的事有三，一是受戰爭影響的敵境及海外華人權益維護問題、敵僑處理及外僑保護，二是敵人對鄰近地區的禁運、控制，三是盟國以自身利益出發的措施如何影響中國。大抵言之，國民政府與同盟國結盟，提升了國際地位，也保障戰後國際角色的演出。不過，同盟關係也有摩擦和困擾，例如美國中立法案（1939-1941）、英國封鎖緬甸運輸通路（1940）對中國造成的損害。本集資料內容即包括：一、戰時中國政府的護僑、護產措施；二、日本對東南亞的控制，如越南禁運、封鎖緬甸、控制泰國；三、美國中立法案、禁運法案及與日使野村談判；四、1940 到1945 年間日蘇關係的轉變等。十二、《日本投降與中蘇交涉》1945 年8 月14 日，日本投降，上距七七有八年，距九一八為時十四年，距甲午之戰五十一年，「舉凡五十年間日本所鯨吞蠶食於我國家者，至是悉備圖籍獻還。全勝之局，秦漢以來所未也」。中國戰勝意義自是重

大，但蔣中正委員長在當天廣播中，則不無憂慮的指出：「抗戰是勝利了，但是還不能算是最後的勝利。」顯然國共關係惡化、戰犯處置之外，東北接收與中蘇交涉等棘手問題，均將一一出現。本集資料重在日本投降經過，接收東北、接收旅大與中蘇交涉，張莘夫被害案（1945-1947）。十三、《戰爭賠償與戰犯處理》包含1943年同盟國準備成立戰爭罪行調查會至1948年中國戰犯處理委會工作報告相關文件。十四、《金山和約與中日和約的關係》交戰雙方和約簽訂，戰爭才算結束。中華民國對日和約，遲至1952年日降後六年又八個月才在臺北簽字，原因涉及戰後中國變局。1945年日本敗降，1949年12月，中國共產黨勢力席捲大陸，中華民國政府退守臺灣，這時蘇聯在東亞勢力擴張，國際局勢鉅變，戰勝的中、美、英、蘇、法五強，對東亞新秩序的建立，有複雜考量，同盟52國在舊金山召開對日和會，直到1951年9月8日，才有蘇、波、捷之外的49國參與簽訂的金山和約。當時中華民國未獲邀參加，次年（1952）4月28月在臺北正式簽訂中華民國對日和約，結束了中華民國與日本的戰爭狀態。由於戰後美國在東亞扮演舉足輕重的角色，因此也可看到中、美、日三方外交穿梭的足跡。本集資料主要有一、中國對金山和約立場表示（1950-1952）與金山和約的簽訂；二、中日雙邊和約前的籌議，包括美方意向、實施範圍、中日雙邊交涉及名稱問題的討論。十五、《中華民國對日和約》二戰結束後，冷戰接踵而來，1949年後中國形成一國兩

府的分裂局面，蘇、英、美對誰能代表中國與日本簽
訂和約有分歧看法，1950 年韓戰爆發，英、美獲得妥
協，同盟國對日舊金山和會不邀中國參加，在美方折
衝下，日本決定與中華民國政府商訂雙邊條約。1952
年 2 月，日代表河田烈與中華民國外交部長葉公超在
臺北磋商，最後雙方簽訂「中華民國與日本國間和平
條約」，雙方互換大使，直到 1972 年 9 月，遷移臺灣
的中華民國政府與日本維持了約二十年的正式外交關
係。這本資料集彙聚雙邊和會的一次籌備會、十八次
非正式會議及三次正式會議紀錄，完整呈現整個會議
自籌備至締約的過程，史料價值極高。

四

　　如果說抗日戰爭是八年，那麼九一八後的六年是
中國忍氣吞聲、一再退讓的隱忍時期，七七事變應是
中國人吃盡苦頭、退無可退的情況下，為求生存而奮
起的開端，此後的九十七個月，在烽火下的中國百
姓，過的何止漫漫長夜。八年中前五十三個月，中國
孤軍奮鬥，後四年才有盟軍並肩作戰，其間大小戰鬥
無數，國軍確實是勝少敗多，即使勝利前多，說國命
堪危也不為過。這次戰爭，日本固然掉入難以自拔的
泥潭，中華民國政府也在獲得遍體鱗傷的「皮洛式勝
利」（Pyrrhic Victory）後，隨即江山易色，勝利者反
變成另一場戰爭的失敗者，其後政局的演變，似乎不
容易給史家，從容寫出恰如其份的抗戰史來。

　　1970 到 1990 年代，中研院近史所曾利用庫藏外

交部檔案，出版過民國時期「中日關係史料」十五種
二十一冊，選題時間範圍只限於北京政府時期（1912-
1928）。本社出版這套《彙編》，正好延續了其後國
民政府的時段。這個時段提供了局面更為複雜的交
涉、戰鼓不斷、煙硝不熄的中日關係發展史料。

　　有了新史料，就會有新議題，就可期待史家新研
究成果的出現。我們出版史料的初衷是如此。

編輯凡例

一、本書原件為俗體字、異體字者，改為正體字；無法
　　識別者，則以□符號表示；挪抬及平抬一律從略。

二、本書排版格式採用橫排，惟原文中提及如左如右
　　等文字皆不予更改。

三、本書依照原件，原文中提及「偽」、「逆」等文
　　字皆不予更改。

四、以上若有未盡之處，敬祈方家指正。

目錄

第一章
對日外交情事概觀

第一章　對日外交情事概觀

中國國民黨臨全會有關當時外交情勢的報告

序言

（民國二十七年三月八日編）

本報告以最近中日關係為限，其敘及中國與他國之關係時亦以中日問題為主。

一　二中全會關於外交政策之決定

二十五年七月間二中全會會議中，中央審察當時情勢，認為東亞局勢雖日趨嚴重，中日間危機雖日益加深，然仍不無運用外交以和緩外來侵略之餘地。遂引申上年十一月五全大會所決定：和平未到完全絕望時期，決不放棄和平，犧牲未到最後關頭，亦不輕言犧牲之原則，對外交政為最低限度之決定，即盡力以政治方法、外交手段保持領土主權之完整，絕對不容忍侵害我領土主權事實之發現，今後遇有領土主權再被侵害，如用盡政治外交方法而仍不能排除時，勢不得不放棄和平作最大之犧牲，以維護我國家民族之生存。

二　成都事件與中日談判

我外交當局，逆睹中日關係已屆嚴重關頭，正秉承中央政策，力謀以外交方式調整兩國邦交，冀弭戰禍。乃談判方尚未進行，而川民因反對日方擬在成都重設行政院，突於二十五年八月二十四日發生暴動。結果毆

斃日人二名、傷日人二名，日方遂令其駐華大使川越利用機會，於九月間提出取締排日行動、華北問題、共同防共、中日聯航、減低關稅、聘用日本顧問、捕逐反日韓人等強硬要求。當時政府認定成都事件係突發事件，準備依照國際慣例予以解決，其日方所提與成都事件無關之其他要求，則主張分別辦理，隨時商談。爰由外交部向日大使表示關於成都事件，我方準備道歉懲兇，處分直接負責之官員、撫卹死者家屬、並給予傷者醫藥費予以解決；對於日方所提其他各項要求，亦一一予以答復。例如對於所謂排日問題，我方主張消極的除去造成排日原因之惡感，積極的樹立中日新國交。對於華北問題，主張在不損害我領土與主權完整之原則下，協商中日經濟之合作。關稅及聯航兩問題，可予考慮，惟須以不影響我國庫之收入，實業之發展，及不妨害我領土主權為原則，方可商議。我方答復日方要求之外，復提出具體問題五項，希望日方辦理：（一）塘沽上海兩協定之取消。（二）冀東偽組織之消滅。（三）華北不法飛行之終止。（四）日韓人走私之制止及我海關緝私之自由。（五）察東與綏北偽軍及匪類之取締。政府認為上述五項問題，為中日糾紛癥結之所在，若不解決，則中日邦交無由調整。經外交部向日方據理力爭，殫精竭慮，舌敝唇焦，歷時數月，終因日方對於調整邦交，未具誠意，致無結果。至於成都事件，日方以我應付適宜，無可挾持，卒就我範圍，於同年十二月間，照國際慣例換文解決。

三　蘆溝橋事變

（1）事變之發動：二十六年七月七日夜十二時，華北日軍在蘆溝橋城外演習，藉口聞有槍聲，收隊點名，缺少兵士一人。日武官松井妄指槍聲係華軍所發，要求立即進城搜索。我方以時值深夜，所云槍聲絕非華軍所為，且日軍亦無在我境內搜查之權，婉詞謝絕，該武官即令日軍將城包圍，嗣經雙方商定派員調查，而日軍官寺平仍堅持入城搜查。正交涉間，城外日軍遽以大砲機關槍向城內射擊，我方為自衛起見，遂不得不應戰。

（2）我政府之態度：外交部據報後，當即秉承政府不能任事態擴大之方針，向日方表示願就外交途徑處理事變，要求日方嚴令肇事日軍撤回原防，靜候合理解決，並聲明保留一切合法要求之權，一面將事變經過將報告國聯，我方願以國際公法之任何和平辦法處理糾紛，暨日方違反九國公約、非戰公約及國聯盟約之事實，通知九國公約簽字國，以及蘇聯暨德國。

（3）我方抗議日方增兵：日方一面與我地方當局進行談判，而一面逐步進逼，擴大事態。除將其關東軍紛紛調遣入關外，並在日本國內動員第五、第十兩師團輸送來華。同時派遣大批飛機至華北。我方對於日方此種積極增兵，蓄意破壞和平之事實，除由外交部嚴提抗議，要求制止，以免局勢愈趨嚴重外，不得不調兵北上，以備萬一。

（4）平津陷落：日方所增大軍，既已調集關內，劫據要點，具挑釁之精神，攜犀利之武器，亟求一逞。

卒於七月二十七日向我二十九軍開始總攻，平津兩地遂於同月二十八日、三十日先後陷落。

四　上海戰事

（1）八一三事件：初日軍官暨水兵屢至上海虹橋飛機場窺探，並與我守兵發生事故，雖經滬市府迭提抗議，但日方不以為意。當蘆案發生後，中日間空氣極度緊張之際，其海軍中尉大山攜同水兵竟乘汽車馳至該飛機場。經我警察阻止，仍向前進行。旋保安隊令其停車，彼又不服。以致互相開槍，斃我保安隊一人，該大山中尉等亦被擊死，時為八月九日午後五時。此案發生後，俞市長與日本海軍武官本田及日領岡本商談，主張循外交途徑辦理。日方雖表同意，但將大隊海、陸、空軍開抵上海，並以軍用飛機及軍艦在杭州、寧波等地威脅，不自責其軍隊歷次進出其美路、橫濱路、八字橋等地，逾越範圍，已先破壞上海停戰協定，而責我保安隊及其他軍隊在本國領土內，設防自衛，為違反協定，要求撤退，強詞奪理，橫施壓迫，遂使雙方形勢極度緊張，我方雖嚴令不得首先開槍，避免衝突，而日軍竟於二十六年八月十三日先向我軍開始攻擊矣。

（2）上海市府與中央之態度：俞市長初與日方交涉虹橋事件時，即自動先將日僑居住區域附近之保安隊撤退，力主循外交途徑解決，而中央與日本外交人員談判該案時，尤表示在和平絕望前最後一秒鐘，仍以外交方法為解決糾紛之要義。乃日方在滬積極進逼，輕啟釁端，其蓄意侵略，昭然若揭，虹橋事件不過為其開釁之

一種藉口而已。

（3）各國大使之周旋：我國鑒於民國二十一年間，上海公共租界當局，容許日本海、陸軍隊利用公共租界，為攻擊中國軍隊之根據地，故於上海中日間形勢緊張時，特向英、美、法、義各大使館，提出文件請其採有效步驟，俾駐滬日軍不能利用公共租界攻擊中國軍隊。嗣准英、美、法、德、義各國大使照會，希望中國政府盡力將上海地方，劃出於任何可能敵對行為之範圍以外，並稱已同樣勸告日方等語。外交部於八月十二日復以駐滬日軍雖顯示威脅，中國當局為自衛而設防，但對日軍並無發動攻擊之意，上海人口眾多，中外商務利益廣泛，深望關係各國，盡力維持該地和平。惟目前已充滿危機，倘竟因日軍之侵迫引起戰事，中國政府不能負任何責任等語。

（4）日方飛機之濫施轟炸：八一三後，日方自十五日起即以大隊飛機轟炸南京、南昌、武漢、廣州等地，傷害紅十字人員、醫院、學校及大批非戰鬥員與難民。日海軍司令並公然要求外國使館館員與僑民於九月二十一日前撤退南京。雖經英、美、法、德、蘇聯各國之警告與抗議，及歐美輿論之指摘，彼仍悍然對南京等處大舉轟炸。其區域之廣，遍及山東、山西、江蘇、安徽、浙江、湖北、湖南、江西、廣東等省地方。彈多落人煙稠密之區，死傷平民甚多，其濫施轟炸之殘酷，實為人類所共憤。

五　中國申訴國聯

（1）國聯盟約第十、第十一、第十七條之援用：日本以武力侵略我國之事實，既如上述。其行動非特侵犯我領土之完整政治上之獨立，且足以擾亂國際和平，而造成有關國聯全體之局勢，政府爰擬具聲明書，臚列日軍侵略之暴行，電令出席國聯代表顧維鈞等，依據國聯盟約第十、第十一及第十七條之規定，於九月十二日正式向國聯提出申訴。蓋國聯盟約第十七條，專為處理會員國與非會員國間之糾紛，日本既已退出國聯，自應適用該條，我方深冀國聯邀請日本承受國聯之處理，依據盟約之規定，解決爭端；日本若竟拒絕，而仍從事戰爭，則國聯即可根據盟約第十七條適用第十六條之規定，對日採行經濟及財政上之制裁，或其他積極有效辦法。此為我方對於國聯之請求。

（2）諮詢委員會：上述處理辦法，雖經我方代表力爭，然參加國聯會議各國代表，鑒於年來國聯聲望之墜落，暨日本態度之倔強，對於盟約第十七條之適用，頗覺為難。尤以前此對義國實施制裁失敗以後，對於制裁條款之援用莫不望而卻步。雖經我方代表再三設法，而各國仍無適用制裁之意。且有關係各國，認為遠東問題之處理，須由美國參加始可增加力量，而美非國聯會員國，遂決定將中日爭端交由諮詢委員會研討。該委員會係根據一九三三年二月二十四日國聯大會決議案，為處理中日糾紛而設立，其委員係由國聯行政院各國代表充任，又加入與遠東有關係各國代表，美國亦派有觀察員列席者也。我方鑒於國際間事實上之困難，不得不同

意將中日事件交由諮詢委員會研討，而仍保留隨時援用盟約第十七條之權。我方仍派顧維鈞等參加會議，而日方則拒絕派員出席。

（3）國聯對於日方非法轟炸之決議：當諮詢委員會集議處理中日爭端之時，適日本軍用飛機在中國各城市濫施轟炸，已如上述。我方代表乘機為沉痛之陳述，委員會全體深為動容。爰於九月二十七日一致認為日機之殘暴行為，已引起全世界之恐怖與公憤，無可原諒，決議嚴加譴責。該項決議並經國聯大會於同月二十八日一致通過。

（4）國聯大會十月六日之決議：諮詢委員會研討中日爭端之結果，認為日方態度既如此倔強，而拒絕委員會之邀請，是欲就國聯盟約之規定，謀和平之解決為不可能。若非另闢途徑則爭端無由解決。於是製具報告書兩件提出國聯大會。

第一報告書，敘明日本侵略事實，加以結論，認為日本軍事行動遠超初起事件範圍之外，不能依照條約或正當防衛以自解，實屬違犯九國公約及非戰公約之規定。其第二報告書為辦法之建議說明，中日事件世界各國皆有關係，不能認為僅係中日兩國之事。建議由九國公約簽字國討論共同調停辦法，一面國聯大會予中國以精神上之援助，會員國不得為任何減少中國抵抗力量行為，並由各國個別考量援助中國之辦法。

國聯大會根據諮詢委員會之請求，於十月六日舉行會議，將上述第一與第二報告書決議通過。

（5）九國公約會議：九國公約簽字國中國與英（包

括英國自治領及印度）、美、法、義、比、和、葡，及
參加國丹麥、挪威、瑞典、墨西哥、玻利維亞連同蘇
聯，准國聯之邀請，各派代表於二十六年十一月三日在
比京不魯塞爾舉行會議。德國雖被邀請，婉謝參加。日
本則拒絕派遣代表出席。我國仍派顧維鈞等為代表。會
議之初，各國代表並不因日本之拒絕參加而放棄調停。
爰於同月七日致文日本政府，對日方復文中拒絕參加之
理由，逐節予以答復。乃日方仍一意孤行，拒絕參加。
我國鑒於日方之不可理論，在會議中力主採取積極有效
辦法，以期戰事可早結束。終因國際情勢非常複雜，各
國因種種牽掣，在實際上不能採取切實有效之具體辦
法，遂於十月十五日通過宣言，申述日本一再拒絕調
停，深違各國之願望；所有日方在中國採行之軍事行
動，實為造成嚴重混亂局勢之原因，其影響所及，不僅
各國在華之人民生命財產暨利益受其損害，且全世界治
安與和平亦遭擾害，日本使用武力干涉他國內政，而謂
可由當事雙方直接交涉解決實不可能；九國公約會議力
謀調停，日方始終拒絕，殊不可解。在此種情勢之下，
各國不得不考量其共同應取之態度。宣言通過公佈後會
議旋即休會。

（6）國聯行政院本年二月一日之決議：九國公約
會議即未能對日方採行切實有效之具體辦法，會議休會
後日軍仍積極進攻。我方遂再聲請國聯行政院考量積極
辦法。行政院集議結果，於本年二月一日通過決議案，
對於遠東戰事之延續，深為扼腕，除重言聲明上年十月
六日，國聯大會援助我決議案，引起各會員國嚴重之

注意外，深信參加行政院各會員國，應即與關係各國會商任何進一步之辦法，俾遠東爭端得以公允解決。我方代表對於上述決議雖予接受，然以行政院實際上並無具體辦法，仍保留我國隨時請求國聯依據盟約採取積極有效辦法之權。

六　日方偽組織之製造與我政府之態度

日軍攻陷南京之後，旋嗾使湯爾和、王克敏、董康等，於二十六年十二月十四日在非法佔領之北平成立偽組織，僭稱「中華民國臨時政府」。我政府以此項傀儡組織之產生，完全為日軍掩飾其侵略行為之慣技，非尋常叛亂可比，自應表示嚴正之態度，以正國際之視聽。爰於同月二十日發表宣言，鄭重聲明在日本軍隊佔領之北平或其他地方發現任何偽政治組織，皆為日本侵犯中國主權領土及行政完整之暴行，其一切行為對內對外當然無效，同時將該項宣言分送各友邦。

七　美國「巴納」軍艦之炸沉與英國「女鳥」軍艦之轟擊

當日軍進攻南京之際，美國砲艦「巴納」號，載有美大使館留京人員及外籍新聞記者十餘名，停泊南京上游馬鞍山江面，二十六年十二月十二日，突遇日機多架飛翔該艦上空，猛烈轟擊，致被炸沉。泊於該艦附近之美孚行汽船亦被炸沉，死傷多人。同日停泊蕪湖江面之英國軍艦「女鳥」號亦被日機轟擊。日機濫施轟炸，舉世為之震動，英、美兩國人民尤為激

昂。兩國政府均向日方嚴重交涉，日方始則託辭調
查，繼鑑於事態之嚴重，先後答復美英兩方允為適當
之措置，事件遂告解決。

八　德國斡旋和平之經過

上年十二月終，德國大使陶德曼奉德政府命，向中
國政府轉達日本政府所提，所謂基本議和條件如下：

第一、中國應拋棄聯共政策及反日與反滿（「滿
　　　洲國」）政策並與日本及「滿洲國」合作
　　　實行反共政策。

第二、在必要區域內設立非武裝區並成立特殊
　　　政權。

第三、日、滿、中締結密切經濟合作之協定。

第四、中國對日本為必要之賠償。

德大使並謂日方之意，如中國完全接受上項條件，則日
本政府準備開始兩國間之直接商議。

我方以日本所提條件內容廣泛，無從考慮，當託德
大使轉達日方去後。乃日本政府於一月十六日發表聲
明，謂「今後不以國民政府為對手」云云。我政府亦於
同月十八日聲明「中國和平之願望雖始終未變，而領土
主權與行政之完整，即為我獨立國家應有之要素，又經
有關係各國以神聖之條約允予尊重，自不能容許任何國
家之侵犯。中國政府於任何情形之下，必竭全力以維持
中國領土主權與行政之完整。任何恢復和平辦法，如不
以此原則為基礎，決非中國所能忍受」云云。

九　各國之態度

（一）蘇聯：中國受日本之武力侵略，各國中關係最切者，當推蘇聯。我方自開戰以後，即以日本侵略中國實為侵略蘇聯之張本，日苟勝我，蘇聯將無寧日各節，迭告蘇聯。蘇聯亦深瞭解此意。提議先訂不侵犯條約，因於上年八月二十一日簽訂中蘇不侵犯條約。兩方約定相互不得侵犯，並於第三國侵犯時，對方不得協助侵略國。自後蘇聯對我雖時有物質上之接濟，在日內瓦、不魯塞爾會議時，亦能主張公道，而始終無實力援助之意。蘇聯因種種關係，不欲於此時與日本直接衝突。但如英、美、法等國採取任何有效的聯合動作，則蘇聯必可參加。蘇聯此項態度，迄今未變。

（二）英國：蘆溝橋事變初起時，英國朝野雖多不直日本之所為，尚未表視深切之關懷。滬戰初起，英國猶力勸兩方就上海範圍和平解決。迨日軍在南北大舉進攻，日海軍宣告封鎖中國海岸（日海軍兩次宣告封鎖中國海岸，雖第三國船艦仍可自由航行，但糾紛時起。）日飛機在各地肆意轟炸，英國始感重大不安，深悉日本之侵略中國，危及英國在遠東之利益。未幾，英大使許閣森在京滬途中被日機槍擊受傷，英人輿論遂益為激昂。然英政府以擴充軍備猶未完成，而歐洲政局險象環生，義大利在地中海畔方蠢然思動，故對遠東問題未敢有若何積極行動，而不得不竭力拉攏美國，希望造成英美對遠東合作局面。當國聯諮詢委員會及九國公約會議開會時，英國對美企望尤殷。迨「巴納」及「女鳥」事件同時發生後，英方迭稱「英美合作從未有如今日之密

切者」。美巡洋艦之參加新加坡軍港落成典禮，亦未始非英美海軍合作之一種表示。然最近英國外長艾登突然辭職，總理張伯倫、新外長哈立法克斯正與義大利設法妥協，甚至有為歐洲之和平而承認阿比西尼亞兼併之說。英德妥協談判亦有進行之趨勢。在此種情形下，英方雖仍謂對遠東態度始終未變，然情勢險變，將來動態，殊難預測。

（三）美國：滬戰即起，美政府即勸令在華僑民隨時撤退，而同時國內所謂孤立派議員力促總統適用中立法。幸羅斯福總統迄今尚未宣布適用該項法規。上年十月五日當滬戰最為激烈之時，羅斯福在芝加哥發表演說，其語氣雖注重避免牽入漩渦，但暗示日本種種侵略步驟，為違反條約與人道之行為，足以威脅世界和平，摧毀一切文化，造成國際混亂與不安之局勢，正告美國孤立派人士，嚴守中立不能避免戰爭之影響。所有愛好和平之國家，應起而合作維持條約尊嚴及國際道德，藉以鼓動輿論以便參加國際會議一致對日。是時適九國公約會議即將開幕，美政府派臺維斯等代表出席，力主以國際協調，使日本接受調停。迨「巴納」案發生後，美國輿論大為震動，美政府主張與英、法等國採取同時而並行之行動。惟終以美國民意欲避免牽入戰爭漩渦者，其勢力甚為雄厚，故所謂英美間之合作，所謂並行行動，迄未有若何具體表現。惟美政府對於條約尊嚴，開放門戶主義及不承認原則，似必堅持其立場，決不致輕易放棄。

（四）法國：法國對中日問題，雖極關切。但終因

歐洲形勢險惡，其實力不足維護其遠東利益，故除與英、美、蘇聯合作外，不願自動有何積極主張。而對於軍火之通過越南，則又多所顧忌，致我國軍火之運輸，頗受打擊。

（五）義國：中義之間對於軍事及其他問題，平時多合作。當義國侵略阿比西尼亞時，國聯建議各會員國對義實施經濟制裁。中國為維持反侵略立場起見，當然參加制裁。而義政府屢請中國首創撤消制裁，經我方堅拒，義方深為不滿。中日戰起，義日拉攏甚緊。義代表在國聯及九國公約會議席上，所發言論多不利於我。我政府雖派專使馳赴羅馬，與莫索利尼及義外長多方接洽，亦無效果。上年十月間義國加入日德防共協定，十二月間義政府竟公然承認東北偽組織。我方當即向義抗議，自此義、德、日三國顯成一集團，與國際現狀維持派相峙立。目下中義國交甚少發展。

（六）德國：我國與德國關係，本較密切。民國二十五年冬，德日締結所謂防共協定，德政府屢謂此事與中國無涉。中日戰起，德政府亦尚能維持以前態度，並無偏袒日方之事。上年年終，德政府曾為和平一度周旋，但明言德方僅為傳話人，不擬參加任何意見。乃本年二月間，德政府改組，總理希脫拉於二十日在國會宣稱德國承認「滿洲國」。並謂中國物質與精神力量，不足抵禦共產主義。德國站於防共立場，認為日本為安定之力量與人類文化之保障。日本最大之勝利無礙於白人文明，共產主義如勝利，則白人千年文化將歸消滅。德國與中國過去深具友誼，此後將為真正之中日觀察者等

語。我方當即向德政府提出抗議。德方謂承認偽國非
對中國,深望中德友誼仍予維持,我方又去文維持我
方見解。

十　結論

　　中國此次血浴抗戰,所獲各國道義上之同情,已達
最高度。國聯迭次決議,予我協助。而國際現狀維持
派,如英、美、法、蘇等國,對我尤示好意。惟德、義
二國則因最近發生之連鎖關係,所持態度,於我無利。
而且直接或間接影響於英、美、法、蘇等國對遠東局勢
之政策,尤為重大。英、美、法、蘇等國既因歐洲政局
之牽制,又或因內部意見之紛歧,或因民眾之畏戰心
理,迄未能實行任何具體合作辦法。現我政府一面在軍
事上持自力繼續抵抗,一面正在外交上促進有關係各國
實行國聯及九國公約會議決議,盡量予我物質上及經濟
上之協助,同時促進各該國盡最大之努力,維持東亞之
法律與秩序,並重伸國際條約之尊嚴。

第二章

蘆溝橋事變前中日交涉

第二章　蘆溝橋事變前中日交涉

第一節　「廣田三原則」的交涉

一　「廣田三原則」的交涉經過

（一）中日間空氣好轉之由來

　　民國二十四年一月二十三日，廣田外相在日本國會演說外交方針，聲言對外不侵略不威脅，對華主善隣，謀與中國接近，不但我國朝野甚為贊許，即世界各國亦頗為感動。二月十四日蔣委員長答復朝日新聞記者談話，對於廣田外相之外交演說，認為中日關係好轉之起點，並謂道義兩字是解決中日難局之根本原則，亦惟依外交方式乃可得解決。汪院長二月二十日在中央政治會議報告外交方針，亦認廣田外相演說與我方素來之主張吻合，中日關係從此達到改善而復於常軌。並謂中日兩國人士共以誠意主持正義，為兩國謀永久和平，則中日間之根本問題必可得合理之解決。至此中日間之空氣頓形好轉，於時王寵惠氏便道赴日訪問，傳達我政府善隣之意旨。日本文化聯合會舉行總理十週忌辰紀念，日本朝日社飛機來華訪問相繼舉行，自是以後中日雙方即謀著手解決懸案以期打開僵局，五月間中日使節實行升格，非但為解決懸案之初步，亦為中日空氣好轉之事實的表現也。

（二）「廣田三原則」之由來

1・我方希望條件之提出

二十四年二月間王寵惠氏便道赴日，兩晤廣田外務大臣，曾以私人資格傳達我政府善隣之意旨。第一次會晤時，王氏即表示中日兩國應速行解決東四省問題，並表明中國政府及人民希望日本實行之兩大原則，暨中日外交方式應納入正軌：

一、第一大原則為中日兩國完全立於平等之地位，互相尊重對方，在國際間之完全獨立，故日本應首先取消對華一切不平等條約，尤應先取消在華領判權。

二、第二大原則為中日兩國應互相維持真正之友誼，凡一切非友誼行為，如破壞統一治安及妨害人民衛生等皆不得施之於對方。又中日外交方式應歸正軌，絕不用外交和平手段以外之壓迫或暴力。

廣田外相答以中日兩國欲實行親善，則中國排日排貨之行為應完全制止，盼望中國政府以誠意貫澈，勿以外國之阻力及國內之反對而中途變計。中國政府及人民所希望中日親善之兩大原則及兩國外交方式之應歸正軌，余皆表同意。惟滿洲問題希望中國現時暫勿提起，若以解決此問題為中日親善之先決條件，則不但幸而好轉之兩國感情將生變化，且恐兩國邦交因此逆轉。王氏仍表示東四省問題應早有妥當之解決辦法。

第二次王氏晤廣田外相時重申前次所表明中國政府及人民對日本之希望，廣田外相之答復與前次同，此中日兩國非正式交換意見之初步。

同年八月間蔣大使返任，九月七日與廣田外相相晤

談，蔣大使先就蔣委員長及汪院長所指示大意痛切申述，即日本應有之態度與誠意，言之綦詳。對於吾國黨部須明瞭其歷史及主義，兩國應以政府為對象不得涉及國內之組織。並申述王寵惠氏所表明中國政府及人民所希望於日本之條件，廣田外相已予同意，仍盼能予履行。再則上海停戰協定、塘沽停戰協定以及華北事件等項一律撤銷，恢復九一八以前之狀態。日本承認上述各條件，則中國允許：（一）中國設法停止排日及排貨。（二）中國不談滿洲問題。（三）中國經濟在平等互惠貿易均衡原則下，可商量提攜。凡於兩國有利者固當為之，於日本有利於中國無利者亦可商量。（四）倘經濟提攜成績良好，兩國國民互不猜疑。並可商量軍事。

　　廣田外相謂貴國此意見關係至為重要，當報告政府詳細研究再行奉告。此外主張須研究滿洲問題，使有切實妥當辦法。又謂報載中國有聯俄之議，英經濟顧問來東，特派人來日歡迎，日人仍懷疑中國以夷制夷之意云云。經蔣大使予以解釋，雙方相約對所談互守秘密。
以上為蔣大使返任後第二次與廣田外相之談話，要在要求日方實行王寵惠氏所提中日親善之希望條件，藉探日方真意。

2・廣田三原則之提出

　　蔣大使對廣田外相重申王寵惠氏所提中國對日之希望條件以後，廣田外相首允報告日本政府加以研究。事經月餘，至十月七日，廣田外相始提出三點，謂為月餘來與各方商討對華政策，並將我國所提意見一併徵詢，所得之決定意見，其撮要如下：

　　月餘來與各方商討對華政策並將貴國所提意見一併徵詢，現已大致決定對於貴國所提希望條件應當照辦，惟實行順序，貴國須先同意下列三點：

　　第一點，中國須絕對放棄以夷制夷政策，不得再藉歐美勢力牽制日本，如仍舊陽與日親，陰結歐美以與日仇，絕無親善之可能。

　　第二點，中、日、「滿」三國關係須常能保持圓滿，始為中日親善之根本前提，欲達此目的先須中日實行親善。在日本方面，中國能正式承認「滿洲國」，方認中國確有誠意。在中國方面，或有種種關係有不能即時承認之苦，然無論如何對於「滿洲國」事實的存在必須加以尊重。並須設法使「滿洲國」與其接近之華北地位保持密切之經濟聯絡。

　　第三點，防止赤化須中日共商一有效之方法，赤化運動發源於某國，在中國北部邊境一帶有與日本協議防止赤化之必要。

以上三點中國政府如能完全同意，日本對於貴國所提希望條件逐漸商議實行。

蔣大使之回答如下：

　　第一點請觀以後事實不必懷疑。第二點關係複雜，當報告政府加以研究。第三點中國將來或不至絕無商量之餘地。

（三）中日間關於三原則之商討

1・蔣大使與廣田外相之商討

一、蔣大使答復廣田外相之三點傳達政府之意見

十月二十日蔣大使訪廣田外相傳達我方之意見，其內容如下：

如日本照中國所提中日親善希望條件完全實行，則中國對日本表明下記之意思。

關於廣田閣下所提第一點，中國本無以夷制夷之意，中日兩國以前之糾紛皆由未能建立親善關係起，今為實行親善起見，中國與其他各國關係事件決不使中日關係受不良影響，尤不使有消極的排除日本或積極的妨害日本之意思，日本與其他各國關係事件亦須對於中國採取同樣之方針。

關於廣田閣下所提第二點，日本對於中國之不能承認「滿洲」即已諒解，今後中國對於「滿洲」雖不能為政府間之交涉，對於該處現狀，決不用和平以外之方法以引起變端，且對於關內外人民之經濟聯絡設法保持。

關於廣田閣下所提第三點，數年以來中國已盡最大之努力，不惜以重大之犧牲從事赤匪之剿除，赤禍已不足為患。至於中國北邊一帶之境界地方應如何防範，若日本照中國所提中日親善希望條件業已完全實行，則中國在不妨礙中國主權獨立原則下擬與日本協議有效之方法。

蔣大使重復申述：七日所談事項要求日本必須實行，蔣大使代表中國政府向廣田外相所提一切之條件除滿洲問題外，一切應回復九一八以前之狀態。如上海停

戰協定、塘沽停戰協定及本年六月間華北事件中日兩國軍人之商議，盼日本立即撤銷云。

以上為中國政府對廣田外相所提三點之回答，仍以王寵惠氏所提希望條件為前提。對於廣田外相第一點，表明中國本無以夷制夷之意，並主張日本對於中國亦須採取同樣方針，即謂日本與其他各國關係事件亦須不使中日關係受不良影響，尤不使有消極的排除中國或積極的妨害中國之意思。關於第二點，則明白表明不能承認「滿洲」，即不變其九一八以後之根本立場。關於第三點，亦以中國所提希望條件完全實行為先決條件，且謂在不妨礙中國主權獨立原則之下，擬與日本協議有效之方法，是有效之為何，有待於日方之提出方能予以協議也。

廣田外相對此回答概括的謂為空無一物。對第二點回答則謂我政府措詞巧妙，照詞意解釋中國仍欲用和平方法收復失地。關於第三點，表示日本之意重在防範共黨。蔣大使謂目下無急於協議防赤必要。廣田外相又謂，日本所要求之禁止排日排貨及日華兩國共同發揚東方文化事，中國政府之回答中均未提及，希望華方回答。結論謂：「細究貴國政府回答，似在日本未實行中國所提希望條件以前，則日本所提三點及各項要求，中國均不能同意，貴國政府若堅持此種主張，則與日本政府之意思相差尚遠」云云。

二、蔣大使赴外務省辭行時與廣田外相談話之概要

十月廿八日蔣大使赴日外務省辭行，廣田外相談：

（一）「關於中日親善兩國政府之意見彼此均已明瞭，今後悉宜著手具體之交涉。」又謂：（二）「在此時期希望貴國注意日方所提之三點，係經外、財、陸、海四省會議之根本方針，以後皆依此進行交涉，即令外務大臣更換，後繼者亦必遵此而行。」又（三）「關於中國所提希望條件中，列舉之取消租借地及軍隊軍艦等不經對方國同意，不得駐屯停泊或通過對方國領土領水」等，謂日本惟在「滿洲國」有租借地，若中國以此為問題與日本交涉，則與日本之意見相左，且恐發生極惡之影響。又日本軍隊軍艦等駐屯停泊通過中國領土領水之權利，係依庚子條約與各國同時取得者，其取消尚須待至相當之時機。又停戰區內之日本駐軍在停戰協定未取消以前，亦難撤退。蔣大使答以：（一）關於取消租界，中國希望各國均表同意，非特指一地而言。（二）關於外國軍隊軍艦等駐屯停泊通過中國領土領水之特權，希望日本首先表示並提倡拋棄。

2・丁參事與重光次官之商討

十一月初蔣大使因回國參加五全大會，以後中日間會商均由丁參事辦理，日方則為重光次官，其所商談均為手續問題及協商之準備事項。

一、丁參事訪重光次官之談話概要

十一月八日丁參事告重光次官，謂中國甚欲按照蔣大使與廣田外相所談以誠意進行中日親善交涉，若日本同意則中國已準備即與開誠協商。惟日本駐屯軍屢有干涉中國內政，蔑視中國主權之言行，實為進行親善協商

之障礙，請日本政府予以制止，以示日政府有誠意且有能力為親善之進行。

重光次官之意見：重光次官允轉達廣田外相，復謂關於中日關係欲開陳個人意見以供斟酌（中略），略謂：（一）蔣大使所提希望條件，據外務省所接報告蔣大使之解釋與南京不同。丁參事答以只有詳略之差，以後最好提出文書。重光次官又謂：（二）蔣大使之希望條件與九一八以前王外交部長主張相似，在當時已難辦到，況今日形勢變遷，中國若堅持此主張，則與日本意見相差尚遠，恐不易達到一致之點。丁參事答若今後中日兩國俱欲實行親善。彼此開誠協商。不難達到一致之點。重光次官又謂：中國之具體意見何時以文書提出。丁參事答當請示本國政府。嗣重光次官謂：中國此次改革幣制確有與某國默契牽制日本之嫌，中國此舉仍是以夷制夷，恐於進行親善不無影響。丁參事答中國此舉完全出於自動自力更生，絕無以夷制夷之意云。

按此次會談，重光次官表示不過提出個人意見以供參考，但有可注意者：（一）重光次官所談與廣田外相意思完全相同，觀丁參事與重光次官第二次會談可以證之（見後本節第二項）。（二）重光次官就中國所提希望條件而斷以與日本意見相差尚遠，自與廣田外相十月二十日廣田外相就中國政府回答而斷為與日本政府之意思相差尚遠云云（見前（三）第一項）完全相同，而語意更為明顯。質之廣田外相與重光次官之意，仍在中國須先同意日方之三點後，日方方能逐漸商議實行中國所提希望條件，同時亦足見我國方針之堅決不

變矣。（三）至重光次官之提出幣制改革問題自係日方之借題發揮。

二、丁參事與重光次官關於協商手續之商談

十一月十八日丁參事代表蔣大使往訪廣田外相，由重光次官代見，晤談之概要如下：丁參事謂中國已準備與日本協商親善之進行方法，若日本有此意，則協商之方式及手續有先議定之必要，重光次官謂前次會談後，已報告外相，其意見與本人前次所言相同。中國欲與日本協商進行辦法，日本當表同意，惟請中國注意下述兩點：（一）廣田外相所提三點係日本政府根本方針，今後協商當以此為出發點。至蔣大使所提希望條件在表面上日本亦當贊同，然若以取消租界租借地、廢除內河航行、撤去日本駐軍等為交涉之目的，則恐無實際效果，望中國不再堅持。（二）希望中國勿再有妨害協商之態度，如此次幣制改革之類者。丁參事當對第二點予以解釋。

關於協商之方式及手續：丁參事謂蔣大使之意或在不用文書來往而決定協商地點、人物，以會議形式行之。重光次官謂：「蔣大使之意可表贊同。」如中國欲以南京為會議地點及以外交部長或大使與日本大使為會議之人物，日本亦可同意。

此外丁參事要求日本對駐華軍官無理之言行加以制止。談及華北自治，無人不認為有日本軍官之威脅，此豈中國所能忍受。重光次官謂日關東軍駐屯軍注意華北與「滿洲國」關係之改善，自治能否實現，

最好聽其自然云。

按此次重光次官對丁參事所談與前次所談大致相同，與蔣大使辭行時廣田外相所談亦同。有可注意者如下：（一）表示其前次所談與廣田外相有同樣意見。（二）中國對於廣田外相所提三點尚未同意一層，重光次官似亦完全了解，故再鄭重表示謂廣田外相所提三點係日本政府根本方針，今後協商當以此為出發點云云。

三、丁參事與重光次官談關於準備開始協商事

十一月二十六日，丁參事為日本駐屯軍有蔑視中國主權之言行訪重光次官，要求日政府予以有效之制止。重光次官略謂：若中國以外相所提三點為基礎與日本開始具體協商圓滿進行，而對於華北與滿洲之特別關係有妥當辦法，則華北問題即可解決。又謂幸蔣委員長對外相所提三點已表同意，甚盼兩國迅速開始協商。關於經濟軍事有令各該當局研究之必要者，或令各該當局磋商亦可。又謂今後兩國均當注意其人民之言論行動使不阻礙協商之進行，則為關於減少阻礙培養良好之空氣，蓋與我丁參事所要求對照而發。又關於協商之方式手續，謂可照前次表示者行之。

按此次晤談可注意之點如下：（一）重光次官謂蔣委員長對廣田外相所提三點已表同意，與事實不合。（二）關於協商者除方式手續照前次表示者行之外，重光次官並謂關於經濟軍事有令各該當局研究之必要者，可令該當局磋商。

3‧張部長就任後中日間之商討
一、張部長會晤有吉大使關於調整中日關係事

　　十二月廿日有吉大使訪張部長，張部長略謂年來中日問題未能圓滿解決，究其原因，遇事輒為一時敷衍之解決，未作根本之打算。日方未能認識我方之誠意，我則感覺日方要求無厭，如不進行兩國關係根本的調整，前途殊堪憂慮，當向有吉大使表示兩點意見：（一）本人願以最大努力，經由外交途徑採用正常辦法商談中日間整個關係之調整。（二）用何種方式進行商談，亦願交換意見。有吉大使表示在原則上、理論上贊成整個調整，但慮華北糾紛如不從速解決恐無法進行。又謂日方之原則事，蔣院長已於上月廿日談時表示無條件的贊同，不知貴部長意見如何。張部長謂蔣委員長之言贊成，係贊成三原則之商討，無對案者係因三原則無具體意見，無從提出對案，絕非無條件的贊成三原則，乃希望貴方提出更具體之意見，以便商談之意，更就王寵惠氏提出三原則及廣田外相三原則提出之經過詳加說明，作為談話根據。有吉大使謂蔣大使答復廣田外相之意見甚屬空洞，張部長答日方對我方認為不滿者，可更提出具體意見。關於討論方式，張部長謂關於調整兩國關係進行方式，或照重光次官與丁參事所談辦法，或由雙方各組代表團以外交官為領袖加以有關係之軍事、經濟等專門家會同商討，均無不可。有吉大使謂開此種會議為避免陷於僵局起見，非有充分之準備不可。再問及華北問題，張部長言究竟日方對華北之希望如何，可盡量說出，華北為中華民國之一部份，一切問題仍須中央整個

商談，不能除外。有吉仍表示希望華北問題歸華北地方
處理，且問我方對三原則之具體意見，張部長答復原則
是日方所提，當然具體辦法亦應由日方提示。總之我方
希望中日問題有一根本整個解決之辦法。有吉大使謂中
日問題求一根本解決，事實上非常困難，更問我方是否
有具體方案，張部長謂目的若同，縱意見相差甚遠，亦
可由討論而求接近。有吉大使允為轉報政府，張部長希
望日方停止一切在華北之策動，免發生不良影響。有吉
大使希望授冀察政委會以較大之權限，經張部長再三予
以解釋。

　　按此次會談，張部長堅決主張整個中日關係，華
北問題不能單獨辦理。有吉大使曾以廣田外相所提三
原則，我蔣委員長已表示無條件的贊同，以此詢張部
長，張部長曾鄭重予以說明免其誤會。而張部長對日
方所提三原則，仍主張先由日方提出具體意見，然後
從事討論。

二、丁參事訪重光次官關於會商之方式

　　十二月廿四日，丁參事訪重光次官談中日會商之方
式，如前次張部長與有吉大使所談。重光次官答代表團
發言人多意見不一，仍用前次所商辦法為宜，丁參事解
釋用代表團之理由，謂各組代表團使數人發言，則各
方意見均能表示。重光次官謂照前次所商，以外交部長
及駐華大使為代表，有必要時兩方均使專門人員列席發
言，或組織小組委員會，使兩方專門人員會合討論亦
可。關於一般或正式之商議，由代表意見，至隨帶之秘

書翻譯則由代表臨時商定，此在實際上與各組代表團相同。丁參長表示即向政府請示。

按此次晤談，並未及某本原則之問題。

三、丁參事訪重光次官談中日關係之整個的調整

十二月廿七日，丁參事訪重光次官，丁參事謂我國目的在中日關係之全盤的調整，請重光次官明白答復。重光次官謂關於中日全局實行親善提攜而開始交涉，交涉方式依重光次官與丁參事所商辦法，均無異議，惟望中日雙方造成良好空氣，使交涉順利進行。又謂本人尚有補充意見，略謂：（一）撤除不平等條約之案不宜在開始交涉時即行提出，否則日本將誤解為中國不欲與日本親善，惟在親善提攜成立後方可提出，此時決無成功之可能。（二）學生運動有背景且有政治作用，中國政府能制止而不制止，在此情形下開始交涉，何能有充分效果？若有越軌行動，日本不得不自行禁止，希望中國為有效之處置。丁參事答以中日既欲親善，即應相互立於平等地位，則提出不平等條約案亦意中事，至於學生運動，則因愛國而起，此理之當然，若駐華武官不為種種策動，何至發生此事云云。

按此次重光次官所談補充意見，其一拒絕中國開始即提出取銷不平等條約案，當係對張部長十二月十八日之演說而發，而與以前所談更相呼應。至希望制止學生運動，與前此提出幣制改革案，用意相同。

四、須磨秘書訪張部長之談話

　　須磨秘書自日本返任，於一月廿二日晉謁張部長（報告關於新任大使人選事後），關於中日會商事，須磨秘書謂廣田外相之意，希望事先多交換意見，若有必要，即另組專門委員會亦無不可，問我方對此有具體案否。又謂對於三原則問題，客冬有吉大使會晤蔣院長時，貴部長亦在坐，蔣院長表示原則完全贊同，但無對案云云。張部長謂蔣院長之謂三原則贊同，乃贊成貴方提出具體方案以供討論，因為該原則實過於空泛，無從商討，此意本人前晤有吉大使時亦已提及。須磨秘書謂三原則包括內容甚多。即實際上之中日攻守同盟，非十年十五年所能完成，故具體方案實無從提出，只能提示原則，並列舉「滿洲國」之承認，塘沽協定之取銷、辛丑條約之修改等等問題以資說明。張部長表示過去未聞有此說明，深為詫異。

五、須磨秘書奉令訪張部長關於三原則之談話

　　一月廿五日，下午須磨秘書奉日外務省訓令訪張部長，詢問外交部發言人否認中國已承認「廣田三原則」事。須磨秘書先詢問一月廿三日報載外部發言人談話是否外交部正式發表。張部長答以此種性質與日外務省發言人談話相同，並謂廣田外相在該項演說中，謂我方已承認三原則，實際我方非但未予承諾，且廣田外相演說第二點關於承認「滿洲國」一項，亦與過去事實不符，自應聲明。須磨秘書謂去年蔣院長與有吉大使會見時，蔣院長曾表示贊成三原則。張部長謂當時蔣委員長係軍

事委員會委員長，非今日之行政院長，未負有行政上之
實際的責任，而接見有吉大使時，曾一再聲明以個人資
格談話，自不能視為外交上之正式憑證。況所云贊成
者，係贊成商談，並非對於三原則本身表示贊成也。且
說明三原則問題大部份與華北有關，必須中央派大員北
上，主持華北軍民政務，方能與貴方負責任人交涉，其
後何部長北上，貴方竟予拒絕，以致交涉不能進行，該
問題自無從討論。又謂本來廣田外相提出三原則之前，
我方曾提出希望條件，後以接蔣大使報告，廣田外相希
望我方先接受日方之三原則，當時我方曾訓令蔣大使向
日府要求須先實行我方所提希望條件，並表示日方若示
我以三原則之具體內容，則我方願與日方商討。又謂對
於廣田外相之三原則，根據我方紀錄，決無承諾之文
字，我方只表示貴方若提示其具體內容或辦法，則我方
願與貴方商討，外交部發言人為闡明真相起見，故有廿
三日之半公式談話之發表。須磨秘書謂有吉大使與蔣院
長談話時，並未將廣田外相之三原則與華北問題併為一
談，且蔣院長對於三原則確曾表示贊成。張部長謂不
然，廣田外相之三原則與華北問題完全是一個問題，三
原則之辦法必須中央派遣大員北上，方能與日方商討。
須磨秘書謂：第一、有吉大使訪蔣院長時，確曾聲明二
者係個別問題。第二、蔣委員長當時雖非行政院長且以
個人資格談話，但自其實力及實際地位而論，我方認為
蔣院長確已表示實質的承諾。第三、蔣院長於表示贊成
三原則後，並言及彼無對案，確有實行之意，是以我方
認為蔣院長確已接受。張部長謂不然，蔣委員長之意

思，以為三原則既由貴方提出，則其具體內容或辦法自
應由貴方提出，故言「本人無對案」，其理至明。須磨
秘書嗣：謂此事似乎已成為最後之一問題，請問部長是
否贊成三原則。張部長謂：日方提出中日親善之原則，
我方自不能反對，但亦須視親善之具體辦法如何，方便
商討。須磨秘書謂：然則尊意只贊成內容之商討而不贊
成原則之本身乎。張部長謂：先請提示具體方案，然後
問贊成與否。須磨秘書謂：東京方面並無具體方案。要
之此三原則乃中日問題之根本方針，例如「滿洲國」之
承認之一原則乃中日之根本方針，但如何實行一事，並
非原則，而為原則之應用上的問題。張部長謂：日方既
提原則，自不能無內容。須磨秘書謂：三原則乃根本方
針，不能一一確定其細目，是以東京方面對於三原則頗
為重視，而今貴方若不承諾，則日本政府一定大為吃
驚，貴方如不予承諾，則將成為重大問題，究竟部長承
諾與否，抑承諾其中之一個而不要其餘。張部長謂：我
方始終以既有原則必有方案，是以對於方案之商討，可
表示同意，此為我方始終一貫之主張。須磨秘書謂：本
國外務大臣之演說其中一部分，竟為有關係國家認為並
非事實而予以否認，在廣田大臣固然，即我方各界亦無
不予以重視，依照部長尊見，只同意於內容之商討，必
引起嚴重事態，良以三原則本身尚有問題，則此後中日
兩國之事態將益形複雜，務請部長重加考慮，尊意當由
本人報告政府。張部長謂：事實如此，俟廿九日與有吉
大使再明白一談可也。

六、有吉大使訪晤張部長辭行時之談話

　　一月廿九日，有吉大使自滬來京，向中國政府當局辭行，即日訪張部長。關於廣田三原則事復有談及，有吉大使謂：關於三原則事，近來貴方或有意見，或者貴方未閱讀廣田大臣演說之全文，致生誤會，亦未可知，若細讀廣田大臣演說全文，並未涉及承認「滿洲國」等之問題也。張部長答廣田外相之演說，未免言之過甚，日前我外交部發言人無非根據經過事實，為免除誤會起見，特予闡明。有吉大使謂：關於三原則問題，蔣院長業已承認，去年十一月二十日本人詢蔣院長對三原則之意見，蔣院長答以「贊成」、「無對案」，此事本人記憶非常清楚，此外貴部長亦曾對本人、丁參事亦曾向重光次官表示贊同，今若忽然變更，則問題非常重大。張部長謂：客歲貴大使與蔣委員長會晤時，余亦在座，當時蔣委員長所謂「贊成」者，乃贊成三原則之商討，並非單純的贊成。且謂三原則所提事項，多半與華北有關，必須中央派員赴華北主持軍民政務方可與日方負責之人進行磋商。蔣委員長謂：「無對案」，係指原則係日方提出，當然辦法亦應由日方提出，其後何部長北上，日方表示拒絕，致此問題無從再談，在外交部方面看來，我方對此問題之主張始終一貫。去年九月間蔣大使奉政府命令見廣田外相談話後，曾將當時談話之紀錄送達廣田大臣，此乃最有力之證據。總之本部對三原則之商談雖未拒絕，亦未贊成。如續談此事，當然應根據蔣大使之談話。復謂余對此事前後之經過及一切紀錄，曾詳加研究，始終未發現中國已承認三原則之本身。

按張部長就任外長後力倡以中日會議之方式調整中日整個關係，將中日交涉之重心移至南京，阻止日方局部之策動，廣田外相在議會演說謂：中國對三原則已表示承認後，各方極為重視，中國政府為闡明真相起見，始由外交部發言人發表談話，否認有承認三原則之事。日對此聲明甚為重視，此於須磨秘書與有吉大使訪張部長之談話足以證明之。日使館方面以涉及職務與大臣言責關係，辯論較長，間露恫嚇之語。張部長之說明則根據經過事實，表示一貫之堅決態度，且末後復鄭重聲明外交部對三原則之商談，雖未拒絕，亦未贊成，如續談此事當然應根據蔣大使之談話。換言之，一年以來所談改善調整中日整個關係，實發軔於王寵惠氏向廣田外相所提希望條件三項，當經廣田外相一再表示同意。隨後廣田外相提出對案原則三項，要求我方同意，曾由我方蔣大使一再聲明，如日政府能完全實行我方所提希望條件，並由日方除滿洲問題外恢復中日間九一八以前之狀態，則我方可以討論廣田外相所提出之三原則。嗣因華北糾紛益甚，而該三原則多半牽涉華北，故我方又提議三原則必須中央派遣大員北上，方能與日方商討，而不料此議復為日方拒絕，故協商仍未進行，此是我方一年來始終一貫之態度。即蔣委員長當時以個人資格與有吉大使談話，亦係根據此一貫之態度，並未有變更之表示。是以有吉大使於一月三十日拜會行政院蔣院長辭行，談及廣田三原則問題，蔣院長仍謂貴大使與張部長之談話余已知悉，余對此事之意見與張外交部長完全相同，並請其報告日本政府，可知我方對日方所提

三原則問題之態度，完全一致，且先後一貫也。（外交部編譯室）

二　交涉期間東京使節的報告

蔣大使與廣田外相談話報告

民國二十四年九月八日

南京外交部，二四一號，七日，極密呈閱。今日與廣田第二次談話歷二小時之久，茲略陳之，詳以書面報告。賓先以蔣、汪兩公所指示大意，痛切申述，即日本應取之態度應有之誠意，言之極詳。對於吾國黨部須明瞭其歷史及主義，不得置喙。且兩國應以政府為對象，不得涉及國內各組織。其結論倘日本能履行前對王博士所允諾之三基本原則，即：（一）中日兩國彼此尊重對方在國際法上之完全獨立，即完全立於平等地位，如對於中國取消一切不平等條約是也。（二）中日兩國彼此維持真正友誼，於非真正友誼行為如破壞統一、擾亂治安或毀謗誣衊等類之行為，不得施於對方。（三）今後中日兩國間之一切事件及問題，均須以平和的外交手段從事解決。再上海停戰協定、塘沽停戰協定以及華北事件等須一律撤銷，恢復九一八以前狀態。日本承認上述各條件，吾國設法停止排日排貨，並置滿洲問題不談，中日兩國經濟在平等互惠，貿易均衡原則下可商量提攜，凡於兩國有利者固當為之，於日本有利於中國無害者亦可商量。倘經濟提攜成績良好，兩國之民互不猜疑，並可商量軍事。廣田謂貴國此意見關係至為重要，當報告政府詳細研究，再行奉答。但欲決定以上各條件

時，須研究各具體辦法，如滿洲問題中國縱不能即時解決，然滿洲與中國商務及其他各方面均有密切關係，亦須有切實妥當之辦法，否則雖取消停戰協定，亦難收圓滿之效果。頃聞閣下所言，余深信貴國政府確有誠意，但今日報載貴國仍有聯俄之議，對於英經濟顧問來東特派兩人來日歡迎，日人仍有懷疑中國以夷制夷之意。賓謂報載各節，請勿置信，廣田又謂國民黨前曾容共，日人仍不免猜疑，中日兩國應極力發揚東方文化，消滅共產思想。賓謂吾國政府早已具此決心。以上所談，相約互守秘密。賓。

蔣大使與廣田談話報告

民國二十四年十月八日

南京外交部。二五六號，八日，呈閱。昨與廣田談多田事，後又及中日親善問題，茲擇要電呈如下：廣田謂月餘來與各方商討對華政策，並將貴國所提意見一併徵詢，現已大致決定，對於貴國所提三大原則認為應當照辦，惟實行順序，貴國須先同意下列三點。第一點，中國須絕對放棄以夷制夷政策，不得再藉歐美勢力牽制日本，如仍舊陽與日親善，陰結歐美以與日仇絕，無親善之可能。第二點，中、日、滿三國關係須常能保持圓滿，始為中日親善之根本前提，欲達此目的先須中日實行親善，在日本方面中國能正式承認滿洲國，方認中國確有誠意，在中國方面或有種種關係有不能即時承認之苦，然無論如何對於滿洲國事實的存在，必須加以尊重。（一）須設法使滿洲國與其接近之華北地位不啟爭

端。（二）須設法使滿洲國與其接近之華北地位保持密切之經濟聯絡。第三點，防止赤化，須中日共商有效之方法。赤化運動發源某國，在中國北部邊境一帶有與日本協議防止赤化之必要。以上三點中國政府如能完全同意，日本對於貴國所提三大原則即逐漸商議實行。賓答第一點請觀以後事實不必懷疑，第二點關係複雜，當報告政府加以研究，第三點中國將來或不至絕無商量之意。廣田又謂以上所談係兩國政府意見，今後須本此意見引導國民使之同意，此時希望勿向外公表，以免惹起實行上之障礙。賓又謂為實行兩國親善起見，在外官吏人民所有言語行動，須切實注意，免惹起誤會，以致生障礙。廣田又謂果能速解決若干問題，使兩國人民均了解其誠意，則此誤會自少。又請賓在歸國前多談數次云云，詳當面陳。賓。

蔣大使會晤廣田報告

民國二十四年十月廿三日

南京外交部，二六七號，廿三日，極密。汪院長鈞鑒：十八日鈞電答復廣田第三點在如何防範下，易為「若日本照中國所提中日親善基本前提條件之三大原則業已完全實行，則中國在不妨礙中國主權獨立原則之下擬與日本協議有效之方法」數語。因前後談話關係，故略有變動，特電密聞。賓。

丁參事會晤重光報告

民國二十四年十一月九日

南京外交部，二七九號，九日，呈閱並祈轉蔣大使。昨代表蔣大使往訪廣田，渠令重光代見。佽告以中國甚欲按照蔣大使與廣田所談以誠意進行中日親善交涉，若日本亦願共同切實商議進行辦法，則中國已準備即與開誠協商。惟日本駐屯軍將校屢有干涉中國內政，聲言自由行動等蔑視中國主權之言行，日本如不能制止，則中國不能不懷疑日本政府無誠意、無能力為親善之進行，希望日本政府迅即制止駐屯軍之無理言行，以免為進行親善協商之障礙，請以此意轉達外相，重光允轉達。渠謂關於中日關係，欲開陳個人意見以供斟酌：關於蔣大使所提三大原則，據外務省所接報告，蔣大使之解釋與南京不同，究以何者為主，尚待查明。佽答蔣大使三大原則，東京及南京兩方面均係口頭解釋，一詳一略，東京方面之解釋較詳，當以詳者為主。今後進行商議，最好提出文書，以便記憶。渠又謂蔣大使三原則與九一八事變前王外交部長主張相似，在當時已難辦到，況今日形勢變遷，中國若堅持此主張則與日本意見相差尚遠，恐不易達到一致之點。佽答蔣大使所提與廣田外相所提相差尚遠一層，前曾由蔣大使表明若今後中日兩國俱欲實行親善，彼此開誠協商，當不難達到一致之點。渠又謂中國之具體意見何時以文書提出。佽答此當電請本國政府核示。渠又謂中國此次改革貨幣，日本接各方報告，確有與某國默契牽制日本之嫌，惜在事前絕未使日本聞知，中國此舉之結果，恐於進行親善不無影響。佽答此

次中國改革貨幣，完全出於自動之自力更生，事前絕無
與他國有任何默契，此事仮接蔣大使電報，可負責聲
明。渠又謂此事確有某國暗中之作用，或蔣大使尚未詳
知，中國在內政上純以自力更生，日本當無反對，若用
此種方法，仍是以夷制夷，恐於親善前途不無妨礙，希
望中國有所考慮。仮答中國絕無以夷制夷之意，閣下既
有此關心，當以之報告本國政府及蔣大使。渠謂本人所
言不過提供個人意見以作參考耳，不必報告中國政府云
云。仮叩。

丁參事會晤重光報告

民國二十四年十一月十九日

南京外交部，二八五號，十八日，呈閱並祈轉蔣大使。
今日代表蔣大使訪廣田，由重光代見，仮謂中國已準備
與日本協商親善之進行辦法，若日本亦有此意，則協商
之方式及手續有先議訂之必要。惟日本駐華武官蔑視中
國主權之言論行動，阻礙協商之進行，應即制止。重光
謂前次會談後已報告外相，其意見與本人前次所言相
同，今中國欲與日本協商進行辦法，日本當表同意，惟
請中國注意下述兩點：（甲）外相所提出三點，係日本
政府根本方針，今後協商當以此為出發點。至蔣大使所
提三大原則，在表面上日本亦當贊同，然若以取消租界
租借地、廢除內河航行、撤去日本駐軍等等為交涉之目
的，則恐無實際效果，望中國不再堅持。（乙）希望中
國勿再有妨礙協商之態度，如此次改革貨幣之類者。至
關於協商之方法式及手續，願照中國方面之意向。仮謂

甲點未奉訓令不能表示意見。乙點前已解釋中國絕無以
夷制夷之意，請勿輕信謠傳。關於協商之方式手續，蔣
大使之意，或在不用文書來往而決定協商地點人物以會
議形式行之。重光謂蔣大使之意日本可表贊同，如中國
欲以南京為會議地點及以外交部長或大使，與日本大使
為會議之人物，日本亦可同意。伋又謂日本駐華軍官之
無理言行，蔑視中國主權，如日本政府不能制止則阻礙
親善協商之進行，望日本有確實之答復。重光謂日本武
官何時在何地為無理之言行，中國並未指明，然今後當
加以注意。伋謂此類事實不一而足，其最著者如日本報
紙所載華北自治風說，無人不認為有日本軍官之威脅，
此豈中國所能忍受。重光謂華北與滿洲國接壤，中國未
承認滿洲國，其與華北關係之改善，關東軍駐屯軍當然
注意。然華北為中國領土，如華人不願自治，日本軍官
有何辦法？其自治能否實現，最好聽其自然。倘中國派
兵北上，則恐引起意外，望中國慎重。伋謂此事最傷中
國全國人民感情，希望日本政府制止駐華武官之威脅及
策動，謹聞。伋叩。

丁參事會晤重光報告

民國二十四年十二月二十四日

南京外交部，三一一號，二十三日，呈閱。二六七號鈞
電敬悉。今日廣田有先約，惟訪重光，照鈞意與談，重
光答兩國各組代表團或委員會以外交官為領袖，參加其
他專門人員，與前次所商辦法無大區別，而代表團發言
人多意見不一，仍用前次所商辦法為宜。伋謂現時之中

日關係與一般國際關係不同，如兩國各組代表團使數人
發言，則各方意見均能表示。重光謂照前次所商以外交
部長及駐華大使為代表，有必要時兩方均使專門人員列
席發言，或組織小委員會，使兩方專門人員會合討論亦
可。關於一般或正式之商議由代表發表意見，至隨帶之
秘書翻譯則由代表臨時商定，此在交際上與各組代表團
相同。伋表示即向南京請示，伋又謂從前兩國每次會
商，必有軍人生事，今後中日進行協商，中國切望日政
府盡力預防，勿再有妨礙交涉之事件發生，此點最關重
要，務請特加注意。重光答本人對於此點完全同意，亦
請中國同樣盡力云云。謹呈鑒核，伋叩。

丁參事會晤重光報告

民國二十四年十一月二十六日

南京外交部，二九〇號，二十六日，呈閱並祈轉蔣大
使。今日訪重光，照二五六號鈞電詳述，並請日政府對
於駐屯軍蔑視中國主權之言行速為有效之制止。重光謂
關於津駐屯軍參謀對商主席之談話，僅接有吉大使轉來
之外交部抄電，此外並無所聞，當查明真相。假令有此
事實，一參謀之言有何價值，商主席儘可自行決斷，何
必報告南京，引起兩國政府之交涉。且報紙及個人關於
華北自治運動發表意見者亦復不少，若中國以外相所提
三點為基礎與日本開始具體協商，圓滿進行，而對於華
北與滿洲之特別關係有妥當辦法，則華北問題遂即解
決，駐屯軍及其他個人之言行不足顧慮，幸蔣委員長對
外相所提三點已表同意，甚盼兩國迅速開始協商。關於

經濟軍事有由各該當局研究之必要者，或令各該當局磋
商亦可，今後兩國均當注意其人民之言論行動，使不阻
礙協商之進行，至協商方式手續可照前次表示者行之。
現擬再令有吉大使往謁蔣委員長交換意見，請將上述各
節轉陳中國政府。伋謂商主席因駐屯軍之言行，易致釀
成事端，故請示中央，其不自行決斷，乃事理之當然，
現當兩國正謀親善之時，駐屯軍此種言行實為繼續協商
之阻礙，請日政府速為有效之制止，閣下所言各節自當
轉陳。重光謂今後對於彼等之言行當加以注意，最好兩
國迅速進行協商，使彼等歸於緩和云。謹聞，伋叩。
註：256 號去電，日駐屯軍參謀中井飛傳請商赴平津協
商華北自治組織，並謂外務省與軍部一致主張，仰向廣
田詳述謂其速為有效之制止，電報科謹註。此電以代轉
蔣大使。

丁參事會晤重光報告

民國二十四年十二月二十八日

南京外交部，三一四號，二十七日，極密呈閱。二七二
電敬悉。今日晤重光，再照二六七號鈞電第一點與談，
請其明確答復。重光謂外相表示關於中日全局實行親善
提攜而開始交涉及交涉方式依重光與代使所商辦法，均
無異議，惟望中日雙方造成良好空氣，使交涉順利進
行，本人尚有補充意見：（一）聞外交部長希望撤除不
平等條約，並欲將中日間各種懸案及一切小問題如上海
福岡交換航空事類，俱在一切交涉成立時，一併解決，
此非所以使交涉順利進行者，尤以撤除不平等條約之

案，不宜在開始交涉時即行提出。前次滿洲事變之空氣
即由此案釀成，此時若提此案，則日本將誤解為中國不
欲與日本親善，本人以為此案惟在親善提攜成立後方可
提出，此時決無成功之可能。（二）中國之學生運動亦
與交涉有礙，據確報學生運動有要人為背景且有政治作
用，並將蔓延全國，中國政府能制止而不制止，在此情
形下開始交涉，何能有充分之效果？倘此種運動越出軌
外，日本為防衛權益計，不得不自行制止，希望中國為
有效之處置。總之，交涉之目的在謀親善提攜，甚盼中
國政府努力除去與此目的相反之空氣，否則兩國感情惡
化，何必開始交涉。仮答中日即欲親善，即應互相立於
平等地位，則提出撤除不平等條約之案，亦意中事，至
於學生運動，則因愛國而起，此理之當然，並無背景，
若駐華武官不為種種策動，何至發生此事，中國政府對
於學生運動，如越出軌外，自當加以制止，惟希望雙方
預防其人民使推進有妨礙交涉之行為，若日本政府對於
駐華武官不加預防，則交涉前途必有困難。重光謂欲日
本政府制止彼等防衛日本權益之言行，不如不開始交
涉，若有軌外行動，是與日本政府之方針相反，則將加
以制止，甚盼中國政府造成良好空氣，以為交涉之準
備，若準備已成，則請通知日本，仮答以當報告南京，
謹電呈鑒核，仮叩。

第二節 「中日親善」問題

一 外電關於王寵惠氏訪日的報導

外交部致蔣委員長代電

民國二十四年二月二十六日

蔣委員長勛鑒：頃據駐美施公使電稱，紐約泰晤士報東京海電稱：日本政界對於王寵惠氏此次赴日，歷訪各要人，表示中國態度較之過去三年間已有重大變更，並不重視。王氏且會晤岡田、林銑、荒木、真崎及其他諸要人。又芳澤關於對華、對俄、對美政策之質問，其答覆甚為曖昧，與廣田之答詞無異。廣田當答覆議會之質問時，謂彼於過去一年半中，關於對華政策，並無若何舉措，蓋日本一採積極行動，如一九三一年之滿洲事件，即必引起世界之誤解。廣田並不懷疑蔣介石氏之誠意，且承認中日間之惡劣關係，實足破壞遠東和平之基礎，彼曾對於中國諸領袖，表示真誠，並要求彼等合作。廣田又謂「有許多中國領袖，贊同余之意見。」且附言彼將與商界及金融界領袖磋商經濟合作問題，此項答詞，雖甚含糊，要亦可表示前此強硬政策，已漸代以緩和政策矣。王寵惠氏對記者表示，日本並未提議同盟，亦未要求特殊權利，亦未建議中國退出國聯，且稱「中國不欲退出國聯，中國仍將繼續利用國聯技術協助，並聘請美、德及其他各國技師。至關於日本借款事，中國方面並未向日談及。余今係以兩重資格來此，一因為一中國人，深知本國人之心理，希冀終止現時之惡劣狀態；一則確信中日關係將更進於良好。如過去三年來變態形

勢，幾使人有不知將發生若何重大危機之感。」關於蔣
介石氏及其他要人，對於王氏之赴日及其意見，是否知
悉之質問，王氏答稱：「彼等意見，自屬相同。」關於
現今兩國關係有如歐戰後雙方均有恢復和平必要之說，
王氏亦贊同。王氏稱中國雖無以武力收復滿洲之念，然
絕不承認偽國。對於記者是否「默示承認」之反問，則
答以中國並未受何等條約之拘束，當不能與法國亞爾沙
斯羅倫當時情形並論。王氏對於日本方面對其意見之反
響，表示滿意。且謂「余之談話，足以表示，勿論在中
日兩方，一般均希恢復常態關係，且望其能臻永久。」
日本方面近傳，日本要人之南京訪問，係由蔣氏主動，
王氏亦承認其說。又紐約泰晤士報南京海電稱：日本使
館對於汪院長對廣田之答詞，甚表贊同；但視汪院長在
中央政治會議之演詞，僅係一種表示，尚須待行動上證
明中國之準備合作。日本發言人復稱：日本政府現正靜
待中國領袖確定其外交政策，至於一部份堅執不忘過去
糾紛之政見者，將思有以說服之，等語。知關垂注，用
特照譯電達。外交部叩，支印。

二　日少壯派軍人不滿對華的緩和政策

軍委會辦公廳抄件

民國二十四年三月二十三日

關東軍少壯派板垣參謀長，近以東京軍、外兩部採取一
致行動對華外交協和，停止武力脅迫，促進經濟提攜事
件，甚表不滿，故於日前在長春召集武官談話，略謂土
肥原、磯谷等在華視察之結果，仍以中國國民黨內之重

要份子始終不忘「排日」之成見，足證國民黨政治勢力如果統一告成，勢必為「排日」之勁敵。若於此時默認軍、外兩部對華外交之協和，則足以阻撓關東軍進佔察哈爾，完成「滿」蒙第二道國防線之根本大計。故關東軍在國民黨未統一之時期內，一致秉承南總督之意旨，提出完成國防之堅決意見，請求政府特別謹重，最低限度亦必先將察東問題先行解決，方可接受和平之主張等語云云。

同時板垣又密令熱河駐軍及多倫偽軍李守信部，按照前年多倫拓殖公司松室孝良、佐久間等所策劃「滿」蒙國防之界線，責成日軍及李守信等切實組織「張北行政專署」，擬在廣田未至南京訂立和平協約之前，造成即經佔領張北之事實。

此外又密令駐華武官磯谷，囑其負責監視南京政府對於歐、美外交及經濟技術合作之進展，務須設計防止中國統一之成功，必於此時逼令華方根本取締「抗日」之行動云云。

三　日政界與實業界人士之主張

楊杰電

民國二十四年五月八日

總長蔣鈞鑒：據駐日武官蕭叔宣冬電稱，艷晚日外相廣田宴外賓時，曾與職談中日親善為彼一生事業，今年內必須實現等語。職謂軍部態度可疑。彼答軍部所慮者為世界變化時中國不同日本合作，我輩必須說動軍部同志請共努力等語。查軍部少壯對我仍舊懷疑，職回東後雖

復經說明，尚未諒解，前途難以樂觀。現軍部仍向西南聯絡，企圖乘機搗亂，祇以此時親善空氣瀰漫，尚難斷定等語，據此，謹電奉聞。職楊杰叩，庚御印。

橫濱總領館王鴻年來函

民國二十四年五月二十二日

部、次長鈞鑒：敬密肅者，昨宴日本實業家白岩等於敝館，皆係舊日老友，暢談數小時，當詢以日本近日對華空氣如何。渠等大旨謂近來空氣確已好轉，惟尚未至成熟時期，大阪方面實業家日盼中日兩國早日提攜，並極力鼓吹，東京方面實業家則在軍部勢力壓迫之下，未敢昌言和平，恐遭不測，故此次王亮疇博士東渡，東京實業家一時未能開會表示歡迎，職此之故。然所謂軍部勢力者，乃少將以下尤其是大、中、少佐等少壯派武官，其中將以上人員則主張持重。惟此等少壯派武官團結極為堅固，上級將官亦未敢遽持異議，日前廣田外相毅然聲明不侵略不威脅主義，伊等為顧全政府顏面起見不得不勉示同意，實則內容仍未拋去侵略威脅意見，故現在廣田外相之立場亦頗困難。柴山之出遊與鈴木謁見蔣總司令之態度，皆為下級軍官脅迫所致，則少壯派團結之力與其主張之強硬可想而知。至一般輿論則無不希望和平。故就目下情形觀之，或係輿論抬頭，由輿論及上級將官壓服少壯派使其趨於平穩；抑或係少壯派抬頭壓服上級將官實行其強硬政策，則尚未可逆料，此乃日本內部情形。然中國方面若果能全國一致徹底取締排日排貨，使少壯派無所藉口，則日本輿論皆願和平，恐少壯

派亦不能獨違民意。在輿論方面以為少壯派所主張即使能占領中國全部，而日本好兵黷武將成為世界之公敵，勢必至不可收拾，關係極大，故未敢遽加附和。特以中國政府所發表取締明令，黨部及地方政府能否全體遵行，設將來有起而反抗者，中央政府萬一無希特勒或莫索里尼之威力與決心，則此時所謂提攜皆將歸於水泡，此又日本國民所不能不顧慮及之者，故此時日本輿論雖已好轉，而尚未達成熟時期之一原因也。彼此老友，用以直告，幸勿宣露。鴻謂中日惡感之造因全在日本，不待余之多言，即以現在情形言之，中國已取締排日排貨，表示好感，而日本各地方官廳對於華僑仍事排斥驅逐，無所不至，此亦大傷中國國民感情，政府即欲澈底取締，恐亦不無障礙。余甚望日本國民對於貴國官廳此種舉動，亦應起而糾正。渠等謂此等有傷兩國國民感情舉動，余等自亦當加以考慮等語。謹以密聞，祇頌勛綏。

王鴻年謹肅　三月四日

四　日岡田首相與西園寺元老商議對華方案

參謀本部抄件

民國二十四年五月二十五日

日岡田首相與西園寺元老商定對華方案

　　日首相岡田近日曾赴興津晉謁元老西園寺，對日本內外國策有所討論。其所決定者一為對內之整頓，一為對外之準備。在對內整頓方面，不外鞏固國體國基，統一人心，充實軍備諸大端。在對外準備方面，則決定利

用國際雜沓之局面，從中取利，其手段有三：一、籠絡中國，抵制俄、美在遠東之勢力。二、勾結德、土，牽制英、法在歐陸之霸權。三、敷衍俄、美，加強對中國之侵略。

　　在討論時，又一致認定中國為將來世界大戰中有重大作用之區域，日本對於東西各國策略之進行，應以擴張在華勢力，為一先決條件。在行動上不妨採取迂迴周折之手段，動員文化、政治、經濟、軍事、外交各種力量，分頭向中國進攻。在內部則以幫助中國救濟金融、復興農村、刷新軍備等動聽名詞培植中國各民族中之親日份子，使在政府及人民獲得相當之地位及權勢，以便從中操縱。同時擴大大亞細亞主義之宣傳，製造中日「滿」合作之空氣。關於「中日經濟提攜」問題，亦經過討論，決定原則如下：

1．整理中國欠日舊債，使變為新債。

2．恢復舊有市場，開拓新市場。

3．向中國農工業投資，把持中國之經濟命脈。

4．獲取華北礦山採掘權，統制華北交通網。

5．開闢華北民間航空事業。

　　為求得以上原則之進行，並杜絕中國與歐陸結合，決定採用雙管齊下之政策，一方面命令關東軍部，以急進步驟威脅中國之歐美派，一方在外交上故作善意之交接，以扶植親日勢力。

五　外報關於日對華政策的評論

莫斯科顏大使電

民國二十四年六月七日

此間德文報評論中日問題略稱：有吉曾倡水鳥外交，關東軍則執行老虎政策，此二語描寫日本之對華政策可謂確切，意謂互相利用，狼狽為奸也。本年二月廣田明白宣稱日本政府現正採用本年天羽宣言之政策云云。中國若大土地，日本一舉併吞，勢所難能，蠶食中國，又需時日。在此種情形之下，遂產生鞭笞與糖餌並用方法，即虎與水鳥策略，而最近兩事尤足證明：本年一月廣田在議會演說，對華措詞懇摯，但同日日本軍隊出動於察哈爾，結果又使中國政府損失一部領土；五月廿八日報載中日使節升格，以為中日從此可漸親善，乃未隔三日關東軍又藉口驅除孫永勤，開始軍事行動。一言蔽之，中日親善直騎師與馬之親善，即騎師終欲馬背供其馳驅也。考現時局勢所造成，由於中國農村破產，經濟日落，財政瀕危，此經濟方面也。處此革命進展，中央與廣東隔閡未泯，此政治方面也。尚有關於國際形勢者，美國實行其閉門自理政策，如退出菲列賓，不過問中國事務等均為其冷靜政策之表現，其目的實欲坐視英、日火併而自收漁人之利。至在英國，雖有人明知日本侵入中國則各國在華將均無立足之地，但同時主張英日親善者亦實繁有徒，英國一刀兩刃式之外交及華盛頓之冷靜政策，遂使日本外交家及軍人得遂其宰割中國之欲等語。全文警闢，除郵呈參考外，謹摘要電陳，惠。

六　外交部長接見喜多談話紀要

民國二十五年十月二十三日

喜多：部長是否將往廣東？

部長：暫不去，如有必要，隨時可去。

喜多：我與雨宮總說中國對日態度已轉好，迭次向東京
　　　報告，但結果成都、北海事件紛起，與所言恰相
　　　反，致日政府對於我等之言，已不相信。但此為
　　　過去之事，總想此次交涉速了，以免別生枝節，
　　　事關東亞大局，想亦為部長所願望也。又上海方
　　　面，聞有軍隊加入保安隊之情報。

部長：上海方面，無一兵一卒之增加。

喜多：關於「防共問題」，赤化防止，聞中國軍部方面
　　　極表反對，不知確否？赤化為全世界反對，似無
　　　反對「共同防共」之理由；且此種機會不再來，
　　　尤其從兩方軍部接近做去，豈非好事。內蒙等處
　　　純屬日軍自衛狀態，若雙方目標相同，豈不較
　　　好！尊意如何？

部長：我從前曾說過多次，為兩國百年大計計，應謀永
　　　久親善之道；但若不將兩國間親善之障礙，一舉
　　　除去，對於親善當然談不到。中日一旦失和，於
　　　中國固不利，於日本亦未見有利。我個人意見，
　　　如欲調整中日關係，應從根本調整，果能如此，
　　　不獨可以共同防共，即軍事同盟，亦有可能。

喜多：閣下所見誠然。但我等希望逐次的做，此次交涉
　　　不過是第一步，將來自能達到。

部長：這就是雙方觀點不同之處，如中日不從根本調

整，國人總不信日本不是侵略者。

喜多：聞中國軍部反對「共同防共」甚力，此事總要
　　　做，否則中日關係無從調整。

部長：此事重大，如日方願意根本的調整中日關係，
　　　當可考慮。但現在日方表面上在南京交涉，而
　　　關東軍在綏東方面從事侵略，不能不令人懷疑
　　　日本之誠意。

喜多：如此次交涉有結果，綏東事不成問題。

部長：聞取消冀東偽組織事，川越不承諾。

喜多：交涉詳情我不知悉，如冀察現狀改好，自可
　　　取消歸併，但中國對於此事，如作為條件之交
　　　換，恐辦不到。喜多又云，予等以前報告中國
　　　對日態度轉好之事，現因成都、北海等事件，
　　　政府已不相信。

部長：這是人民個人行動，絕不是政府所為，例如萱生
　　　之案，乃反對黨所殺，現獲有充分之證據。

喜多：整個的調整，我們也懸為理想做去，但總望此次
　　　交涉先了，因此機不可失也。

部長：我亦如此想。

喜多：軍部如有反對者請抑止。

部長：川越所提防共，細目不明，不能不令人生疑。

喜多：請安心，絕無過分之要求。前次於秋操前，請部
　　　長赴日，藉此可與日方軍事當局交換意見。

部長：如交涉能告一段落，仍想到東京觀光。

雨宮：川越、張外長會談，僅廿一日談話稍多，如再連
　　　續長談，便明真相。

部長：人疑日方藉共同防共干涉我內政，及在綏遠駐兵
　　　等事，以遂侵略之圖。

喜多：絕無干涉中國內政之事，請放心。防共問題，希
　　　望閣下向外部促成。

部長：關於剿共事，中政府現仍用多數軍隊努力進剿，
　　　中國人尤其中央軍對於共匪深惡痛絕，自清黨以
　　　來，即與共黨立於反對地位，現有四十二個師擔
　　　此任務，近年為剿匪所費金錢更無算。

喜多：南京——上海間，上海——杭州間，傳有大軍
　　　配備。

部長：所傳未免神經過敏，有一點部隊，均是兩廣事件
　　　後返防的。

七　蔣兼院長接見川越後之交涉

外交部電各駐外使館

民國二十五年十月八日

Sinodelegate Geneva, Sinoembassy Moscow, Sinoembassy
Washington 並轉駐歐各使館（俄館除外），並轉駐美
各使館。今日上午蔣院長接見川越，雙方就東亞大局
中日關係各抒所見。川越對交涉中日方所提之各項具
體問題曾經提及，但未要求答復。院長確告川越外交
事項應由外交部辦理，外交部之方針即政府之方針。
日方如能處處尊重中國領土主權，從容討論，一切彼
此意見必易接近。對於成都、北海事件，院長表示遺
憾，希望速了，特洽，外交部。

參謀本部公函

民國二十五年十一月三日

甲　川越大使報告之要領

關於蔣委員長與川越之會談，川越向外務省報告之要領如左：

（一）本人（川越自稱，以下同）依大局的見地，說明日支國交，實有調整之必要，蔣院長深具同感，但未言及細目之交涉。

（二）蔣院長言明一切問題，依外交方式解決，以謀調節國交。對於領土主權之尊重，尤關重要。本人亦力說日本毫無侵略支那領土或主權之意志。

（三）本人認為蔣院長有調整日支國交之誠意，是否確當，雖難斷定，然第一回會談以後，實有如斯感想。

（四）依本人所見，先認定蔣院長有誠意，繼續決行外交交涉，或以張部長為對手，或與蔣院長行直接交涉，則按當時之形勢如何，再行決定。

（五）當地日本官憲，對於蔣院長之誠意，尚有懷疑者（陸軍側多懷此意），故今後之交涉，關於北支問題與防共問題，先視支那是否應允日本之要求，以為蔣院長有無誠意之試金石。

（六）依上述理由，今後之交涉方針大致如下：

1. 決行總括的交涉，倘支那側欲先行解決成都及北海事件等簡單問題，然後移至北支問題、防共問題以行遷延，則斷乎排擊之。

2. 支那側對於日本之要求，將提出對案，相互讓步，以謀交換之解決，但日本之讓步，不能超過

訓令之最後案，將以強硬態度行之。

（註）關於川越大使之交涉方針，外務省已向川越表示全面的允許。

乙　中日交涉問題

（一）日政府及參謀本部之意見

1.日本政府之意見：關於華北問題，日本政府希望以經濟的開發及人事上任免權，由國民政府賦與冀察政權，其他交涉之對象，可以國民政府為主。關於共同防共作業，日本希望對俄結中日攻守同盟，如其不成，日本希望將來日俄戰爭時，日本得在內蒙古或山西省暫時占領戰略上之要點，或者准日本軍隊，通過某地域。如果日本讓步至如此程度，則此項交涉，當有妥協之可能，此日本政府之觀察也。今回之中日交涉在日本固以迅速為妙，但日本以為上述方針，比較妥當，雖略費時日，亦無不可，蓋目下俄國受歐洲方面之牽制，似不至積極與中國提攜，以抗日本，故交涉稍有遷延，尚不足慮。

以上為日本外務省之意見。其陸、海兩省皆已承認，如中日交涉，不起險惡之形勢，則日本或將照此方針進行也。

2.日本參謀本部之意見：依參謀本部所見，以華北問題加入議題之內，則中日交涉必不能圓滿解決，故對於華北問題，自始主張依日本獨自之見解實行處理，不與南京國民政府發生關係。但外

務省以為日本取此態度，則中日交涉更難妥協，
經慎重討論，其陸、海兩省之意見，始與外務省
表示一致。但最近南京方面會談之結果，關於華
北問題已遇暗礁，於是參謀本部自以為不出所
料，又有主張實行己說者。蓋據參謀本部之觀
察，日本在揚子江方面，或在揚子江以南實行保
障占領，則南京國民政府必以兵力抗拒。但華北
方面之利害關係，甚形複雜，且日本在華北駐有
相當兵力，又有關東軍為之後援，故日本預料中
國在華北方面必無戰意。如果中、俄實行提攜，
則中國或不免改變意志，但目前俄國與歐洲方面
之關係，日形緊張，對於日本，似不至取積極行
動，故日本正可乘此時機，對於華北採積極的方
策，此其參謀本部之意見也。

此種意見，雖再出現，日本政府尚無改變方針之意，將
仍照外務省原案，繼續交涉，如果華北問題至無法解決
之時，則參謀本部之意見，或將抬頭也。

（二）華北方面之日本兵力

目前依然維持現狀，尚無增兵之形勢，如中日交涉漸趨
險惡，則關東軍之一部，將向天津方面移動，而以朝鮮
軍補助關東軍之不足。

（三）冀察問題

日本對於宋○○，仍有懷疑，其與日本是否真正提攜之
意，尚難斷定，惟與冀察政權，須行經濟提攜，而冀察
政權之重要份子，有改為親日人物之必要，此日本目前
急欲解決者也。

駐日陸軍武官蕭叔宣與磯谷廉介晤談內容

民國二十五年十月廿八日

長安委員長蔣：頃據駐日陸軍武官蕭叔宣有電稱，本早與磯谷晤談要點如下：職云交涉開始以來日所希望事項之大部份，中國多以誠意考慮，日本當能滿足。磯谷答中國對日政策及對外關係根本不能變更，全面的國交調整交涉，以彼個人意見，暫時中止為佳，中國所不欲為之事，日即欲交涉調整，不特無益，且有害國交，不如就事論事為得計，成都、北海事件可以繼續交涉。此後遇有事件發生時，日本當獨抱所信向前邁進。至中國確能根本改善時，再行全面的調整國交，尚未晚也。職云日本所希望者，中國均以誠意考慮，但中國所希望者日本尚無確答。磯谷答應就事論事，此時不應提出交換條件。職云日本報所傳防共協定一節，此與干涉內政有無關聯。磯谷答難保不無干涉內政之嫌，中國果能根本變更對日政策及取締思想，則在全面的國交調整之下，此種協定及其他各事均可迎刃而解，華北亦不必有特殊區域之設矣等語，謹轉電，呈伏乞簽核，職程潛叩，儉溫印。

駐日海軍武官劉田甫來電

民國二十五年十月廿三日

總長程、次長楊、熊鈞鑒：據密報，前日張部長與川越大使舉行第五次會談以後，日外務省認為中日交涉尚有妥協之餘地，此時不必急圖解決，仍以外交方式進行。但為威服中國起見，將有利用報紙行恫嚇之宣傳。又日

本外、陸、海三省對於中日交涉決裂後之對策業已決議，其內容大致如下：其一方針日支交涉決裂後，為壓迫南京國民政府計，以對支示威運動與冀察政權之獨立宣言為主，至萬不可行則訴諸武力，以期貫澈主張，此時假造口實，使支那為挑釁者，以免失國際之同情。其二第一段之處置，（一）令川越大使離開南京，日本政府向中外發表日支交涉經過。（二）上海、漢口、福州、廣州等處增派陸戰隊或軍艦。（三）派有力之軍艦數艘駐泊青島，旅順置海軍陸戰隊，遇必要時派駐青島方面。（四）以關東軍之一部集中於山海關方面，並增添天津駐軍。（五）以朝鮮軍之一部派往滿洲國以防俄國。其三第二段之處置：（一）促冀察政權在事實上與南京分離，並宣言對於該政權加以獨裁而以文治派統治之。（二）促內蒙古採同樣之處置。（三）促山東實行日支親善並與南京分離。（四）擴大北支方面之密輸。（五）通告英國特別保護英國之權利。（六）對於俄國外交，力求妥協，並阻止俄支提攜。其四第三段之處置：（一）在北支引起自治運動。（二）增加北支駐軍。（三）如中央軍挑釁，則擊退至黃河以南等情。除轉報大使外，謹以奉聞。職劉田甫叩，二十三日

關於中日交涉問題情報

甲　日政府對華北工作之新方針

須磨攜新訓令返華後，日外、陸、海三省，根據關東軍及華北駐屯軍之意見，決定新方針，並已訓令川越遵照，以「華北」及「防共」兩問題，現時祇求大綱之諒

解，可告一段落。但此兩問題，關係重要，不問交涉結果如何，日本應在華北從速開始工作，作為即定事實。他日依外交方式，行細目協定時，日得根據此既定事實，要求中國承認，以期貫澈主張。至此項工作：（一）先行強化冀察政權，使與國府分離，即刷新人事，引用親日分子，多聘日顧問；財政及外交權，要求國府賦予冀察政會以廣汎之權能，使該政會與日「滿」經濟提攜；締結關稅協定，並由防共同盟，進而為一般之軍事同盟等。（二）次對東部內蒙古方面，則向德王行懷柔政策，給以資金武器，援助其獨立；亦使多用親日分子，多聘日顧問，使與日「滿」經濟提攜；並由防共同盟，進而為一般軍事同盟；以日本之資本，建設內蒙至山西之軍用鐵路及道路；倘受山西、綏遠之威脅，則由日「滿」協同援助；同時新設對外蒙戰略上必要之鐵路及道路等。（三）又對晉綏方面，如閻、傅兩氏，或單獨，或協同，或與共產軍聯絡，向冀察或東部內蒙古取挑戰態度時，則由日「滿」軍驅逐之，同時以日軍進佔晉綏；如不取挑戰態度，而嗾使內蒙德王治內之匪賊橫行，則派日「滿」軍向晉綏追擊，以便進佔該區，並在該區樹立親日政權。（四）至對山東方面，則促韓氏決定親日或抗日態度，如親日，使與日「滿」經濟提攜；否則，以經濟方式壓迫之，倘韓氏仍持反日態度，則在該省引起自治運動，以謀傾覆韓氏。

乙　日對「華北」及「防共」兩問題讓步之限度

1．凡擾亂偽滿治安或國防之一切行為，不得在華北

方面有所策動。

2‧此時暫緩要求承認華北五省之特殊地位，而以冀
察政權為限度。

3‧關於冀察政權之人事任免及經濟提攜，要求國府
賦予該政權以廣汎之權能。

4‧關於「防共」問題，最後要求，至「為東洋和平
計，防共為中日之共同任務」之程度為止。

5‧關於「華北」及「防共」兩問題，日本此時要求
上述之限度，雖可告一段落，將來有適當時機，
更以外交談判完成之，如國府對其讓步案，依然
拒絕，則照限定計劃，行獨自之處置云云。

丙　日本參謀本部部員之談話

1‧國府如拒絕日本之要求，而妨害華北之明朗化，
或對日取挑戰態度，則日軍將進占山東及山西，
擊退華軍至黃河以南。此事關東軍與華北駐屯軍
已諒解。

2‧日若與華開戰，則日必勝無疑，如中、俄提攜，
則日目前似乏勝算。

3‧目下俄國在歐洲方面，難得法國之援助，又與德國
關係，甚形險惡，決不至與華聯合，對日作戰。

4‧俄國既然如此，中國當不至向日挑戰，故南京政
府，如拒絕日本最後之讓步案，或阻止華北之明
朗化，則日本宣言向山東、山西出兵，而移動部
隊，當可不戰使南京方面屈服云。

外交部電駐日大使館

民國二十五年十二月五日

Sinoembassy Tokyo，六八〇號電悉，五五八號電計達。日使館仍將川越留置之文件送來，當經函向日方聲明，此件即非過去雙方談話之正確記載，不能作為參證之根據。對於防共問題，該文件略謂俟時機到來仍希望從事協議等語。察日方用意係因彼已明瞭我方於綏遠戰事期間絕不與商決各項問題，彼即無法推進交涉，而川越來京已久，不能毫無成就，故欲就防共以外各項問題作一結束，然後由須磨去京繼續進行，尚無決裂之意。川越已於今晨返滬，所謂七項聲明已見日報，川越留置之文件已另寄。青島事據沈市長電稱，被捕人員已悉數釋放，陸戰隊仍未撤退，此項工潮實由日方鑒於綏戰緊張，欲在山東方面牽制國軍，故青島日特務機關策動工潮，並使各廠一律停閉，將嗾使工人以求食自治會為名，密組便衣隊，資以槍械暴動，俾遂其占領野心等語。往晤有田情形，希即電復。外交部。

第三節　日本對華態度的轉劣

一　日藉故要挾並危言恫嚇中國

外交部電日內瓦代表團

民國二十五年九月廿七日

Sinodelegate Geneva，428 號，二十七日，九號電悉。日方藉口日人被害案件，要求我方取締排日，並迫我解決與日僑安全毫無關係之各項問題。如華北五省之行政、防共、經濟合作，上海與福岡之聯航、協定關稅、聘用顧問及取締鮮人等事。我方迭次談話，主張先結蓉案；指明排日之根本原因；擔任合理取締之辦法，對於彼方提出之調整問題，在一定範圍或區域內，已表示容納彼方之意見。惟調整國交，重在消弭禍根，故我方亦提出最急迫而與上述事項有密切關係之若干問題，如四二六號電所述者，要求同時討論。乃日方擱置蓉案不談，拒絕商討我方所提事項，堅持從速解決彼方所提問題，談判因是暫告中止。現在形勢極為嚴重，日本陸海軍方面已有準備決裂之表示。我方仍願以最大之努力，謀適當之解決，惟不可能之條件決難遷就，威脅的環境不為屈服。至最近發生之殺傷事件，蓉案因設領而起暴動，已經查明詳情；北海案發生於前十九路軍盤踞之時，正在調查中；漢案滬案前者在日本租界，後者在公共租界，尚未破案；我方當局正在協助緝兇，凡依照國際慣例我政府應為之事決不推諉。最近情形與我方態度約如上述，希與各要國代表談話時，酌量密告，並探其意見，隨時電達顧大使，二十四日電不另復。外交部。

日內瓦顧大使電

民國二十五年九月廿五日

南京外交部：四二五號日水兵三名在滬租界被狙擊，陸戰隊已登岸等電敬悉。殊為無理。哈瓦斯滬電，十五日川越諜大部提出要求六項：（一）共同防共。（二）冀察政治會議加入魯、晉、綏三省。（三）允許日本設立與華航空。（四）減輕日貨關稅。（五）制止排日運動，改良教科書。（六）開除軍校鮮籍學生。又東京電，二十二日張部長與川越談判，提議將十五日、十六日所談調整中日問題各點置之不理，日日新聞訪員認為停止交涉之表示，並謂華方自蓉案發生以來即運動英國出為調停，最近香港總督赴粵拜訪蔣院長時亦商量此事。蔣院長俟決定辦法即赴港答訪港督云云。再報載駐滬日陸戰隊已佔領閘北全部及虹口一部云。以上各節，真相若何？懇速電示。鈞，二十四日。

日內瓦顧維鈞等電

民國二十五年九月廿六日

南京外交部，第九號，二十六日。四二六號部長與川越談話經過等電悉。近日日本藉口事故，對於滬、漢、粵南、豐臺或遣艦增防，或派兵佔領，仍欲出最後手段，使我全國屈服。而川越提出防共與經濟合作，果然堅持包括中國全部，其範圍超越二十一條之要求，直是日本亡朝鮮故技。鈞等於役海外，不勝焦慮，現屆我國生死關頭，應否藉大會之際，訪問各要國代表密與接洽，措詞一層鈞部有何意見，對日交涉

前途有無和緩，均祈電示。再四二七號電敬悉，當即
遵辦。鈞、祺、泗、泰、龍。

上海吳鐵城來電

民國二十五年九月廿七日

南京外交部張部長勛鑒：密。日陸軍武官喜多、海軍武
官佐藤對紐約泰晤時報訪員亞賓氏言，如果南京政府無
滿意答復，蔣委員長又不回京主持，中日關係必嚴重
化。如果在華海軍力不足，可增加陸軍云云，謹電奉
聞。弟鐵城叩，感於印。

東京駐日大使館電

民國二十五年九月廿一日

南京外交部，五七九號，二十一日。今晨報紙微冷靜，
三省會議昨未開，只各省內部協議，今日將有聯合會
議。又觀察設置特別區交涉將不採限期方式，以免最後
通牒之嫌。海軍決定漢口暫駐陸戰隊，並主張限期撤退
十九路軍，否則行使實力。又載對川越回訓，關於我方
希望蓉案等與調整勿混合一層，日方意發表形式雖亦有
多少考慮，但不允全然分別，談判須乘機一舉將懸案解
決。成都開館謂已承認，可俟平靜再實行。十九路軍問
題，暫監視我方之處理，不許遷延。對蓉案等道歉懲兇
賠償各要求，有認為尚未達提出時機，蓋恐提出作為我
方專注此事，間接卸去其他要案云云。又載關於取締排
日不採向例之中國自動處理，欲求適切有效之措置，並
有川越等協議不得已將採某程度之自由手段為單獨處

置，或將暫停交涉離開南京云云。暗將恫嚇，似不脫藉故要挾、高壓示威之舊套，與我方合理調整平等新交之期望甚遠。似宜一面加嚴戒備，勿再與口實與空氣，一面詞婉理直，促其反省，並防暗算。駐日大使館。

外交部電各駐外使館

民國二十五年九月廿四日

Sinodelegate Geneva, Sinoembassy Moscow, Sinodelegate Washington，並轉電駐歐各使館（俄館除外），昨日午後，川越晉謁部長，以蓉案及北海案相繼發生，均因黨政機關未嘗誠意取締排日，要求：（甲）黨部一切排日行動應由政府負責。（乙）修改排日教科書。（丙）解散一切抗日團體。部長答以日方認中國抗日為兩國邦交障礙，中國則認日方之侵略行動為恢復邦交之障礙，故政府雖已盡力取締排日，而仍不免發生事故。上述三項，我方已自動辦理，但決不能接受日方要求。川越旋謂為免除局勢惡化起見，調整整個問題雖非解決蓉案之條件，但較蓉案尤為重要，爰就關稅及華北等問題探詢我方意見。今日川越為北海事件再來部傳達政府意旨，希望能速往調查，未及其他。續談日期未定。

參謀本部來電

民國二十五年九月六日

抄電

委員長蔣、總長程、軍政部長何、外交部長張鈞鑒：昨電計達鈞鑒：我國輿論以滿洲事件為排日根本原因，磯

谷認為滿洲事件亦係我東三省當局每日所致，故日人始終認為排日不澈底根絕，則中日無法親善。職乃指摘造成排日之原因及責任在於日本，望其大覺大悟。昨電所提數條，磯谷亦認為合理，但彼之見解如下：（一）截至現在止，國民政府對日政策為日本所不能信賴，又中國自己不統一，不能怪日本之不尊重其統一，若中國確有對日誠意，日本自無不信賴之理，彼時冀察、冀東均可統一。職云此事恐閣下一人之力做不到。彼云雖未敢說做得到，但事勢即可如此。（二）寧夏特務機關事，余亦承認不經國民政府或地方長官同意為不當，防共所關情報上極為必要，然與辦防共交換情報一節，雖經提議，中國未即實行。若特務機關按照正當程序請求，中國亦必不許，且事實上中國與俄國暗中頗有連絡，故日本不得已而出此，但君所提，余願與好意考慮。（三）戰區內之嗎啡不當商人，已嚴加取締，如再發現，請逕告無隱，立即尊令取締。（四）走私與稅率有關，改正稅率一事，孔部長始終未肯照辦，頗為遺憾，以余所知，財政部及教育部內歐美派佔最多數，可認為排日之策源地。（五）綏察邊境之匪軍毫無統制，李守信及德王之行，據調查結果難免有浪人在內，但與日軍部毫無干與，此足為君直告云云，謹聞。職蕭叔宣叩，六日。

上海吳鐵城電

民國二十五年九月卅日

南京軍委員會、行政院鈞鑒，參謀本部、外交部、軍政部、中央黨部秘書處勛鑒：密。頃據密報，此間日本大

使館及陸海軍武官均於前日接得東京訓令，（一）應付
萬一事變之準備已完成，但須盡最大之努力設法使蔣委
員長回京，由川越大使與之折衝，在此時間，如中國
態度仍缺乏誠意，大使即離京回滬，移作戰時行動。
（二）海南島保障佔領，事實上不能實現，暫緩進行，
策動一適當中國人在海南島樹立自治政權等語，謹電轉
陳。吳鐵城叩，陷。

中央新聞檢查處扣發電訊八則

民國二十五年十月五日

一、塔斯：據一華報記者稱：張學良受蔣氏壓迫，已與
蘇俄成立協定，蘇俄允供給軍火抵抗日「滿」，於必要
時供給軍隊。張氏允准中國共產黨在其管轄區內自由活
動，共同攻擊蔣氏云云。
二、阿朋：喜多聲稱，駐華日海軍實力不足應付目前之
局勢，故日本當增加駐華日軍。復稱蔣院長迄今不返
京，如再有事件發生，川越必將離京，活動時期亦即到
臨。記者詢以如蔣院長現暫不返京，日方是否將向中國
提出哀的美敦書？喜多稱此舉亦屬難說。據未證實消
息，日方要求在設有領館之中國各地有駐紮軍隊之權。
惟華方亦有要求，則為取消冀東偽自治與放棄侵略蒙綏
計劃云。日文報紙謠傳中國軍隊三萬駐紮嘉興、真茹附
近，該項謠言使各界不安。
三、阿朋：川越向中國提出之調整中日邦交原則，實有
完全奪剝中國主權之性質。據悉最重要者為如下三項：
（一）在任何地點中日共同勦共。（二）政府各機關當

聘用日籍顧問。（三）華北冀、察、魯、晉、綏五省組織獨立政府。此三原則較廣田三原則更為加強。如中國接受第一原則，則日本將完全統治中國之軍隊。第二原則則將全謀日本之利益而行事。第三原則則將喪失華北五省土地。川越堅欲中國於進行成都、北海事件之前，要求接受此項要求，用計甚為狡猾云。

四、塔斯：傳川越與張外長晤談時曾提三項要求：（一）核准日本在西北各省設領館。（二）排除反日行動。（三）華北中日經濟合作。

五、史莫塞：冀察當局屢向中央請示，引起日人不滿，最近之不幸事件日人避免分離解決，蓋欲藉口提出苛刻條件。

六、史莫塞：據東京消息及華北日軍閥之表示，日本欲統治華北之野心日趨熱烈。

七、丁伯蘭：傳川越提出要求為：（一）華北五省自治化。（二）經濟合作。（三）長江沿岸數地駐兵保僑。（四）檢查學校課本等。華方表示不能接受，仍在僵持中。

八、路透：莫斯科傳中國之共黨將放棄所佔據之地盤。

外交部轉呈蕭叔宣來電

民國二十五年十月九日

抄電

委員長蔣、總長程、軍政部部長何、外交部部長張鈞鑒：昨晚以私人資格訪梅津長談。職云不幸事件發生後，不特我政府認為遺憾，即國民大部份亦非所願，日

此時應勿錯看或故意曲解，予我以難堪條件，致交涉於
危機，使我國民增嫌惡之感，誤東亞百年大計，若不幸
而至於交涉不調，則中國固先吃虧，日亦將受損不少。
梅津答此事責任全在中國，故須由責任者完全表示誠
意，迅速解決，不應乘機要求交換條件。蔣委員長當交
涉之衝，此為誠意表示之第一步，尚看以後情形如何，
方能肯定中國所不能作到之日亦不至強硬提出，或此時
不能實行祇須承認原則，步步實行亦可。至於華北只須
認其有特殊情形為已足等語。查陸軍態度仍頗強硬，與
前日有田對許大使所表示之外交的言辭自有不同。默察
日究極目的，仍至少在華北未能使其安心以前不能應付
國際危機，數年內終將逼我屈服。縱無此次不幸事件發
生，亦盡有文章可作，不過此次有所藉口，欲乘機促我
迅速實現耳。但據川越表示我全國防共與經濟合作一
事，以職所見，我若能允諾固為彼之所願，否則僅限華
北，亦祇得暫為滿足。至於取消上海塘沽協定、冀東偽
組織，則必須俟全國防共經濟合作及其他根本問題得以
解決時，方能做到，此時決不股東放賑也。昨日見日報
載委座漸已諒解日真意，即將歸京，中日國交調整現有
曙光等語。今日該報又載相洽，堅持強硬主張，蔣委員
長若不能容納日公正妥當之要求，則將不承認南京政府
為代表中國惟一無意見正當政府之地位，使川越大使退
去南京，另與中國各方面實力者為政治的經濟的提攜折
衝。且云寺內已得廣田諒解等語，似係一種宣傳，併
陳。職蕭叔宣叩，十月五日。

上海方唯智來電

民國二十五年十月十二日

南京外交部李司長大鑒。密。極密。川越謁蔣委員長後，外務省以為日方要求必難獲得我方全部承認，但仍希望和平解決。軍部仍極強硬，在華海、陸軍人員更興奮，聞軍部於九日密令華北駐屯軍著即按既定方針邁進。楠本北上，係傳達謁見結果及滬上軍方主張。馬鞍列島已來一航空母艦，臺北集中三十架重爆炸機以為談判決裂準備。又宋哲元決於本月中旬改組政委會，除增設常委外，並擬擴充經、交兩委員會，增聘日顧問，並與田代締結經濟開發協定，但內容不明。廿九軍幹部近組忠義團，抗日情緒極濃，此後形勢將為一面交涉，一面在華北造成既成事實。弟唯智叩，文。

上海周玨來電

民國二十五年十月十三日

南京外交部部、次長鈞鑒：密。頃得日方重要消息如下：（一）此次歐美各報登載四條件中，內有日方要求揚子江駐兵權，指為我外交部故意宣傳，引起英美之注意及干涉。日軍部非常憤慨，現正嚴查以備抗議。（二）如我方對於交涉取遷延政策，即於華北實行壓迫。謹聞。職周玨謹叩，元。

二　外電關於日本提出嚴酷條件的報導

華盛頓大使館電

民國二十五年九月廿六日

南京外交部，三五八號，二十五日。五二四號部長與川越會談經過等電悉。此間看法日本海軍行動似係恫嚇性質，如無意外情事，當不致決裂。理由：（甲）上次滬戰徒增國際不良印象。（乙）日本現政府未必如前聽從軍人主張。（丙）中日談判正在進行，似藉此促我屈服。聞虹口陸戰隊一部份已回艦，未知確否，此間日大使確未有所活動，美方態度沈默。胡適今晨到此，住二日。大使館。

莫斯科駐俄大使館電

民國二十五年九月廿八日

南京外交部，八六九號，廿八日。五六五號部長與川越會談經過等電敬悉。蘇聯外長現在日內瓦，遠東次長亦在例假中，昨晚邀宴東方司長席溪詳談，據彼觀察滬漢事件無論是否日本栽誣，日本必將利用時機肆行要挾，冀達敲詐目的，且可使統一兩廣後日漸有力之中央政府，又受一重大打擊。但就日本內部情形及經濟狀況而言，日本目前不敢有何實際行動作大舉侵華之圖，其調遣艦隊不過虛聲恫嚇，冀欲不戰而獲。中國若欲免受敲詐，必須表示相當強調，否則恫嚇將無止境。至日本目前目標：陸軍方面注意華北，海軍方面著眼福建，蓋日本內部，陸海爭功，由來已久，近來海軍要求頗受容納，南進政策遂囂塵上。臺灣總督以海將充任，開未有

之紀元，顯示今後之動向。南（似漏一進字）範圍原無定疇，遠之可至菲列濱和屬印度等處，近之則為福建兩廣。日本海軍必先在近易處試其身手，殆又顯然。關於共同防共，彼稱無異軍事同盟。詢以蘇聯政府對此次中日事件態度如何，彼答嚴密注意，日本若有事南圖，必將弛於對北。前日美人方面傳言日本南進曾得蘇方之諒解，昨舉以相詢，彼答非特無此事，且未聞此說云云。大抵諒解之說未可置信，但日本轉變方向，蘇方心理未嘗不引為慶幸。連日蘇聯黨機關報對中日事件雖有記載，但無評論，態度頗為沉默。駐俄大使館。

華盛頓大使館電

民國二十五年九月廿九日

南京外交部，三六一號，廿九日。美報迭載日本要求華北五省獨立，中日軍隊共同防共防邊，全國文武機關用日本顧問等嚴酷條件，並雙方約守秘密。紐約時報今日評論謂，日人是否相信中國能忍受日方統制及列強能任中國屈服，此二假定顯不可靠等語，與美政界論調符合。駐美大使館。

倫敦駐英大使館

民國二十五年十月七日

南京外交部，二四六號，七日。今日泰晤士報對中日問題有極警闢之社論，題為勒索無饜之日本，首略述最近發生之不幸事件，以為絕非國民黨之所為，日本大可以不必以莫須有之事為攻擊之藉口，旗艦者實不甚重視

也。次述此次在領土內發生之不幸事件，固屬遺憾，然回溯五年前日本占領滿洲所殺華人不可勝計，至今仍繼續屠中殺不已，而華人尚能聽天由命，相安無事，實為不易，故日本應知中國政府或可強為寬恕，而中國民族實不能忘懷也。日本向欲他國承認其在華北地位特殊，惟日本如能顧及中國在華北特殊之地位，他國自可承認。最後述及日本所提要求及對我態度言論行動，謂日本以為對華須用武力解決，此說雖尚未實現，而中國所能忍受已極近其限度。一旦戰事發生，日本應負全責，且將失去其最大之市場，極為不智。惟日本現在之政策實有促成之趨勢，為日本計至為不利。西方各國對日本前途之判斷，胥視日本能否改變其政策與其言行能否相符。結語謂英國對日本之困難固有其同情，惟此同情亦屬空洞，日本如不放棄其一向藉利人主義之名而行自私自利之實，恐此項同情亦不能表示也云云。駐英大使館。

駐日蕭武官來電

民國二十五年十一月十七日

委員長蔣、總長程、軍政部長何、外交部長張鈞鑒：本日德武官來談，據云日本此後不能再用武力壓迫中國，日軍部威嚇之詞亦不足信，經濟事件與其說對華，毋寧說是對俄。德國與中、俄兩國感情均好，故彼所言不願我方外揚，彼不久尚擬到滬與德顧問晤談，此時尚未能定。經職詢以日、德間有無物物交換及其他協約之意，彼答未有。職又詢以將來有無可能，彼答可能，但此時

尚談不到也。十五日晚每夕夕列登載因中日交涉不進
展,廣田、有田處境困難,故將發表某重大問題以解群
惑等語。此報立被官廳收回,另刊發行,經職密探所謂
某重大問題者,乃關東軍主對華強硬急進,急欲行動,
日政府彈壓不下,欲以此移請樞密院,作為天皇諭旨阻
止,但樞密院亦不欲負此責任(電碼不明),力主急
進,但華北駐軍尚未同意,以立場不同,見解自異也。
謹聞。職蕭叔宣叩,十七日。

第四節　中日邦交調整問題

一　桑島訪華與中日關係

上海周玨來電

民國二十五年十月五日

外交部。部次長鈞鑒：密。桑島今午已到滬，擬今晚乘車晉京，探其語氣，似為緩和而來，大意注重共同防共及根絕排日二點。謹聞。周玨謹叩，微。

參謀本部致外交部報告

民國二十五年十月九日

抄件

上海報告

（一）桑島來華與中日交涉：

據滬上日方聞人某某表示：「桑島此次來華所攜新訓令內容，比較上或為緩和辦法。惟此次交涉焦點，恐仍在華北經濟獨立問題，即以北方收入，辦理北方生產事業，不流入代用品為主要目的。如關稅等事項，似尚有商量餘地。此外各點，苟能開誠布公，是則是，否則否，以外交手腕應付得法，或易奏效，日方各界領袖，大致同此意見，努力奔走，不願真正陷於絕境，同歸於盡也。現中國政府困難情形以及蔣公能力所不能及到之處，吾人已充分瞭解。如各團體之抗日組織，並非國民黨主使，完全出於人民自動者甚多，如一概指為政府驅使，強迫取締，甚至威力恫嚇，其結果必適得其反。故欲根本消滅抗日，必須日方自動以和平方法對付我國，

尤應放棄一切無理軌外之舉，方能生效。否則，日惟口
舌之爭，徒生枝節，實無補於事矣。」繼謂：「桑島
氏亦深知我國情形，允再向各方面宣傳，為有力之建
議」云云。

（二）上海情形可望和緩：

本日午某又與山本，楠本二人晤談，據伊等表示，亦側
重於北方之交涉，並向新之、曉籟、月笙及志成等約
定，共同維持上海金融及治安，勿使人心浮動等語。

（三）雙十節中恐有暴動：

山本、楠本二氏又云：「聞雙十節更有大規模之組織，
意欲擾亂上海，圖與中央為難，促成中日決裂，務請嚴
防，特別警戒，並密囑逕速轉達中央防範」云云。

中日關係情報

民國二十五年十月十五日

桑島東亞局長赴華之使命

第一　派遣桑島局長之理由

（一）目下在南京舉行之中日交涉，雙方皆提出要求，
以致成為對立形勢，而乏進展之可能，倘長此遷延，則
國民政府之態度益趨強硬，是以日本深覺與南京負責當
局有直接談判之必要，此日前有田外相向許大使要求蔣
委員長速回南京之由來也。

（二）中日交涉雖與蔣委員長開直接談判，而觀察目
前中國之國內形勢，欲迫國民政府完全接受日本之要
求，實有困難，是以日本政府就最惡場合所採之手
段，曾經外、海、陸三省之間協議數次，其所得之結

論大致如下：

甲　日本既以俄國為主要敵國，此時軍備尚未完整，若取軍事行動，則日本毫無勝算。

乙　欲促國民政府承認日本之要求，對於冀察地區以及青島之保障佔領，曾經加以討論，其結果認為此種手段不足以屈服國民政府。而所需經費至為浩大，又覺得不償失，且與列強有重大之關係，故保障佔領亦不可行，最後惟有依外交手段以求貫澈日本之主張。

（三）就此次交涉之經過觀之，川越大使之手腕不足以任交涉之全權，乃命作成原案之桑島局長急往南京，一掃交涉停頓之空氣，並援助川越大使以謀交涉之進行。

（四）目下俄國對於中日交涉正在靜觀，尚無積極的動作，故日本可利用此機會，以外交工作阻止中俄握手，一旦中日交涉成功，則俄國必無可乘之機會，倘遷延時日，則於日本不利，故就此點而論，中日直接交涉實有速急進行之必要。

第二　桑島局長之任務

（一）命桑島氏攜帶新定之訓令向川越大使詳細說明，以免隔膜。

（二）如前所述，日本政府對於川越之手腕頗為不安，故派桑島由側面援助川越，至不得已時，則由桑島出面交涉，以免遷延時日。

（三）桑島氏向國民政府說明之要點如下：

1・日本無領土擴張之意志（但此為暫時的，應請注意）。

2・中日提攜於兩國有益。

3.力說日本毫無野心以去國民政府之誤解。

4.在最後之場合，日本稍行讓步，以留交涉之餘地。

第三　日本讓步之程度

（一）關於華北問題，日本只求不威脅「滿洲國」之政治與國防足矣，若冀察政權之財政、外交、人事上之權能，則不必強求賦與冀察政權。今後關於華北問題，皆以國民政府為交涉之對象，但冀察政權內之人事任命須先得日本之諒解。

（二）表明日本無領土侵略之野心，但不形諸文書僅以口頭為止。

（三）華北之獨立事件，日本絕對不為。

附記

此次日本陸軍之態度至為消極，毫無訴諸武力之意志，雖有一部強硬論調，而其首腦認為不能實行，故無一顧之價值云。

中日交涉與列國之關係（外務省要人之談話）

第一　日英關係

英國對於日支交涉採靜觀主義，務期不傷日本之感情，如果北支之英國權益受日本之侵害，則英國對於日本當不免提出抗議，否則英國依然採靜觀主義無疑也。蓋英國之目的在援助南京政府以謀維持在支權益，倘日支關係險惡，日本實行壓迫支那，則英國之權益難保，故英國極盼日支交涉圓滿解決，而不欲傷日本之感情，此其所以採靜觀主義也。

英國駐日大使克來布氏，最近有兩、三次到外務省

探問一般情報，外相關於日支交涉，說明一般之經過，且謂日本之對支要求至為公平且極妥當，但具體的細目則全未言明，克大使亦未追問，及此上海方面之新聞，謂英國政府從中策動者，實係支那方面之宣傳也。

第二　日俄關係

俄國目下在暗中促成日支關係之惡化，以便乘機實行其共產運動，但表面上對於日支交涉仍取冷靜態度，此因俄國目下對外與德國之關係甚形緊張，對內又有「基羅畢業夫」派之革命運動，尚須強化內部之統制，是以對於日本有不能採積極行動之苦衷。最近關於漁業問題及北樺太之石油開採問題，俄國表示讓步，以求和緩。

日俄不侵略條約問題，日本仍不變以前方針，俟懸案解決以後再行計議，世人有謂日本承認不侵略條約者，實不然也。至如日俄懸案，如滿蒙之邊境紛爭以及滿蒙交涉，則雙方意見懸殊，現時尚無成功之希望，惟通商問題，或有解決之可能也。

第三　日美關係

美國目下國內有大總統選舉戰，彼此競爭頗烈，對於東洋方面，似乏興趣，加以羅斯福政府與以前之胡佛政府不同，對於東洋事件向來取不干涉主義，故美國對於日支交涉，諒不至有積極的策動也。

右件係駐日海軍武官劉田甫報告，除抄呈何部長、朱主任、唐總監外，謹呈張部長。

參謀本部第二廳第一處呈

十月十五日

中日關係情報

漢口事件後之日本對華方針

（一）自漢口事件發生以來，東京各報，一律宣傳日本對於國民政府，將有強硬之要求，且謂日本將以華北五省為緩衝地帶云云。此係日本陸軍之嗾使，欲以此威壓中國，以遂其要求之目的。然日本政府之態度，則依然冷靜穩和，未變方針。蓋日本陸軍部內之強硬派，雖欲乘此機會，促冀察政權獨立，與國民政府脫離，然其外、陸、海三省之間，多謂目前尚非其時，乃於廿一日，自午前以至午後，開三省聯合會議，大體仍照前既定方針進行，惟因漢口事件之發生，不免略有更改。

（二）對華交涉更改之要點：

（1）對於國民政府之交涉，雖蹈襲既定方針，但促中國停止排日侮日行動，又為今日之急務。故先提此項問題，追究國民政府有停止排日侮日之誠意與確信否，並問所採方法，究竟如何，以促國民政府回答。如國民政府答以誠意，且表示有停止排日之確信，則日本暫時取監視態度。若國民政府，答以無此確信，則日本將採自衛手段，要求積極強化冀察政權，或以兵力保護僑民。

（2）日本提出華北問題，向國民政府肉搏，為要求停止排日侮日之最良手段。故日本命川越大使，向國民政府將要求冀察政權之外交、財政、人事上之權能，賦與冀察政權，但此非絕對之要求，依

國民政府之手腕如何，可以緩和也。

（3）關於北海事件，對於國民政府，要求限期撤退
十九路軍（「註」此亦一手段也）。

（三）關於右述對華交涉，日本政府特別留意左列
各點：

（1）中國如不積極行使兵力，則日本亦絕對不用武
力，且已嚴令在華軍隊遵守矣。

（2）對於十九路軍，禁止日本先行攻擊，由國民政府
直接監視十九路軍之撤退，如其不應，則由中國
之中央軍擊退之。

蓋由日本攻擊十九路軍，則中國將乘此機會，向
世界宣傳日本之侵略主義，以陷日本於窮也。

（3）當形勢危急之時，則令漢口之居留民，退至上海，
所有派至該地之陸戰隊，不與中國軍隊交戰。

（四）第三艦隊之配置及陸戰隊之增加（此項已電呈
大概矣）

第三艦隊司令長官旗艦出雲號暫泊上海，指揮一切。

（1）以十一戰隊巡視長江各處，以第十五水雷戰隊及
砲艦嵯峨，在海南島之海口集中，以示威脅。其
十五水雷戰隊之兵力如下：司令官之旗艦輕巡一
隻（原為球磨艦，今改為夕張艦）；驅逐二隊（計
二等驅逐艦八隻）。查一八九七年，中法之間，
關於海南島，結有不割讓之協定。海口雖為開港
場，而其性質與上海不同，不能以之為作戰根據
地，今日本集中海軍於該地，中、法兩國皆有提
出抗議之權利。

（2）漢口原有六十名之陸戰隊，此次由上海增派約計
　　百名。

（3）為增援上海陸戰隊，頃由佐世保，派特別陸戰隊
　　約五百名（一大隊）。

（4）由內地增派軍艦，尚無此意，蓋聯合艦隊，刻下
　　正在演習之中，若急分兵力，則於演習計劃，頗
　　有影響，且不願刺激中國人心。

（五）今後如無特別變化，或不至發生大事，但華北方
面，如中日軍隊衝突，則有引起中日戰爭之虞。

（六）密告人之意見

日本政府採比較的穩和政策者，蓋恐引起日本對中、俄
戰爭也，然又不肯示弱，故嗾使報紙虛張聲勢，以迫中
國承認日本之要求。此種空威，應請特別注意，對於日
本之弱點，尤有利用之必要云。

關於華北問題軍部與外務之會議

（一）自八月廿一日起、日本外、陸、海三部之現地人
員，在華北方面，關於華北問題開聯合會議。其會議亘
數日之久，當時關東軍及華北駐軍對於日本之中央案，
認為過於軟弱，表示反對，其結果成立妥協案，川越大
使將依據此案，與國民政府開始折衝。

（二）日本中央案之骨子，已如前報，係以對支三原則
為主體，加以北支三項目：（1）赤化共同防衛。（2）
幣制改革。（3）日、滿、支經濟提攜。至賦與冀察政
權以外交、財政、人事之權能，暫不提出，而由國民政
府處理之。換言之，日本與冀察政權之間，可以交涉

者，則行直接交涉，其不能者，則受國民政府之指令，而承認國民政府之權能。

（三）若關東軍及華北駐軍所主張之現地案，則認定日本在北支有特殊關係，對於冀察政權，尤有強化之必要。故其宗主權，在表面上，雖屬國民政府，而實際與獨立無異。換言之，即在上述中央案以外。

（1）賦與冀察政權以外交、財政、人事之權能。

（2）關於北支方面之日「滿」支經濟提攜，日本與冀察政權，直接交涉，不許國民政府干涉云云。

彼輩以為中央案，與國民政府以過大之權能，將來日本在北支之特殊地位，必為國民政府所蠶食，終至不得已而行放棄。今日本既決心與俄國一戰，如果戰事開始，則滿洲人必有反對日本者，而北支與俄國握手，對於日本取敵對行為，又為明顯之事。故日本在日、俄開戰以前，必須威壓北支，收歸日本權力之下，因之先使冀察政權，與南京分離，然後逐次延及北支諸省，此彼強硬分子之主張也。

（四）以上之中央案與現地案，經多次議論，遂決定妥協如左：

（1）承認現地案之（2）項。（關於北支方面之日、「滿」、支經濟提攜，日本與冀察政權直接交涉，不許國民政府干涉云云。）

（2）關於現地案之（1）項（賦與冀察政權以外交、財政、人事之權能），由川越大使極力說服國民政府，至不得已，則行有限度之妥協。

（五）此次漢口事件之結果，對於（2）項尤有注重

之趨勢。

中日交涉問題

關於中日交涉問題，日本外務省之東亞局及陸、海兩軍
務局，又於本月廿六日開聯合會議，其結果仍無特別妙
案。茲述其對策如下：

（一）要求蔣委員長速回南京，以當交涉之衝。

（二）依日本之推測，蔣委員長不能完全拒絕日本之要
求，惟由廣東歸京之日，或不免有遲延也。

（註）斯時，委員長尚未離粵，故彼有此推測。

（三）關於中日問題，日本希望依外交方式解決之。如
果國民政府，徒事遷延，毫無誠意，則採左列手段：

（1）中止外交交涉，命川越大使離開南京。

（2）以實力保護在華僑民與權益。

（3）使冀察政權不受南京之指令，凡事與日本商議處
　　　理之。

關於右列之（3），日本對於英國，將明白表示尊重英
國之華北權益，目下正在倫敦，極力交涉以謀日、英接
近之實現。如果俄國與中國有握手之形勢，則日本將極
力與德國結軍事互助協定（以防止赤化為主），並與意
大利接近，以謀牽制俄國。

（四）日本對中、俄戰爭，非至萬不得已，不願實行，
現時日本將提出華北問題，以迫國民政府，使國民政府
不得不接受日本之要求。

日本陸軍少數青年將校之意見

（一）日本參謀本部及陸軍省內，有一部份將校，謂阻止支那排日行為之唯一手段，在使冀察政權，脫離南京政府，成為獨立，形勢必如斯，然後可使南京政府承認日本之要求。就中如關東軍及華北駐屯軍之將校，對於此種意見，尤多共鳴者。彼等對於中國之暴力舉動及廿九軍之排日行為，深為憤怒，故主張以強硬之態度，行外交交涉。

（二）欲使冀察政權獨立，並非難事，祇須依照冀東政權成立之手段行之可也。若併內蒙古之獨立，則中支與南支方面，縱有排日或暴力行動亦不足慮。

（三）倘現時廿九軍將士，不肯獨立，則日本陸軍驅逐之。其驅逐之口實，則依策動之工作如何，不難造成也。

（四）如果因冀察政權之獨立或廿九軍之驅逐，以到引起日本對俄支同盟戰爭，則日本之立場雖苦，尚有不敗之自信力，蓋日、德對俄軍事互助協定，有成立之可能，其時俄國不能專在極東方面，集中兵力，故彼輩以為對於俄國，決不足懼。

（註）關於此點，日本陸軍現有二種意見，其一，謂日本在完成戰備以後，對於中俄聯軍，始有勝算。現時與德國結軍事協定，不易實現，故須靜待時機。其二，即上記青年將校之意見，前者頗居多數，若後者之勢力，尚不足畏。至如日本外務當局，則謂「英、俄接近，係以日本為對象，倘此時日本與德國結軍事協定，則英國必牽制德國，以謀破壞此約。今之德國，尚須依賴英

國，故與日本結軍事協定，必有躊躇，其結果俄國益取
反抗的態度，支那亦得有所利用。故日、德軍事協定，
尚不可恃，而冀察政權之獨立或廿九軍之驅逐，不能行
之過早」云。

二　日方堅持華北特殊化

上海方唯智電

民國二十五年十月十七日

南京外交部。李司長大鑒：密。（一）對中日交涉海、
陸軍意見之對立已尖銳化，陸責北海事件時，不占領海
南島，及滬案未作軍事行動，乃失敗之事。而海軍則以
為對付中國之抗日運動，陸軍應在華北作必要行動，然
華北工作乃已失敗。外務省欲緩和此種意見之對立，但
無成效，已至成為影響內閣運命之形勢。（二）張家口
日本領事館之池田等旅行新疆，日前已出發。（三）遞
信省派二人至滬，其中一人係技師，此行目的為調查中
國通信狀況及航空事業。（四）陸戰隊不怠於戰鬥之準
備，最近已訂購多量之罐頭食料品，兵士之日用品，死
亡證明扎。弟唯智叩，篠。

上海方唯智來電

民國二十五年十月廿三日

南京李司長大鑒：密。楠本回滬向喜多報告天津軍所持
之見解，認為華北問題並無與南京交涉之必要。華北政
治機構應如何，經濟開發如何，適宜防共如何辦理，完
全以天津軍獨自之立場決定且實施之。希望由交涉日程

中，將華北問題除外。弟唯智叩，漾。

上海方唯智來電

民國二十五年十月卅日

南京。李司長大鑒：密。據蘇俄方面訊，須磨攜來之訓令著重於共同防共之談判，對華北關稅排日等問題暫時緩進。如中國仍不採納，則由獨自立場採防止赤化手段，蓋欲避免刺激英、美，兼能合法的完成所謂內蒙自治也。弟唯智叩，陷。

河北公民李鏡湖等來電

民國二十五年十一月二日

南京行政院鈞鑒：連日報載中日交涉經過，以華北特殊化問題為主要癥結之一，公民等聞之不勝憤慨，華北為中華民國之一部，華北人民為中華民國人民之一部，種族、宗教、語言、文化、經濟與中華民國其他部分同氣連枝，毫無特殊可言。華北人民愛護國家與中華民國其他部分同一熱烈，衷心願在中華民國統一政府之下發展其生活，絕對不受任何外力劫持誘煽以自取分裂。公民等請政府堅決拒絕侵略者特殊化之要求，誓與全國民眾以全力為政府後盾，保持領土與主權之完整。河北省公民李鏡湖等同上。

上海方唯智來電

民國二十五年十一月十三日

李司長大鑒。密。（一）因我方態度嚴正，日方已深

知我當局之不易威脅,日使署有人主張日方應反省。
(二)外蒙代表俄人A.Tatytoff自津來滬,據稱渠曾與
共黨代表接洽西北赤匪與蒙古紅軍之聯絡。(三)十
月底法人Rosenberg自巴黎攜第三國際命令來滬,現
已赴海參崴,不久仍返滬主持遠東共產運動。弟唯智
叩,元。

東京大使館來電

民國二十五年十一月十五日

南京外交部。六四九號,十四日。本日朝日新聞社論
謂,今之交涉,原以調整中日關係為目標,交涉中途復
屢屢發生不祥事件,益足證兩國關係有調整之必要。但
中日國交之惡化,已非一朝一夕,故僅憑一時之折衝,
即期待國交之好轉,自為不可能之事。末復謂吾人所最
為遺憾者,我國對華交涉,始則其調甚高,終乃遺尾大
不掉之誚,為國際間計,無寧將事態還元於交涉以前之
狀況。暫行中止交涉,以期待於他日之為善,蓋如無理
強迫中國為城下盟,謂對方無實行之誠意,其結果除一
紙空文外,必別無所獲。要之如忽視中國之歸嚮,則中
日國交之調整將永不可期。東京日日新聞社論謂,此次
對華交涉在出發的時候即估計錯誤,不應將防止不祥事
件和調整國交混為一談。調整國交乃是一件非易判定事
業,決不是一時興奮或咄嗟之間所能解決。且提出國交
調整案時外務當局被國內情勢所牽掣,並未慎重考慮,
即貿然提出。將恐交涉愈深,則中國抗日風潮愈熾烈。
時至今日,可採取之唯一方法即將南京會商斷然停止。

華北問題、防共問題，以及其他與抗日和不祥事件，無
直接關係之一切問題，均留待他日再作計較，現在應注
全力絕滅當前之抗日運動，及澈底解決防止不祥事件之
發生。至外交當局所抱之不先調整國交，不祥事件將無
由防止，此種外交叢生之理想論列應即拋棄云云，謹
聞。駐日大使館。

東京許大使來電

民國二十五年十一月廿七日

南京外交部，六六六號，廿七日。密。聞石原大佐赴
滿，確係傳達中央軍部意旨，勿使綏東事件擴大，致招
誤會而妨交涉。廿四日中央軍部並有奉敕命令致關東
軍，原文難獲，但內容係囑慎重勿生事變，似此我方如
不侵逼熱河邊境，則以精兵迅剿匪偽，當不致發生直接
衝突。又聞偽匪軍不但武器軍費多由關外供給，且早有
某國預備役將校下士訓練，如能趁此攻克百靈廟之餘威
痛擊獲勝，使知我軍作戰能力之優良，則於將來影響極
好，否則將被輕侮多事。英。

上海方唯智來電

民國二十五年十一月卅日

外交部。李司長大鑒：。密。（一）陸、海武官主停止
談判，對華北重施壓迫，川越亦傾向於此，目下正考慮
停止之適當時機。（二）川越認須磨越權，對預備交涉
過於深入，頗不快，武官亦漸認須磨持論過於武斷。外
務省已知須磨在華之印象不佳，已決定俟交涉告一段落

時他調。弟唯智叩，陷。

三　日本各派對華的意見

華清池王芄生來電

民國二十五年十二月八日

南京外交部並請轉許大使。兩電敬悉：密。俟謁呈院座，彼議會開幕在即，內閣對交涉無法答辯，加以增稅及安定生活與議院改革等難題，即政變預測所由起，因此對華不免惱羞成怒，似回到交涉初期空氣惡劣時。館電所預測，將藉故以海陸軍進據要地，為現地保護或保障佔領，一面在華北急煽浪人雜軍作既成事實，相度內外情勢，或將以最後通牒迫我承認而惹起正面衝突。現有此徵兆否，倘我方此時除開華北防共及其他難題，而姑將輕易者作一小段落，使彼有詞拖過，議會必所樂從。故答復川越備忘錄之希望及其程度，已成目前我方決和戰之一關鍵，擬即評呈請示，此時日情演變必速，請隨時查察密示。芄，齊。

東京許大使來電

民國二十五年十二月廿四日

南京外交部。七三三號，廿四日。密。日內閣因對華交涉，現可暫事靜觀，樞院不致窮究，年內可以安渡。其中央各方對華根本方針，因此時若加激動，恐陷中國於大混亂，在日亦不利，確實放棄武力政策，即關東軍亦決無大舉，華北方面少數浪人僅藉冀東財力活動，圖造成自治，更難有效。其分別向冀、察、晉、魯，進行局

部防共協定，同屬投機性質，非中央固定計劃。至內閣本身因責任對庶政一新增稅電力等案，極端不滿。議會開議後一月十日至未定日之旬日間，必遭強烈攻擊，對華任何問題同時仍為論難之焦點，軍部不甘屈服，裂痕頗深，勢必力爭，但繼任人選近衛，以養望而成西園寺第二自命，必不輕試。宇垣本以寺內為台柱，寺內因久原、真崎事已為少壯軍人所不滿，宇垣本身亦與少壯派有舊隙，然其活動甚力。此時我方要務在能鞏固中樞，使對中國有對象可與款洽。如能設法使日本各方深知中國對調整確有誠意，失敗係因日深切誅求無饜，軍人在綏又處處侵略之故，庶幾正其視聽，俾將來可為我國有益之展開，英。

東京丁紹伋來電

民國二十五年十二月廿六日

南京外交部：極密。伋昨日抵東京，日人對華觀念因陝變發生，稍有轉變，彼見中國秩序如常，金融安定，始知中國愛國者甚多，雖有困難，愈形團結，加以英、美援助，故遭空前事變未至瓦解，對中國人不敢輕視，且痛詆日政府對華觀察錯誤者，頗不乏人。又因中國人在綏遠作戰異常忠勇，若中日開戰，日軍必有犧牲，加以近日□□□□之聲浪漸高，果成事實，中、俄兩國皆為日本之敵，軍部雖驕，不能不有顧慮，已有提議改對我方針，採用柔軟手段，以排俄防共為條件，不反對國民政府者，東京政府確有暫不擾亂華北之意，丁紹伋。

東京許大使來電

民國二十五年一月廿二日

南京外交部。七七一號，廿一日。據報民政黨倒閣意極強烈，二十八日後對中日外交更猛烈攻擊，並謀擁永井柳太郎為外相，有幹部會議已通過。如能實現，第一步將先自動放棄在華領事裁判權，以圖轉變關係說。真崎被禁更嚴密，現狀不明，惟聞將課以瀆職罪，處刑五年，真崎誓死反抗，英。

東京大使館來電

民國二十六年二月十六日

南京外交部。八三一號，十五日。日眾院今日下午開會，質問雖烈。但經政府答辯，即形和緩，雙方似力事避免衝突。植原於對華外交質問兩點：（一）中國國民常疑日本侵略中國，政府應發表聲明說明態度，以釋疑慮。（二）對中國新興國民意志應加重視。林兼外相答復：（一）日本對華絕無侵略之心，政府主張向即如此，今後決繼續守此原則。（二）對中國新興之民意，自應重加檢討，重新認識云云。按林上午答貴族院質問時，亦經說明對華北方面絕無侵略之企圖，謹聞。大使館。

駐橫濱總領館來電

民國二十六年二月十四日

南京外交部。八十八號，十四日。此間對三中全會觀察如下：日日提最低限度要求，謂抗日意識根絕為不可

能，但希望中國排除無軌道之抗日舉動，以近代文明國態度對日云云。朝日謂西安事件後對日策略如何轉向，實為三中全會眼目，中國立場必將不祖日採共同防共，亦將不聯蘇採人民戰線。故西安事件後中國政局不至有多大影響，因國際環境反映中國國民的確信漸趨堅固。即因日、蘇失和，中國以日本無力對華施強壓舉動，他方因進逼華北而有日、英對立，中國可與英採共同戰線，加以美國今後對極東可望有干涉餘力，此皆為中國硬化原因。故日本此際應先檢討其外交政策，不可妄採高壓或急於接近云云。報知載西安事件後，人民戰線沒落，國民戰線擴大，但抗日意識益形澎湃，冀察政權解消問題，不能斷其必不討論云云，駐橫濱總領館。

東京駐日大使館來電

民國二十六年三月十六日

南京外交部。八八○號，十六日。並轉許大使，本日讀賣新聞載上海田中支局長特電，標題對華再誠篤時機未到，國府態度傲然，解決滿洲問題為確定鐵則，對經濟冷淡。內容概要：（一）敘及綏遠陣亡將士追悼會謂，全國輿論一致主張勢力集中，一致抗敵。日方所傳贊同佐藤外交，歡迎經濟使節云云，乃日方聊以自慰之淺見。（二）三中全會決議採焦土外交，較二中全會時更進一步。（三）認中國實業界與政府對日態度全同，以虞洽卿等在滬日本商工會議所演說為證。（四）認為對中國現代化應明瞭檢討並正確評價，日方倘因中國提及滿洲問題即認為得寸進尺，乃時代事實證明，蓋不論日

本態度政策若何，中國民族始終認為解決滿洲問題乃調
整中日國交根本條件也云云。按該報所論深刻露骨，為
他報所鮮見，堪以注意，駐日大使館。

丁紹伋呈「現時日本各派之對華意見」

民國二十六年三月八日

　　現今日本各派對華意見，漸形接近，似有均主暫時
靜觀之趨勢。綏遠戰事以前，各派因內政上之見解不
同，其對華政策，亦不能一致。元老重臣、政黨、財
閥、實業界及其他政府派，因顧慮列強，不欲日本在國
際間陷於孤立。且不欲激動中華民族全體之忿怒。均主
張對於中國採取和緩手段，壓迫中國之程度，以中國俯
首求和為止。除偽國不許中國過問外，對於東四省以外
之中國領土，無意侵略。但求中國在經濟上，接受日本
之條件，則於願已足。而青年將校、右翼團體及其他欲
革新政治，改良經濟之反政府派，則以中國團結不固，
內政不修，武力不強，急欲趁此世界經濟恐慌，歐洲局
勢不定，列強自顧不暇之時，對於中國以種種方法侵略
破壞，使其一蹶不振。且實行此種計劃則彼等在內政上
之勢力，隨之增加。若贊成政府派之主張使中日關係安
定，則政府派之力量，依然鞏固，彼等革新政治，改良
經濟之企圖，萬難成功。關於對華政策，有與政府派背
道而馳之必要，近年反政府派之力量，較政府派為大，
政府派之對華政策，不能見諸實行。南京東京如有妥協
之意思，華北方面，必有正相反之策動。前年王亮疇博
士與廣田商議三原則，引起河北糾紛，締結何梅協定。

去歲南京調整中日關係之談判不調，又發生綏遠戰爭，促進華北惡劇，可為例證。蓋日本反政府派以為中國政府無力對日開戰，官吏無意死守疆土，日本祇由關東軍平津駐屯軍，以威脅態度，表示強硬意思，再援助中國漢奸，肆行擾亂，則華北官吏，自然屈服。日人之所計劃，無事不成，故決計對於華北，實行種種策動，不允停止。而政府派見此輩反政府分子不易節制，若不許其在中國繼續搗亂，則必在日本滋生事端。為求日本內政安寧計，不如暫以隣國為壑，且其對華策動成功，亦與日本帝國主義相同。日本不調動大軍正式作戰，不致引起世界戰爭，若此輩分子之舉動不惹起國際糾紛，亦不加以禁止。又日本政府不能得各派之一致擁戴，即有與中國謀和之誠意，亦無使軍人服從命令之實力。日軍在華北自由行動，日商在各處之公然走私，鮮人在平津之擾亂暴動，種種違法，層出不窮。日政府因其皆有軍人之關係，不惟熟視無睹，且往往為之辯護。近三年來日本軍人在華北策動，猛進不已，通郵、通車、何梅協定、冀東獨立、平津增兵，一波未平，一波又起。近又要求五省緩衝，援助蒙匪叛逆，得隴望蜀，無有止境，皆由於日本有內政糾紛，其軍人之對華政策，與政府相左所致也。

然最近二旬以來，日本各派對於中國，似有均持暫時靜觀主義之趨勢。其原因頗多，可大別為三種：一、軍人之暫時靜觀，由於其對華認識之改變。日本軍費膨脹過大，輿論早有反對，在備戰期間，人民負擔，已近極點。若再有大戰，閭閻疾苦，更不待言。軍人亦知

日本財政不能持久，乃欲強逼中國屈服，以避戰爭。以
為中國人不知愛國，有遠心力，無求心力。若日本仇視
國民黨，壓迫南京政府，再對於其他方面，施以威脅利
誘，則中國必將順從日本之意，其避戰之目的，可以達
到。及見綏遠戰事，中國有相當充實之武備，且舉國忿
怒，將士效死，攻守皆能如意。加以□□聲浪，瀰漫全
國，已覺形勢不利，而西安事變後，中國因恐日本侵
略，各方團結益固，金融安定如常，又出其意外。始知
中國人愛國觀念之深切，希望統一之真摯，仇日思想之
普及。日本仇視國民黨壓迫南京政府，及其他以華制華
之手段，決不能消滅中國人仇視日本之心。且適得其
反。深悔從前之對華認識，完全錯誤。此時若不停止綏
遠戰爭，華北策動，則中國仇日愈甚，勢必與蘇俄攜
手。倘又與共黨妥協，結成對日聯合戰線，則局勢完全
一變。在中國關內外之日軍，有腹背受敵之虞。故其對
於中國之舉動，不得不出以慎重，此軍人主張暫觀形勢
之最大原因也。二、日本外交之失敗，亦於軍人對華政
策，大有影響。關於最近之外交問題，政府派以為惟和
華和俄，可免大戰。日俄不侵條約，俄方既屢有提議，
宜允其請，速行締結。一面對於中國以溫和方法，使其
承認日本所提聯結中日經濟之條件，則日本在軍事上經
濟上，均能有備無患。日本外交，此為上策。而青年將
校及其他反政府派，則以為方今中國戰備未成，外援未
至，日本先與德、義締結協定，再乘勢壓迫中國，則華
北緩衝，共同防共兩條，可望實現。廣田、有田，志在
戀棧，乃照軍人意思辦理。孰知德、義兩國之援助日

本，僅有虛聲。俄、英、美三國之反對日本，先成事
實。日俄漁業條約，已通過樞密院而不能簽字，南京數
次會商，因綏遠戰事而根本推翻，以致日本在國際間之
體面，完全墜地。其所以演此對華、對俄之醜態者，皆
因此輩反政府軍人之干涉外交，責難之聲，到處可聞。
軍人亦知日本因此已陷於中、俄、英、美之四面重圍，
如不暫改方針，必遭打擊。故對於華北不得不暫停動，
以觀中國今後之動向，三、內閣根基之不固，亦有影響
於其對華政策，現內閣見中國從前對於日本事事隱忍，
處處遷就，以為華北緩衝、共同防共兩條，亦不妨以威
脅手段，提出一試。不料中國急於備戰，致日本陷於自
行退讓之窮境，有田提出辭表，內閣已將瓦解，因中國
之西安事變而延命。各方至今對有田，猶猛攻不已，甚
至有責外務省不懂外交者。今春議會提出不信任案與
否，是一疑問。加以拘留真崎案，為全國所注視，判
罪，則二二六事件即時有再演之虞，釋放，則陸相違
法，內閣有連帶之責。此為現內閣當面之最大難關，不
敢輕於解決，而反政府各派擁戴繼任總揆之運動，早已
開始。宇垣、近衛，俱有呼聲，現尚形勢混沌，未知
誰佔勝利。在此運動未成熟以前，各派亦有不欲真崎
案之迅速決定者，或者此案發表之日，即現內閣告退
之時，亦未可知。照現在形勢，現內閣可延長兩、三
月，然預算案經國會修正通過後，內閣去留問題，必
又發生，則為一般所共信。現內閣既無日不在風雨飄
搖之中，雖猶欲在外交方面與中國解決細微事件，表
現若干成績，以為延命之計。而關於調整中日關係之

根本問題，則因有前次之失敗，似不易得各派之一致援助。縱有解決之心亦無解決之力。故對於中日交涉亦不能按照原定計劃，迅速進行。

有此三種原因，故日本各派之對華意見，漸趨一致。日來日本各派有力有識人士，因恐中國聯俄，提議對於中國改取溫和態度，阻止中國與蘇俄攜手，並以若干交換條件，使中國承認日本所提聯結中日經濟之要求，用以消弭大戰者，逐漸加多。此議已為軍部穩健派所首肯，現正向各方運動對華外交一元化，能否得軍部完全一致之同意，不無疑問。以目下情形推之，軍部對華政策之強化或軟化，必視中國能否極力備戰，是否預備聯俄以為斷。如中國內部團結堅固，聯絡英美成功，且備戰工作愈急，聯俄聲浪愈高，則日本軍人之對華政策必愈趨軟化。然若中國實行聯俄，則彼為制機先計，即與中國開戰，亦未可知也。

東京駐日大使館來電

民國二十六年一月八日

南京外交部。七六一號，八日。探悉。日內閣因外務與軍部共負外交失敗責任，雖本積不相能，但對應付議會不能不保持共同戰線，大致竭力掙扎，在預算案通過前，現閣可望支持。惟對華外交之失敗，則不容不力圖挽救。為求統一調整人事，須磨因堅決拒絕接受我方要求開罪部長，因而調義。關東軍副參謀長亦即將更調，參謀本部第一部長換石原代理，而總務部長亦須另委，俟人事定後完成外交一元化，合力求對華交涉之再開。

而其方針，則在齊一步調，軍人對於北方有單獨行動云云，大致如迭電所陳。完成本年度預算前，現閣勉可維持，至各方倒閣運動，固仍積極進行，大半搜集對華外交資料，以為攻擊口實。擬議繼任人選，近衛、宇垣而外，林銑十郎、大角岑生等亦有提及者，時機尚未成熟，未許遽予判斷也。駐日大使館。（附註：謹查來電，「在齊一步調」至「單獨行動」句之中，恐有脫之處。電報科謹註。）

東京大使館來電

民國二十六年一月十二日

南京外交部。七六二號，十二日。森島守人調回後，本月中旬即將繼任東亞局長，昨日對人談話：（一）中國三中全會前不致進行交涉。（二）繼續交涉，亦決不用再開之形式。（三）交涉時不外仍將雙方意見已接近者繼續商談云云。至須磨調義，渠亦認係因其在京足以妨礙交涉進行。駐日大使館。

東京新聞一則

民國二十六年六月十五日

（日本聯合某某兩國，阻我採取抗日政策，分令駐華代表進行活動）

（國聯社十五日東京電）國聯社記者頃由可靠方面探悉，東京政界對於我國三中全會之動向，異常重視，外相有田已於日前密令川越大使，著即向我朝野開始活動，表示日本有緩和對華政策之用意，以阻止三中全會

採取不利於日本之決議。一方面，復於前昨兩日，密約
某某兩國駐日大使在某處密談良久，除交換西北共匪之
情報外，並討論防止中國採取抗日政策之共同步驟，當
決定分令各該國駐華使節，立即開始側面活動，從旁促
成日本之企圖。同時條諭新任之駐華大使館參贊守島伍
郎，尅日赴任，襄助川越進行一切云。（國聯社）

東京丁紹伋電

民國二十六年六月廿八日

南京外交部：。密。呈閱。今日堀內又約談，渠謂中日
交涉中國主張先解決華北政治問題，日本難以同意，希
望先就其他問題陸續解決，以融和兩國感情。伋謂近來
之華北情形，在中國主權上決不容許，日本果欲與中國
攜手，應不待中國要求，自行撤廢塘沽協定，消滅冀東
組織，減少平津駐軍，並制止華北走私、自由飛行及日
本人在察北平津種種策動，以示遵重中國主權之誠意，
此為中日親善根本前提，希望早日實行。渠謂中國所主
張專重理論，恐難即時見諸事實。渠又謂中國何以容
共，伋答共軍凍餓垂斃，悔過自新，政府以慈悲為懷，
准予收編，日本疑為容共，無乃未明真相。伋詢及日本
對太平洋安全保障之態度。渠答日政府未接通知，尚無
具體研究云。三十日訪海相，謹聞。伋二十八日，第四
號電。

四　中日雙方商談紀錄

（一）部長會晤日本大使館須磨秘書談話紀錄

專員周隆庠在座

時間：民國二十六年一月二十日下午四時

地點：部長室

事由：調整中日邦交

須磨先向部長辭行，略謂：此次奉調返國，準備明晨離京赴滬，候輪返國，今日特來向貴部長辭行，任內諸承貴部長好意，至深銘感。部長對此表示惜別之意。

須磨：本人奉派來華，輾轉貴國南北各地，已十一載於茲矣。此次歸國，擬將過去觀察所得，盡量報告敝國當局，對於軍令部及參謀本部方面，亦擬陳述管見，直言不諱，以期改善中日邦交而貢獻東亞大局。最近敝國一般輿論對於日本外交之失敗，嘖有煩言。但本人以為外交當局實已盡其最善之努力，任何人當此難局，結果亦必爾爾，時勢使然，無所謂失敗不失敗，輿論之責難，殆原因於真相之未明。現在國會重開，本人此次返國，或將負起說明外交真相之責任。故願趁此機會敢請貴部長賜教二點。第一，共同防共問題，姑置勿論，貴國是否與第三國際鬥爭到底？第二，西安事變以來一般之抗日對日抵抗情緒，日見強化，今後貴國政府是否仍能一本蔣委員長向來之對日方針，貫澈始終而繼續不變？

部長：關鍵全在貴國，未悉貴國政局之動向如何？

須磨：自客歲六月之特別議會以來，政黨方面之反軍

部思想，公然抬頭。政黨常以政權旁落，引為不滿，如民政黨之町田氏即其一例，町田氏為本人之前輩，故本人知之甚詳。此次政黨之攻擊外交，目的即在奪取政權，但廣田內閣對此抱有絕大之決心，不辭解散議會，以相周旋。反之，在政黨方面，似無此項決心，因此廣田內閣，或能渡過本屆議會亦未可知。但其在外交上、財政上之困難正多，縱使能安渡本屆議會，前途荊棘尚多，將來仍將倒臺亦非不可能事。果爾，則何人繼任組閣，雖輿論之推測不一，要不外近衛、平沼、宇垣等諸人。但綜合各方情報，後繼內閣要不外為軍部或軍部支持下之內閣，質言之，即以軍部勢力為背景之傀儡內閣，可以無疑。屆時日本之對華政策，自將以軍部之對華認識為基礎而推進，難免不無相當之改變。近衛不願出長傀儡內閣，前雖堅辭，今後恐亦暫無出馬之決心，故本人以為廣田內閣在對華問題上言，實為一最良好之內閣。

部長：前曾向川越大使談及，我方亦希望廣田內閣能繼續維持下去。萬一政局變動而出現軍部或軍部支持下之內閣，亦甚望其能深切的改變對華認識。至若貴國外交成敗之論，各人見解不同，觀點自異，政黨政客之用為政爭工具，初亦無足為怪，自當別論。過去調整工作之未能盡如人意者，其間固不無未盡人事之處，但亦要屬大勢所趨，非人力之所能及。年來經中日雙方努力之結

果，調整邦交之根本方針，業已漸趨一致，故本人相信苟能再假以相當之時日，必能好轉無疑。惟尚有數點，過去已經屢次談過，而貴方似尚未能澈底了解者，擬請貴方重加注意。按我國調整邦交，主在收復國權，故凡由於非法手段所造成之事實，務請貴國從速取消，同時對於足以引起未來糾紛之策動，今後務請嚴予避免。華北問題為調整工作之中心問題，滿洲問題雖暫可緩談，但華北現狀急須改善。此為我方最低限度之調整工作，此項工作具有成效然後，始能考慮互為平等而合法之提攜。貴方如能切實做到此項初步的調整工作，則我方民眾軍隊方面，對於貴國侵略之疑慮可除，而抵抗之觀念自消。然後進行第二步、第三步之調整，事甚易耳。故希望貴國能以事實表示無侵略之企圖，最為緊要。不然則反日情緒無以消除，至於我國政府之剿共政策，當無任何變更。但自西安事變以來，西北情勢大變，中央雖仍繼續進行武力之剿討，而一般對於政府之此項犧牲，深抱戒心，以為萬一日本侵略其後，將如之何？以此責問者，頗不乏人，此為剿匪工作最大之障礙，甚望貴國能早日表明態度，以消除此種障礙，實為中日調整邦交當前之要圖。同時我方最大之忍耐，亦有相當之限度，萬一局勢惡化，則由消極的抗日，進而為積極的鬥爭，恐亦將無法避免矣。是我國政府一方面以最大之努力從事調整工作，而他方面依然不能放棄

抗日之準備者，其理由即在乎此。關鍵全在日本之對華態度如何耳。蔣委員長從事剿共工作，前後已將八年，始終一貫，不辭任何犧牲。縱使抗日，亦決不致停止剿共，蓋剿共與抗日同等重要，不容偏廢。故既不能聯共抗日，亦不致聯日剿共也。在此中日邦交尚未完成調整之際，苟聯日剿共，則適足以惡化抗日之空氣，而助長赤匪之發展，中日未能「共同防共」之理由，亦即在此。希望貴國能切實認識此點。

須磨：三中全會開會在即，屆時對於外交政策，當有討論。未悉貴國各方面之主張如合？可請見告一二否？

部長：大體言之，約可分為三派：一為西安方面容共抗日之主張，支持此項議論者，在輿論方面即為人民陣線之一派。二為不容共，不內戰，而主張一致對日之論調，支持此項議論者，在民眾及地方政府方面，頗不乏人。三為現在政府當局之意見，對匪主張澈底剿討，對日則主張以外交的途徑用和平的方法，在不侵略不威脅原則之下，調整邦交。故視日本對華方針之如何，可為轉移。此項主張夙在蔣委員長領導之下，業已深得人民一般之信賴。但情勢之演變莫測，其他二派之勢力，亦有不容忽視者。

須磨：現在西安方面與共匪之關係如何？

部長：聞已與共匪沆瀣一氣矣。但中央對此，迄仍希望其能懸崖勒馬，悔悟自新，故一方面準備討伐，

而一方面尚未放棄政治解決之辦法。

須磨：因西安事件之關係，行政院機構是否將有所
變更？

部長：據個人觀察，當不致有所變更。現在蔣院長指
導之下，縱使有局部的人事移動，亦決不致影
響政策。

須磨：對俄關係有變更否？

部長：無。中蘇通商條約問題，亦迄在擱置之中。

須磨：對華北問題之方針如何？有無改變？

部長：無改變。事甚簡單，約言之，不外：（一）取消
非法造成之事實，（二）停止足以引起糾紛之策
動而已。

須磨：對於冀察政委會是否亦須調整？

部長：冀東、冀察、察北等事例，均為行政主權之分立
或破壞。事關行政主權之完整統一，自須儘速加
以改善。貴國少數軍人之非法行動，層出不窮，
實為憾事（須磨唯唯）。甚望貴國外交能早日一
元化而納入正軌。

須磨：尊見均悉。關於使館館址問題，最近覓有基地二
處擬請設法早日解決。

部長：可以。

須磨：關於成都問題，可否即使糟谷及岩井前往？

部長：最近情勢不佳，而四川又係情形特殊之區，務請
慎重將事，萬勿冒險。俟局勢安定後再商。

須磨：務請於三中全會終了後即准予前往。

部長：情勢不佳之時，現設者尚有撤退必要，如鄭州、

　　　　宜昌、沙市、重慶過去之事例,如無把握,暫緩
　　　　前往,有何關係,請不必嘔嘔。

須磨:鄭州文化研究所事件,最近囂傳報端,扣留日
　　　　人、沒收財物、侵入日人住宅等等,公安局員之
　　　　行為,不無有違條約而行動過火之處。希望將來
　　　　不再作此種行動,並盼勿將本事件過事擴大,致
　　　　礙邦交之調整。

部長:鄭州文化研究所云者,文化研究所其名,而
　　　　特務機關其實,如收買漢奸,圖謀不軌等等工
　　　　作,足以引起地方民眾之反感,地方政府當亦
　　　　不能視若無睹。條約以平等為原則,彼此均有
　　　　遵守之義務,在此進行邦交調整之際,務請貴
　　　　國注意及之。

須磨:希望勿將事態擴大,致礙邦交前途。

部長:當本化大為小,化小為無之意處置之。有田大臣
　　　　當此外交難局,請代致意問候。

須磨:謝謝貴部長盛意。

(二)部長會晤日本大使館武官雨宮巽談話紀錄

專員周隆庠在座

時間:民國廿六年一月廿七日下午三時至三時五十分

地點:部長室

事由:調整中日邦交

雨宮向部長辭行,部長對此表示惜別之意。畢。

雨宮謂:前週濱田議員在議會攻擊軍部,致引起意外
　　　　之波折,而廣田內閣亦因此崩潰。此次本人奉

調返國，實亦出乎意料之外。本人在任二年有
奇，所見所聞，得益殊多。痛感敝國對於貴國
政府及一般民眾之動向，不無認識不足之處。
本人微力所及，當極力設法加以改正。此次調
任陸軍省新聞班，職責所在，當更努力做去。
後任大城戶君，現正在由歐歸國途中，下月初
旬，計可到京履新。

部長問：大城戶君之性格其對華認識何如？

雨宮謂：大城戶君為人甚沉默，而富於思考力，作事甚
　　　　勤奮，以優等之成績卒業於陸軍大學，卒業後
　　　　曾在滿蒙班及支那課任職，對於貴國國情已有
　　　　相當之研究與理解，但尚缺乏實地之體驗，故
　　　　對於貴國政府及一般人民之實情，恐不無隔膜
　　　　之處。本人返東京後可與大城戶君晤面，當為
　　　　詳細加以說明。本人向主張調整中日邦交，日
　　　　本應信賴國民政府而以國民政府為對象。客歲
　　　　調整邦交而與成都問題併為一談，實屬錯誤。

部長謂：高見極是。上次已與須磨秘書談及我國政府
　　　　對日主張調整邦交，決根據既定方針努力繼續
　　　　做去，決不致有所變更。但日本之對華態度如
　　　　何，影響至鉅，故我國一方面決由外交途徑進
　　　　行調整交涉，而同時在他方面又不能放棄抗日
　　　　之準備也。至於如何調整邦交一層，約言之，
　　　　不外二端：一為取消過去非法造成之事實，二
　　　　為避免今後足以引起糾紛之行動。華北問題為
　　　　調整邦交之中心問題，故滿洲問題縱可暫置勿

　　　談，但華北現狀，則急須加以改善，此為我方最低限度之調整方針，做到此點，然後始可以言其他積極的調整工作。剿共政策為我國一貫之方針，決不因西安事件而有所變更，貴國可以放心。

雨宮謂：改善華北事態，實甚重要，本人以為日本應信賴國民政府，一切應與國民政府開誠商談，則華北問題當可迎刃而解。惜敝國一般人士，尚未能瞭解此意，本人返國後，當本職責所在，盡力對各方說明，務求一般人士能澈底明瞭此意，但同時還須貴國加以援助。蓋敝國軍人之中，過去曾飽受國民政府排日之痛苦者頗不乏人，即本人亦有此種經驗，此種先入觀念，銘心刻骨，牢不可破，影響彼等之對華觀念者甚鉅，故首須設法解除此項先入觀念，最為要緊。本人雖極力主張日本應信賴國民政府，但去年與國民政府談判之結果，卻毫無成績之可言，各方常以此質問本人，故甚望貴國能具體的表示調整之事實，給以事實的證明，則彼等過去之先入觀念始易消除，而本人之意見亦可得到一般人士之諒解也，田代司令官之意見亦然。

部長謂：去年調整邦交之未能即行得到良好結果者，實由於空氣惡劣所致，貴方提出七項要求，而更以成都問題為要挾，實為最大錯誤。

部長問：貴國政局如何？宇垣內閣能成立否？

雨宮答：甚難。繼宇垣而起者或為南次郎大將，亦未可
　　　　知。但不論何人出任組閣，日本之國策，大體
　　　　上當不致有何變改。

部長謂：君歸國後甚望能為中日邦交繼續努力。

雨宮謂：甚望貴部長亦多多加以援助。

（三）董科長道寧邵科長毓麟會晤日使館武官雨宮巽談
話紀錄

時間：民國廿六年一月廿七日上午十時二十分至十一時
五十分

地點：陰陽營日武官室

事由：查日使館駐南京副武官雨宮巽，此次奉令調任陸
軍省新聞班，專管中國問題之新聞發表及情報蒐集，其
任務似頗重要，職等為使該雨宮於臨行前，對我認識獲
得深刻印象起見，特往訪交換意見，茲作成談話紀錄，
謹乞鈞閱。

會晤紀錄

邵：過去我們很少長談的機會，所以趁你臨走以前，
　　特邀董科長同來大家痛談一下，今天我們的來訪，
　　完全是出於自動的，並且完全是以私人資格，願意
　　來和你很坦白的談談中日兩國的問題，如果話說得
　　太露骨的地方，請你原諒。現在讓我把中國一般民
　　眾對於日本的態度來說明一下。日本自從九一八以
　　來，什麼上海事件、察哈爾事件、河北事件以及
　　冀東政府、冀察委員會的分化策動，無一不使中
　　國民眾感到極度的憤慨。老實說，中國的民眾，除

了漢奸以外，恐怕沒有一個不是抗日的，就是從日本回來的朋友，或許有人說是比較和日本人接近，可是這決不是無條件的，日本對華的態度，如果依舊不改，恐怕連我們都要站在排日的第一線也說不定。事實上，日本回來的學生，不排日的可以說是少數，所以我們以為要改善中日關係，第一當然是要坦白的認識中國民眾為什麼要排日。換一句話說，排日的原因是什麼？在那裡？我們要根本剷除這些原因，我們才能希望排日運動的解消，這個問題固然很難，不過我們不妨從容易的著手做起。譬如冀東政府的成立，明明是破壞中國的統一，日本在華北的種種策動，明明是侵犯中國的主權。再如最近綏遠事件，報上雖很客氣不寫日本，而寫「某方」、「某國」，而實際上誰都知道是日本在那裡策動。再譬如舉幾個例子，日本浪人、朝鮮浪人的公然走私，橫行不法等等，沒有不是足以使中國民眾極度憤慨，而成為排日的原因。這種種問題，如果不趕快設法解決或取締，我想抗日的情緒，抗日的風潮，只有一天增高一天，甚至或許會引起中日間最不幸的事件也說不定。第二我們要求日本要認識現在真正的中國，這件事，尤其你這次調任陸軍省新聞班的工作，更加重要。現在的中國，已經不是數年前的中國了，例如去年西南事變的解決、西安事變的解決，這都是明明白白的事實。去年十二月廿五日蔣院長回南京的時候，那種全國一致的熱烈的情景，你在南京當然是很明白的，中國現在已

經是統一了。中國民眾的目標，正集中在中國的國
際地位，所以日本如果一天不改變對華態度，那末
民眾的抗日運動，亦只有一天增加一天。同時如果
中國的統一事業一天不停止，那末對於日本的壓迫
政策的抵抗，當然也只有一天增強一天。這樣下去
萬一引起了中日間的危機，中國固然不利，日本亦
不見得幸福，所謂兩敗俱傷。所以究竟你的中國
觀，你對於中日關係的前途，怎樣觀察？（話至
此，適交際科徐君因公來訪雨宮，略談後辭去，
仍繼續談話）

雨宮：你方才所談的要點，都已明瞭，現在讓我來說明
一下。我以為中日間的問題所以會弄到這樣一塌
糊塗的，可以說，是因為認識不足。你所說的華
北問題等等，老實說，軍部並沒有想照這種方式
推行到中國全國。前年下半年華北的危機，到了
十二分危險，當時如果沒有我們和唐故次長的努
力，恐怕當時早已發生了更嚴重的問題。我個人
曾向關東軍、天津軍幾次的表示，在南京的我們
的見解，可是那時終因一時的氣勢，而成立了冀
東政府。這種組織，和你所說一樣，是於中國不
利的，可是軍部現在亦沒有想維持這種組織的意
思，所以現在的問題，不是在取消不取消這種組
織，而是在怎樣去取消這種組織。走私的問題，
我亦以為不對，再如最近的綏遠問題，都可以說
是因為認識不足而發生的。你們知道在北伐的當
時，現在華北，以及在關東軍和與中國有關的許

多軍人，都受過貴國的虐待。例如永見、和知、
田中、根本等等，在當時一面受貴國的虐待（我
個人亦如此），一面看到那時毫無力量的中央軍
隊，根本就沒有看清楚最近幾年來尤其是現在的
中國。再如在南京方面所看到的中國，和在北方
所看到的中國完全不同。前幾天和知到南京來，
我和他談了兩晚，或者去年我到北方去，和軍司
令官以及其他幕僚，亦曾告訴他們現在的中國。
所以第一因為認識不足，第二因為感情問題，以
致許多事情，也因為這兩種原因，而產生出來，
這在你們很感到憤慨亦是不是無理的事。不過中
國方面，亦有中國的錯處，譬如西南事變、西安
事變，都拿日本來做幌子，打起排日的招牌，而
來解決本身的問題，這在我們亦是不滿的。再如
最近的綏遠事件，經我們的努力，現在可以說是
完全解決了，而貴國的報紙，還是誇張事實，刺
戟民眾。所以一方面日本極力隱忍，而貴國的氣
焰，卻是日高一日，照這樣下去，今年年末，日
本看到這種情勢，或許我們的主張要被別人打
倒，或許他們一定以為儘管隱忍下去，不是妥善
的辦法，會改變隱忍的態度，強硬起來，這樣一
來，那末明年中日的關係，豈不是又要惡化起
來。所以日本退讓一步，中國最好不要立刻就進
逼一步，中日雙方都應該反省一下，我今年時常
對新聞記者說，今年是中日兩國的「反省年」，
如果中日都不反省，或許會像你所說發生亂子，

　　　那末結果，得漁翁之利的，還是歐美諸國。所以
　　　冀東政府、走私問題，以及綏遠問題等等，雙方
　　　都要反省一下，不對的應該一步一步的改善，這
　　　是我們彼此應該努力的。

董：譬如鄭州的特務機關案，都是刺戟中國民眾的事，
　　　如果這種案子時常發生，決不是中日兩國的幸事。

雨宮：鄭州的事情我也以為不對，不過過去的事，亦沒
　　　有辦法，我們的目標應該擺在將來。

邵：我倒要說一句笑話，如果日本的特務機關，果真能
　　　夠認清中國的情形，把中國民眾為什麼要抗日的真
　　　正原因，報告到本國去，這倒是另一回事，現在只
　　　知道如何破壞中國，當然是不對的。

雨宮：軍部所以要派駐在員到中國來的原因，亦因為要
　　　他們報告中國的真正的姿態。

董：如果這樣還好。不過掛著文化研究所的招牌，實際
　　　來做壞事，那就不對。

邵：總之，我以為中日問題，雖則是中日兩國的問題，
　　　而實際上是日本握有決定的地位，日本如果能改變
　　　對華的態度，中日問題就比較容易解決。譬如關
　　　稅的問題，如果日本肯好好的和中國商量，並不是
　　　沒有商量的餘地，現在日本用非法的手段，儘管走
　　　私，這決不是解決問題的辦法。國與國的事情和私
　　　人與私人間的事情差不多，譬如有一個窮朋友向我
　　　說明他的苦況，我當然可以替他設法，借錢給他，
　　　如果他用強硬手段要來搶劫，那我當然要拒絕抵抗
　　　的。通航問題亦然。再如防共問題，國民政府的立

　　場，誰都知道是反共的，這是事實可以證明的，現在假定中日兩國完全平等，日本不用武力來壓迫，我想這個問題，亦有商量的餘地。其餘的問題，亦是這樣，所以如果日本能夠改變態度，排日運動不但能夠消消，真正的中日親善，亦會實現的。這幾年來日本對華的政策，即使我站在日本國民的立場，亦覺得拙劣極了。你看英國如何？北伐當時五卅慘案發生以後，中國只看見民眾排英，只聽見民眾呼喊打倒英國帝國主義，日本毋寧是站在旁觀的立場，但是英國的外交官，就比日本的外交官高明得多了。我們記得當時英國駐華藍伯遜公使，一看情勢不對，為轉換中國民眾的目標起見，立刻就向本國建議退還漢口的英國租界，當時英國泰晤士報還揭載了一幅漫畫，攻擊藍伯遜，漫畫上面畫了藍伯遜公使，前胸掛了一幅漢口的地圖，下面標明 "For Sale" 兩個字，極力攻擊他出賣英國租界，可是結果如何！？方才你說中國人拿日本來做幌子去解決本身的問題，可是我可以說祇少日本是有被做幌子的資格，這是日本的弱處……。

雨宮：這是英國狡猾無比，同時中日地理上比較接近的關係。不過中日間的問題，總是互為因果，以致糾紛重重，所以我說今年中日兩國應該彼此自己反省，看看過去，看看將來，然後一步一步的做去，才能改善。我相信中日一定能夠合作，不，中日兩國本來應該合作的。

董：過去中日兩國的努力，雖遠不夠，而實際上日本

要負的責任，比中國要大得多了。足下此次回去
負的使命很大，尤其是有關於中國的，所以希望
你能努力設法使日本的民眾，認識真正的中國，
改變日本對華認識，然後根據正確的認識來改善
中日的關係。

邵：正如董科長所說的一樣，你我彼此雖都是人微力
　　薄，但希望彼此努力做去。

雨宮：兩位的意思我已經明白了，這次回國後還可把兩
　　　位的意思轉告友人，希望此後多多指教……。

（略略雜談後告辭）

（四）孔副院長會晤日本經濟考察團員大日本製糖會社
社長藤山愛一郎談話紀錄

外交部專員周隆庠在座

時間：民國廿六年三月十六日下午十時半至十一時四十分

地點：交通部

事由：調整中日邦交

藤山謂：本晚承貴副院長賜宴，宴後，並承忙中抽暇，
　　　　在此賜予特別接見，至深感謝。

副院長答：本人亦甚願與閣下交換意見。

藤山謂：家父在實業界奮鬥多年，現任貴族院議員，對
　　　　貴國經濟實業各方面素所關切。又家岳結城
　　　　豐太郎藏相，現正努力設法改善中日關係，
　　　　故本人此次來華，甚願略盡棉薄，以期有所
　　　　貢獻於中日邦交。數年來中日邦交，殊欠圓
　　　　滿，此次設法調整，即計劃由經濟提攜著

手。但貴方一般論調，似仍以解決華北問題為條件，質言之，即日本須首先解決冀東、冀察及走私等問題，然後中國始允進行經濟提攜，貴方此種主張，固屬不無理由，但日方對此亦有苦衷，年來日本政治，表面上似被軍部操縱，實則不然。尤其自「二二六」事變以來，民眾均不直軍部所為，軍部在肅軍口號之下，已日就政府之節制。此次政府承認軍部所提出之龐大擴軍預算，即以軍部不再干涉政治外交為條件，可見一斑。現在日本國內有識之士，主張支持華北冀東、冀察等政權者，已可謂絕無。但如貴國以解消此等組織為經濟提攜之先決問題，則適足以刺激軍部而引起軍部之反抗，反將增加日本政府約束軍部之困難，故日方甚望能先由經濟提攜著手進行。以此昭示日本人民，約束軍部，而逐漸設法解消冀東、冀察等組織，以求完全實現貴方之期望。

副院長謂：中日為兄弟之邦，有唇齒之關係。立國於東亞者，除小國暹羅之外，則唯中日二國而已。故中日二國，實為東亞之二大柱石，初宜緊密合作，本無互相敵視之理，乃貴國一部份軍閥，橫行侵華，以致造成今日之不幸局面。現在貴國政府答允軍部擴軍預算，而企圖約束軍部，實無異抱薪救火，危險甚矣。

藤山謂：貴副院長所言極是。但日本政府現在處境困
　　　　難，約束軍部，自亦有其種種不得已之苦
　　　　衷。現在軍部已漸就範，相信將來當可完成
　　　　肅軍目的，但過去擴張軍備之責任，中國方
　　　　面亦須負一部份之責任。何以言之？蓋以過
　　　　去中國各地軍閥割據，其中不無勾結日本軍
　　　　閥者，勾結之結果，一旦反目，乃造成侵華
　　　　之局面，侵華之結果，致引起擴軍之事實。
　　　　惟現在貴國已完成統一，地方已無軍閥之存
　　　　在，將來當可不致再有此種不幸事實之發
　　　　生，因此擴軍情勢，亦必漸見緩和。

副院長謂：本人曾與貴國各方面人士晤談，深知貴國
　　　　擴張軍備主要目標，陸軍在對付俄國，而
　　　　海軍在對付英美。現在俄國已大整遠東軍
　　　　備，尤其空軍進展甚速。英美亦已開始造
　　　　艦，尤其英國在新加坡、香港等地，建立
　　　　極鞏固之海軍根據地，且已有四萬萬金
　　　　鎊之龐大國防預算。試問日本究有何許資
　　　　力，可以與此數國相對抗？

藤山謂：誠如貴副院長所見，問題前途，實甚嚴重。
　　　　職此之故，日本政府必須貫澈肅軍工作，以
　　　　約束軍閥，尤其天津駐屯軍及關東軍一派之
　　　　少壯軍人。而中日經濟提攜之目的，亦即在
　　　　此，質言之，經由中日經濟提攜，敝國政府
　　　　即可加緊約束軍閥，軍閥一受約束，則華北
　　　　種種不合理之事實，必能解消。且中日經濟

　　　　提攜之結果，必能有助於貴國國民經濟之建
　　　　設，而增加貴國政府之力量，屆時貴國勢力
　　　　進展，自能遍及華北各地，則對付冀東、冀
　　　　察組織等問題正易易耳。

副院長謂：甚望貴國政府，能澈底約束軍閥，俾能解消
　　　　華北種種非法事實，蓋以現在華北種種非
　　　　法組織，全以貴國軍閥為依附，初不原因
　　　　於敝國國力之不能及，事實上敝國國力，
　　　　現已優能及之，優能決之，決無問題。現
　　　　在中日情感惡劣，不容諱言，但其原因，
　　　　歸納言之，不外由於貴國一部份軍閥對華
　　　　之種種非法行動，本人以為此種惡劣情
　　　　感，如不加以消除，則經濟提攜恐亦難收
　　　　良果，故本人甚願中日雙方均能以互助互
　　　　讓之精神，體己及人，而改善中日間足以
　　　　傷害情感之種種非法事態。

藤山問：貴副院長對於日本時局，有何見教？本人微力
　　　　所及，當為轉告敝國當局。

副院長答：貴國政府承認軍部之擴軍預算，而其目標，
　　　　即在對付英、美、俄三國，事勢所趨，勢
　　　　必引起軍備競爭，而增加貴國財政經濟之
　　　　困難，何況貴國國內，尚有農村問題等，
　　　　在在均須財力。貴國軍閥，尤其少壯派軍
　　　　人，本以打倒資本家為主義，而今貴國資
　　　　本家卻以擴張軍備相許之。將來軍備擴張
　　　　完成之日，軍人有恃無恐，難保其不故態

復萌，重行對外滋事。屆時貴國政府約束
軍部之企圖，不免全歸泡影矣。歐戰前夕
之德國軍閥，可為明鑑。此實為東亞和平
前途之一大隱憂。

貴國現時財政經濟之困難，恐除發展貿易
而外，別無他法。中國為日本之最大市
場，中國為農業國家，而工業尚未發達，
反之，日本為工業國家，而農業卻無發展
之餘地，故中日兩國經濟貿易之關係，理
無衝突之可言。但「好感」為最好之商
標，貴國不欲發展對華貿易則已，不然則
唯有設法消除敝國民眾之對日反感，實為
當務之急。

藤山謂：高見極是。貴副院長行將出國赴英，據聞去時
　　　　取道印度洋。未悉歸路可否取道美國，順便
　　　　駕臨敝國一遊。

副院長答：本人甚望能有此機會。

（五）部長會晤日本經濟考察團員大日本製糖會社社長
藤山愛一郎談話紀錄

專員周隆庠在座

時間：民國二十六年三月十七日下午二時至三時

地點：部長官舍

事由：調整中日邦交

藤山謂：本日晉謁部長，承部長賜予接見，至深感謝。

部長答：本人亦甚願與君一談。

藤山謂：今日願以率直坦白之態度，開誠奉告，深望貴
　　　　部長務必嚴守秘密。

部長答：可以。本人亦願以私人資格，竭誠相談。

藤山謂：請先述日本之政治情形。回憶十年前日本自由
　　　　主義盛行時代，日本軍人勢力，一落千丈，
　　　　一時竟有不願穿著軍服行走街道之傾向。迨
　　　　近年來法西斯主義風靡世界，於是日本軍人
　　　　勢力，重又一發而不可復遏。個中原因，固
　　　　然受世界潮流之影響者甚大，但日本政黨之
　　　　腐敗，要亦為其原因之一。故年來日本政
　　　　府，尤其財政當局，一方面努力澄清政黨，
　　　　一方面則設法約束軍人，不遺餘力。例如前
　　　　關東軍參謀長板垣之調回本國，而改任為師
　　　　團長等等人事移動，用意即在乎此。此次敝
　　　　國財政當局，承認軍部之龐大擴軍預算，實
　　　　非獲已，但因此軍部已允對於政治外交不再
　　　　橫加干涉。敝國財政當局之苦心與處境之困
　　　　難，當在貴部長洞察之中，故甚望當此中日
　　　　進行經濟提攜之際，勿對華北問題過事要
　　　　求，以致刺激軍部，引起軍部之反抗，而反
　　　　增加日本財政當局約束軍部之困難。

部長謂：中日調整邦交，雙方均有困難。而敝方困難
　　　　情形，更較貴方為多。蓋以貴方反對政府之
　　　　方針者，僅軍部中一小部份之少壯派軍人而
　　　　已，而敝方之不以政府年來之對日措施為然
　　　　者，卻決不如此少數，除軍人之一部份外，

人民全體可謂均實不滿意政府年來對日之方
針，個中困難情形，實較貴國為甚。故甚望
雙方均能以互相諒解之精神，顧全雙方之立
場，始可以言經濟提攜而進行邦交之調整。
東北問題姑暫勿論，貴國軍人在華北之非法
行動，喧騰國際，例如察北、冀東、冀察等
非法組織，走私販賣毒品及特務機關等等，
均為國際關係上之一種異態現象，尤其有損
於貴國在國際上之聲譽者甚大，更因貴國廢
棄軍縮條約之故，業已引起對英、對美，及
對俄等國之軍備競爭。現在敝國只須準備以
一國為目標之軍備，而貴國則同時須準備對
英、美、俄等國。局勢實甚嚴重，忍耐有相
當之限度。即如橡皮鋼鐵之伸展力，亦莫不
有一相當之限度，物質然，人類亦然。何況
人類更有感情作用雜於其間乎？中日邦交本
甚融洽，近年來日見惡化，前年本人道經貴
國之際，曾與貴國朝野當局暢談一切，當時
情形，尚較現時為佳，爾來情形益形惡化，
以致當時所談者，迄未能見諸實行。但據本
人觀察，中日雙方均有調整邦交之誠意，可
無疑義。問題之核心，唯在如何覓取調整邦
交之途徑而已。

藤山謂：貴部長所見極是。例如走私問題，即以本人
　　　　所辦之糖業言之，亦屬有害無利。良以走私
　　　　之結果，必致糖之需要時增時減，形成極不

規則之供求關係，此在工場統制上，困難實
甚。其次走私所得之利益，廠家完全無份，
殆全部經由冀東組織而流入特務機關、華北
駐屯軍及關東軍之手。故日本財政當局及正
當商人，並無支持走私之可能與必要。將來
中日實行經濟提攜，走私自不難絕跡。屆時
如仍未能絕跡，則原因別在，歸根求蒂，恐
非減低關稅不為功。唯如此從種種方面根絕
走私，則華北種種組織之財源告絕，華北問
題，不解自消矣。不寧惟是，吾人此次所主
張之經濟提攜，完全與從前之經濟提攜不
同。從前之經濟提攜，名義上雖為投資，實
則以中國不統一為奇貨，利用地方軍閥，企
圖攫奪擔保品鐵路港灣及其他權益之陰謀
耳。現在貴國統一，以往之方式，已無適用
之餘地，何況吾人此次所主張之經濟提攜，
根本目的即在援助貴國之經濟建設乎？當然
既由敝國實業家投資貴國，本利自不得不要
求償還。此外貴國如需要歐美種種之科學技
術，敝國亦可盡量供給貴國。如此而已，別
無他求。具體言之，例如本人之製糖廠，在
爪哇有一分廠，資本出自日本，而完全在荷
蘭政府管理之下，依照荷蘭之法律所成立，
廠內工人全用爪哇人。所出之糖，如日本
需要，則輸之日本。如此種日本與爪哇之
經濟提攜，日本既受其益，爪哇亦蒙其

惠。今後吾人所計劃之經濟提攜，其方式
當不外此。

部長謂：貴方現在所主張之經濟提攜，既以互惠平等
為立場，敝國自無反對之理。但經濟提攜絕
不能漠視人民之感情，而欲求兩國人民感情
之融洽，則政治問題勢亦不得不加以改善。
故本人以為經濟提攜固須注意，政治問題亦
須加以研究，全盤籌劃，以冀闢開一新途
徑。然後中日邦交始克有調整之機運也。

藤山謂：尊意甚為明瞭，歸國後當轉告家岳結城藏
相，以期指導輿論，設法改善對華情感。將
來情勢好轉時，甚盼貴部長能再度駕臨敝國
一遊，無任歡迎。

部長謂：如有機會，甚願再赴貴國一行。

（六）部長會晤川越大使談話紀錄
專員周隆庠、日使館秘書清水董三在座
時間：民國二十六年四月十九日下午四時至四時
五十五分
地點：部長室
事由：調整中日邦交
川越謂：此次奉召返國，擬於二、三日內離京赴滬，在
滬與日高參事官晤面後，月底月初即將由滬啟
程返日。日高參事官於本月二十七、八日計可
抵滬，在滬稍作勾留，即行來京代辦敝使館職
務，屆時務請貴部長多多照拂。

部長謂：日高參事官即可來京，甚好。未悉貴大使返國
　　　　後何時可以返任？

川越謂：現尚未定。貴部長對於調整中日邦交問題，如
　　　　有高見，本大使可為轉達佐藤外務大臣。

部長謂：本人甚望中日雙方能互相顧全對方之立場，而
　　　　努力開闢一具體共同之途徑，於貴國無益而於我
　　　　國有害之事，務請設法力避。對於華北問題與
　　　　經濟提攜問題，宜同時加以全盤之研究，不必
　　　　分前別後。雙方如能滿意此項原則，則更能進
　　　　行具體的商議，此點請代轉達佐藤外務大臣。

川越問：貴部長有何更具體的辦法否？

部長答：貴方如能同意此項原則，而後進行具體的商
　　　　討，本人相信不難尋覓一具體的辦法。至若
　　　　進行商談之方法，本人以為儘可先行非正式
　　　　交換意見，不取會議方式，俟意見接近，再
　　　　提具體辦法較為適當。

川越答：高見當為轉達佐藤外務大臣。

部長謂：佐藤外務大臣對於中日邦交，深具抱負，本
　　　　人甚望佐藤外務大臣能貫澈初衷，以貢獻東
　　　　亞和平。

川越答：佐藤外務大臣信念堅強，本大使相信必能努力
　　　　邁進，貫澈始終。

部長問：目前貴國正在進行總選舉，情況如何？

川越答：本月三十日舉行投票，投票之結果如何？下月
　　　　二、三日前後，即可分曉。至於國會之召集，
　　　　則須延至七月。

部長問：據報載貴大使此次返國將有六項目之建議，未
　　　　悉實情如何？

川越答：純係朝日新聞社駐南京記者推測之詞。

川越問：報端時見中蘇通商條約之消息，未悉現情如何？

部長答：中蘇通商條約商談已久，但以意見不能一致，
　　　　迄在停頓之中。

川越問：已有成案之條文否？

部長答：雙方僅存草案，尚未成議。

川越問：雙方意見未能一致之點，可否見告一二？

部長答：本人現尚未知其詳。但其中如商品交換之種類，
　　　　及數量等等標準之規定，雙方意見甚不一致。
　　　　良以中蘇貿易均衡，蘇聯居出超地位，故為防
　　　　止蘇聯商品之對華傾銷起見，亦有明確規定之
　　　　必要。此層對於我國市場方面，關係至鉅。

川越謂：此層對於敝國，關係亦甚重大。

五　日本表面的暫時緩和政策

東京大使館電

民國二十六年三月廿六日

南京外交部。八九五號，二十六日。報載二十五日，東
京商工會議所門野會頭與有吉、有田、坂西、安川雄之
助、佐藤安之助、柴山東四郎大佐、內田勝司、高木陸
郎等開座談會，討論結果：（一）對調整方法案謂中國
對自己國力估價過高，此際對華積極活動，反招疑慮，
故宜靜觀，然華北關係重要，日本應打定主意。（二）
應統一對華輿論。（三）華北問題解決方法，目前只有

靜觀，但外交須一元化。（四）日華經濟提攜具體方策，在政治問題未解決前應先交換個人意見，及謀兩方實業家資本提攜具體方法。（五）應由政府制定借款補償法，將軍需品重工業品鐵路材料等大量銷華。

上海方唯智來電

民國二十六年三月廿六日

南京外交部。李司長大鑒：密。日考察團謂中國對既成事實之認識，不足以解決華北問題作調整一切國交之前提，日除使用武力外無他道。該團將建議軍部強化華北工作，又蔣委員長招待該團時曾謂「己所不欲勿施於人」，該團大為憤慨，認為無禮。弟智叩，宥。

莫斯科大使館電

民國二十六年三月廿六日

南京外交部。一〇〇四號，廿六日。此邦對時局問題經濟考察團頗為注意，我國要人及報紙反對中日經濟合作之言論，真理報消息報皆曾登載。今晨真理報登 Hamadano 評論佐藤言論一篇，略謂佐藤於三月十一日曾告國會遠東和戰全在日本，此言詞引起日本國內及國外之同情。惟佐藤於十二日之演詞，即感軍部反對之困難而放棄其和平政策，在二十三日之演詞中佐藤竟完全接受軍部立場，所謂中國應分華北、華中、華南三部對付。即日本軍人分化中國之一貫政策，冀東及冀察之特殊組織即該政策之初步實現。惟中國抗日情緒日見緊張，此次經濟考察團之失敗，由於中國資產階級不願

予日本以經濟侵略機會，中國民眾亦要求先復失地，後談經濟合作，足見此後日本全在中國將遇強大之抵抗云，大使館。

東京駐日大使館來電

民國二十六年四月九日

南京外交部。九二四號，九日。並轉許大使，結城六日午在大阪經濟會致詞，略謂：調整中日關係為財政界最大問題，無論生產或貿易發展均繫於此，以往欠調原因，固由於華方態度，而日方亦有誤，故兒玉訪華甚有意義。蔣院長態度極為真摯，日方如不努力，必失敗，深信藏相任務厥在於調整中日國交云云。按結城日前西下車中亦談及日本財政界問題要在與華調整之點，但此次所談尤為澈底。按前電陳結城所云伊之工作在議會後云，又陳結城言動堪予注意云云，請併參考。駐日使館。

東京大使館電

民國二十六年四月十七日

南京外交部。九三九號，十七日。情報司並轉許大使，讀賣十五日上海特電載，中國言論與政府動向認對日開戰為不可避，並綜合中國抵敵方法將以黃河及海岸線為第一線，隴海為第二線，成都西安長沙為基本線云云。又謂三中全會後對邊疆民族努力招撫，對滿洲、朝鮮、臺灣設秘密機關，令藍衣社、CC團擔任工作云云。十六日又載，聯絡上述民族作取法地下運動，謂對臺灣

已由藍衣社領袖戴笠，攜幹部在廈門設特務機關，以東
西旅館慈光病院為根據，又對上海、南京之朝鮮獨立
黨，復開始援助云云。大使館。

東京駐日大使館

民國二十六年四月廿一日

南京外交部。九四七號，二十一日。並轉許大使，
六九四號，日報挑撥消息等電悉。此事有人詢天羽，據
稱此事毫無根據，信中國不採此策。詢以華約如何，答
華約至今中國必已後悔，因一國家完整不能請列國保
障。詰以中國未要求改正，至少仍希望其存在，中國自
主不受華約影響，正如日德協定不影響於日本自主。天
羽謂深信中國不至如此愚蠢。經詢以但如英、美或蘇俄
有此要求，日本將如何？答此非彼所能答。但林及佐藤
演說並日皇詔勅可解答此問云，蓋指東亞和平不需英、
美容啄也。察兒玉、天羽均不以我宣傳政治問題為然，
彼輿論一般對中英合作不無嫉妬及誇大，最近孔部長赴
英、張部長渡歐，益招彼方疑心暗鬼。讀賣、日日固為
擴充銷路，但亦或有意迎合軍部鼻息，對於一般對華再
認識之呼聲故作反擊也。天羽屢謂我國反日論調太高，
並謂我對新聞統制得力，我方最好從宣傳上加以糾正，
併陳採擇。駐日大使館。

東京大使館來電

民國二十六年五月九日

南京外交部。九八六號，九日。並轉許大使，軍部某幹

部談，一、軍部立場始終以對蘇外交為中心，惟亦承認對華與對蘇有關聯性。二、中國有赤化危險，為日本所最憂慮。三、如中國抗日更甚，則日軍部或將直接奪取政權。四、日本絕無攻略華北企圖。日本擴軍絕非以戰爭為目的。此點在今後對外政策亦可表現，按三、四兩項堪予注意。駐日大使館。

東京大使館來電

民國二十六年五月十一日

南京外交部。九八九號，十一日。並轉許大使，十日午後外、陸、海三省會議，由佐藤外相、東亞局長及陸、海兩省軍務局長等出席。據中外商業亞都新聞載，認我中央基礎鞏固，尤以中堅層之軍人官吏國家意識熾烈，向建設統一猛進，對華新政策應認清此種事實，將來再開交涉應不拘泥於已往交涉經過，而立足於新出發點，先由不甚重要之問題著手，漸及重要交涉。國民新聞載，佐藤外交之特徵在避政治而專就經濟合作，謀兩國利害之緊密結合。對華新方針摘要如下：一、對國府與共產黨妥協，警戒其擾及華北治安。二、速開始中日交涉議題，避政治而就經濟。三、實行對日減低關稅。四、冀東及華北問題望中國慎重。五、注意中國與國際政局之關係，對於以中國為犧牲或陷中國於共管之任何提攜均予排擊，僅以避免關係國之摩擦為度。駐日大使館。

東京大使館來電

民國二十六年五月廿日

南京外交部。九九七號，二十日。並轉許大使，杉山昨
對地方長官訓話，論及中國動向有云，因基於標榜抗日
之中央集權與軍備充實強化，及國防工事修築等事，
每過信其國力，其極也，將由抗日而侮日，有不惜盡
各種手段以根本排除日本之和平發動之虞云云。察其
目的，雖在勉勵軍民一致，但足覘彼軍部對華之認識
也。駐日大使館。

上海方唯智來電

民國二十六年五月廿一日

南京外交部李司長大鑒：密。（一）日軍部反對對華外
交重考慮，現交一含作用之新聞稿，於大阪每日駐京特
派員志村冬雄赴東京發表，主對華持相當靜觀，應本堅
決大陸政策，充實國力，勿誤信對華同情論，因中國滿
佈抗日情緒，尤以南京為中心，並列舉事實。（二）喜
多抵滬後，代辦日高、參贊森島、漢總領事三浦、漢陸
武官長翏日抵滬，今晨在禮查飯店（二〇九）日高寓
所開會，除上諸人外，滬總領事岡本、總務吉岡、情
報田尻、經濟調查宗像及海武官等均參加，根據森島
攜華新訓令及喜多觀察結果作討論，甚注重華南尤其
漢口方面工作。如中英關係、經濟建設及外間助力與
對日準備等，現三浦偕長定養日飛漢，森島明後日飛
平。弟智叩，簡。

上海周主任來電

民國二十六年五月廿四日

南京陳次長勛鑒：。密。養電敬悉。日來設法派人探聽該日集議內容，以關防頗緊，甚感困難。頃據報告，此次集議約分二層：（一）訓令內容。（二）聽取各地官憲報告。（訓令內容）現在南京當局專心國家統一運動，建設國防，致抗日及輕日之空氣滿佈全國，而尤以中央軍隊中為尤甚，此時急欲調整兩國國交已屬困難，不若於各地外、陸、海官憲充實內部，取得緊密聯絡，暫持靜觀態度為得計云云。討論結果對外發表無侵略領土野心，實則於冀東偽組織及華北特殊地位不甘放棄，而對於華中、華南以日英正會商，惟於政治問題，預料恐難一致，而於通商方面如緩和關稅障壁，推銷貨品，必有多少結果，以是主張以上海為中心，暫維和平，既可取得英人之歡心，反可發展貿易及經濟至各地。官憲報告頗有關係，其重要者：（一）青島稅警團之組成，實指為違反交還青島協定。（二）各地武官駐在處均置有軍警監視，南京亦然。（三）津石鐵路建築之反對，當時列席陸軍少壯人員議論最為激昂，主張如稅警不撤退及阻止津石築路者，即與之衝突。惟主要者尚持慎重，會議經過大致如是，先此奉聞。其他詳細情形，俟珏一、二日內晉京面陳。職周珏叩，敬。

上海方唯智電

民國二十六年五月廿六日

情報司李司長大鑒：密。馬滬日領會議，除注意英對華

和平外交之勝利外，尚有漢領三浦攜來之某項調和的領
事意見，聞喜多亦同情該意見。此會議經集合各方提案
與意見，討論結果，決定整個對華問題之意見如下：
（一）對華重認識此點，既非要求其政府對華表同情，
亦不要求變更對華外交政策，更不主張放棄大陸政策，
惟要求其政府對此點特別注意。（二）中國向富強之途
猛進，即警告日本亦應前進，否則將被落伍者追出。
（三）日本如允中國有更進步的自強機會，則日本等於
自殺。因日不患英、美、法、俄等強敵，惟患中國之強
鄰。（四）中國人民抗日仇日思想始終不易消滅，迨中
日國際地位平等後，即中國仇日行動爆發時。（五）注
意中國尚未生長成熟的意見，中國各事業雖正突飛猛
進，但現正在發展過程中，並未成熟。（六）要中國認
識日本過剩的人口及每年平均八十至一百萬人口的銳增
的解決。（七）準備中國忽視日本生命線所需要的一切
犧牲。（八）迅速進行防止有援助中國之英、美、法、
俄等國之外交經濟關係。以上決議皆有詳細的說明與引
證。弟智叩，宥。

東京大使館電

民國二十六年六月十七日

南京外交部。一〇三三號，十七日。並轉許大使。本日
日日新聞南京特電載，中國對日方針決根據三中全會決
議，本平等互惠之立場，出以強硬態度，具體的將動員
全國機關，努力使華北恢復原狀云云。結論謂中國以為
與其採直接交涉，不如求國際援助與利用抗日統一之輿

論，謀收復華北為有利。今後國府將以華北中央化為統
一之焦點，以華南為經濟建設中心，以資源開發，買歐
美列強歡心，使繼續對華援助。又謂日本此際應放棄對
華三原則與華北特殊性等空洞理論，而達於應講實際對
策之重大時期云云。大使館。

東京大使館電

民國二十六年六月廿日

南京外交部。一〇三五號，二十日。並轉許大使。川越
歸任所攜新訓令，內容綜合各報如次：一、廣田三原則
為最後目標，但不拘於該原則形式，從解決懸案著手。
二、重視維持現在小康安定狀態，不惹起新糾紛。三、
側重對華自主積極的推進，對佐藤外交之後退色彩予以
修正。四、著重經濟工作，不急於解決政治懸案。五、
著重綜合外交，與對英、對蘇聯併行互進，經濟工作內
容，解決中日懸案從易行者著手，如關稅減低、中日通
空問題及華北走私問題，本實益外交旨趣，從互惠立場
出發，華北門戶開放等之開發，要求冀察解決云云。查
上述解決懸案與維持現狀兩點，最堪注意。大使館。

東京駐日大使館

民國二十六年六月廿五日

南京外交部。一〇四〇號，二十五日。並轉許大使。此
間各報載川越昨夕談：（一）返任無即時開始交涉之預
定。先日部長談話乃根據三中全會決議，表示國民政府
對日方針。（二）關於華北經濟開發，中國有應以中央

政府為交涉對手之主張，但日本已與地方政權進行經濟合作，國民政府對於此有利於華北民眾之事當無阻止理由。（三）調整中日國交應改善兩國間之空氣，並增加相互之認識，今後兩國關係無特可悲觀者云云。又都新聞除上述各點外，並載以下各點：（1）華北政治經濟乃為滿蒙生長發展必然的發生者。（2）駐屯軍乃基於條約而行，中國無提要求之理，塘沽協定、何梅協定不能廢止。（3）貿易飛行機、海關制度有調整必要，對毒品當嚴予取締，航空已實施，國府無可如何云云。都新聞所載想係對昨日同盟社上海所載許大使攜回訓令內容而發，不似確實。川越所談，關於再認識之解釋並著重擴充空氣等點，請予注意。九八一及九九九各電，請併參閱。駐日大使館。

六　各界主保持國家領土完整
北平各大學教授徐炳昶等呈

民國二十五年十月十三日

國民政府行政院、軍事委員會鈞鑒：溯自瀋陽之變，迄今五載，同人等託跡危城，含垢忍淚，不自知其運命之所屆。去秋以來，情勢更急，冀東叛變，津門倡亂，察北失陷，綏東告警，豐臺撤兵，禍患連駢而至，未聞我政府抗議一辭，增援一卒，大懼全國領土無在不可斷送於日人一聲威赫之中。近來對華進行交涉，我政府所受之威脅雖尚未宣佈，然據外電本諸東報所傳，謂日本又有侵害中國主權之五項新要求對華提出。姑無論所傳之虛實如何，任承其一，即足以陷我民族於萬劫不復之深

淵，墮「中國之自由平等」之追求於絕路。中山先生所
遺託於吾人之重任，數十年先烈所糜軀灑血以殉者，亦
將永絕成功之望。我全國人民至於今日深知，非信仰政
府不足以禦外侮，精誠團結，正在此時，深不願我政府
輕棄其對國民「最後關頭」之諾言，而自失其存在之領
導地位，故為民族解放前途計，我政府固有根本拒絕此
諸條款之責任，而為國家政權安定計，我政府亦當下拒
絕此諸條款之決心。在昔紹興之世，宋雖不競，猶有順
昌之攖；端平之世，宋更凌夷，復有淮西之拒。我中華
民族數千年來，雖時或淪於不才不肖，從未有盡舉祖宗
所貽，國命所繫，廣土眾民。甘作敝屣之棄者。此有史
以來所未前聞之奇恥大辱，萬不能創見於今日。是則同
人等覘民意之趨嚮，本良心之促迫，所敢為我政府直言
正告者也。同人等以國防前線國民之立場，在此中日交
涉緊張之際，為願政府明瞭華北之真正民意與樹立救
亡之目標起見，特提出下列數項要求，望政府體念其
愛國赤誠，堅決進行，以孚民望，而定國是，不勝企
禱之至。

一、政府應立即集中全國力量，在不喪國土不辱主權之
原則下對日交涉。

二、中日外交絕對公開，政府應將交涉情形隨時公佈。

三、反對日人干涉中國內政，及在華有非法軍事行動與
設置特務機關等情事。

四、反對在中國領土內以任何名義成立由外力策動之特
殊地位。

五、根本反對日本在華北有任何所謂特殊地位。

六、反對以外力開發華北侵奪國家處理資源之主權。

七、政府應即以武力制止走私活動。

八、政府應立即出兵綏東，協助原駐軍隊，剿伐藉外力以作亂之土匪。

外交部覆函

民國二十五年十月廿三日

北平國立北平研究院徐炳昶先生、清華大學梅校長轉全體同學並轉諸先生均鑒：奉蔣院長交下來呈，條陳對日交涉，要求八項，請堅決進行，以孚民望，而定國是；交下代電，為中日交涉，召集大會，決議二項，請採納，以慰群情等情一案，應交外交部議覆部酌覆等因。查對外方針，前經五全大會決定，復經二中全會明白詮釋，即對外決不容任何侵害領土主權之事實，亦決不簽定任何侵害領土主權之協定，遇有領土主權被侵害之事實發生，如用盡政治方法而無效，危及國家民族之根本生存時，則必出於最後犧牲之決心，絕無絲毫猶豫之餘地。最近對日交涉，政府悉依此項方針辦理，與來呈不喪國土不辱主權之原則，來電遵守二中全會決議，保衛國土維持主權之意，完全吻合。現在交涉賡續進行，政府正盡力折衝，俟告一段落時，自應立即宣布經過，以符外交公開之道。方值茲時局嚴重，端賴舉國一致，政府尊重民意，實踐諾言，決不屈辱，全國國民亦應澈底信任政府，方能一心一德，共濟時艱，外交前途，實利賴之，特覆。外交部。

國民外交協會常務理事劉盥訓等上蔣院長呈

民國二十五年十月十九日

呈為密呈對日外交意見，仰祈鑒核事。竊以日本近假調整中日關係之名，向我國提出嚴重之條件，威脅恫嚇，無所不至。我政府沈毅剛決，不屈不撓，以與周旋於壇坫之間，一面以最後之決心，為禦侮之準備，凡在國民，同深感憤，苟有一得之能，皆願效命於政府之下，誠不宜多所議論，徒亂觀聽，然以處境之危，則屬望之心益切，用敢略陳所見，以備採擇。

一、交涉程序不可踰越常軌。日使與我外交當局會商，原為交涉之常軌，經過三次晤見，各顧其國家之地位，開誠相與，亦為應有之事實。無端而悻悻作態，咄咄逼人，是彼之失儀，非我之無禮，於是進而撇開常軌，要求與我公直接交涉，此日向所以施之於袁世凱者，今復見之。我公許其進見而不許其具體交涉，誠為得體，然外交前途本難預測，苟不至即時破裂，日方此種顛倒錯亂之方法，必層出而不窮，或且注重側面交涉，或且迫脅地方長官，皆在意計之中，宜一切杜絕，務使歸入交涉正軌。

一、剛決態度宜堅持到底。日本對我國所提條件，無論其為原則，為具體，任舉其一，皆足以使我國為無形之滅亡。政府以保全領土、尊重主權之精神，取對等態度，與之折衝，不惟事所當然，亦適合國民之心理。日本亟肆以疲，多方以誘，忽而和緩，忽而緊張，忽而交涉略停，軍隊呈劍拔弩張之勢，忽而交涉進行，土匪作急轉直下之形，要使我俯就範圍，遂其侵略之願望而

止。夫以我酷好和平之民族,處忍辱圖存之局勢,豈願輕易與人決裂,而外交運用,在捩其機,機正則漸露曙光,機失則愈被輕視。此次政府取堅決態度,絕無瞻徇者。亦逆知日本所提條件毫無可以磋商之餘地,即使日本表示讓步,亦無法與之討論,以其根本計劃在吞噬我國,非至若何程度即可勉為計議也。往者一二八之役,政府始則曰抵抗到底,繼則曰一面交涉一面抵抗,終則有交涉,而無抵抗,以養成今日之局面,情勢愈轉愈危,一誤不容再誤,稍有鬆懈,敵即乘之。蓋能戰而後能和,不能戰則以交涉始,必以屈服終,生死當前,決無游移之餘地,故外交政策不可輕易變更。

一、聯絡與國宜下最大決心。亞洲局勢,我國與日本蘇俄互為鼎峙,我國不能全與為敵,即不能不擇一以為友。猶幸日本與俄利害衝突,始終不能一致,與我以迴旋之餘地,則切實協商有其必要。誠知攻守同盟之局,匪可易言,且非一時與片面之希望可以辨別,然我之不利,其影響實及於蘇俄,在此利害相同之間,似不難進一步之商洽。其次英、美各國原為日假想之敵,對自此次事件發生後,其輿論復不直日之所為,假令交涉破裂,勝負之數,自在我國之本身,而經濟軍實尚有待於歐美之接濟,而且因應得宜,公道稍伸,或進而對日本為經濟之制裁,亦非絕對不可。然在我國徒以友好關係,求其切實援助,則根基殊不穩固,蓋國際交涉無專利一方之事,亦無僅以公道為主之事,果其利多而害少,則敏速以赴事機。今日本外交方在孤立,我之聯絡與國,實為不可避免之途徑。以上所述,皆政府夙夜孜

孜以求其濟，誠不勞國人之鰓鰓過慮。然政府以民意為依歸，民意同於政府，即增加政府之力量，而益堅其信心，故雖平易之言，亦不嫌於瀆告，且尚有不忍言而不敢不言者，此次統一告成，內戰消滅，實以外患壓迫為背景，故在今日嚴重形勢之下，舉國沉毅一致，以聽政府之指揮，假使交涉稍為萎弱，內亂必致復起，是迫於外者以屈服而為隸屬，發於內者以魚爛而致覆亡，成敗之機，爭此一著，此則盬訓等盪氣迴腸而終不敢不告者。狂瞽之言，伏乞鑒核，不勝惶悚俟命之至。謹呈行政院院長蔣。

國民外交協會常務理事　劉盬訓
周四維
馬鶴天（外出）

七　松室關於中國問題的報告

民國二十五年一月三日

（松室孝良係日本駐平特務機關負責人，本文件為其致關東軍之密報）

（甲）走私問題

　　帝國貨物之向華北走私，為帝國對華之斷然手段，其用意在促進華北特殊政治體系之成立，而隸屬於帝國獨力之下，屆時政、經、軍諸般問題，均可依帝國之意志而實踐的解決。

（1）原料與市場

　　帝國工業之生產量逐漸膨大，近年向世界的市場進出，因而招歐美列國之嫉視，紛紛於本土及領屬上高築

起關稅壁壘，極力抵制我帝國商品之推銷。帝國雖亦求報復主義，對對方之商品圖謀抵制，奈此項出入品均為帝國必須原料品，自國從無以自產而代替，於是痛感原料之缺乏與市場之狹小，並痛感原料與市場之獲得，非經相當之艱辛奮鬥不可。而此地域之獲得，又非與帝國苦幹勢力打成一片，連成一氣，亦難以確保，故於一九三一年九一八發動滿洲事變而佔據之，一時帝國市場與原料得稍緩和，然因尚有若干原料問題不能解決於滿洲；有於滿洲解決可能性之原料問題，短期不能，尚須相當之歲月之經營與培養；現在滿洲市場已臻飽和，短期間亦難再行擴大，即不能與帝國生產率之增進相調和。帝國為確保滿洲並使萬全，不能不努力滿洲邊界地外區之緩衝設施。帝國人口密度與生殖率之高大，非擴大工業即不能解決，擴大工業必須確保相當範圍之原料與市場。是以對於新原料與市場之覓求，乃帝國榮瘁攸關之重大事業。依帝國大陸政策之滿蒙主義，佔據滿洲之後，必再繼續圖蒙，因蒙古在軍事上為極重要之地區，勢在必得，帝國已不斷的努力矣。惟蒙古為一片原野，其資源尚須長期之調查與開發，實屬緩不濟急。市場因蒙人生活落後，短期間之希望，亦微乎其微。加之日本對蒙工作人材，現在初在訓練，而原野生活又不適於日本普通人之活動，他方則蘇俄之注力監視，亦增帝國慎重之戒心。故除以種種掩護手段，用實力威脅操縱王公等方式外，不願作任何刺激敵國神經之佔領。然則帝國原料與市場問題解決，實不能不注視「易」於進攻的中國華北。今試考華北原料與市場如下：消費市場主

體人口——冀、魯、晉、察、綏、陝、豫（半數）約計一億，為滿洲三倍，消費能力當然在三倍以上，商品之輸入則多由天津、青島。

生產原料——華北為全華原料中心地，物產為豐富之煤、鐵、小麥、棉花、石油。就調查統計，煤次於美國，佔全世界第二位。山西一省之埋藏量即佔半數，當撫順之百廿倍。鐵——約藏二億噸。小麥——晉、魯、冀、察四省合計年產一億一千萬擔。棉花——約產三百三十萬擔。大豆——五千萬擔。

將來在我帝國有計劃之指導與經營，則原料產量當能增加三倍，民眾之消費能力亦自能大為增強，故華北誠我帝國之最好新殖民地也。

（2）政治問題

根據帝國前次發動民意的自決自治運動之失敗，與冀東獨立之收穫，帝國惟有撫情順勢，積極採用走私辦法，作有力迫切之「威脅」，其功用可輸入帝國大批商品，救濟生產過剩之恐慌；侵襲英美列國之市場而代替之；促成全華北物價之下落，既可抵制歐美列國貨品，又可博得民眾之歡心，增進其消費力與購買力；培養為帝國先鋒之浪人，深入華北內地作特殊之活動！吸收各地親日份子，因為帝國消滅華北實力派之羽翼；鞭策華北，使其官民對帝國懷普遍恐懼心；並以走私賄誘手段作當地官吏性格之試金石。現在中國之所謂緝私，乃為一人撒米萬人拾之拙法，可憐亦復可笑。假如彼即發動斷然之處置，帝國亦惟有聽其自然耳。因如強行庇護，徒致增強全華北民眾之反抗情緒耳。然觀今日情勢，彼

輩基於普遍的畏我心理，卒不敢稍行阻礙，我仍宜繼用威嚇政策，以便其永久就範也。故此次增兵，於軍事之意義外，當有不戰而勝之威脅力量也。因可預測華北政權之獨立乃形式上之問題，帝國如能達到目的，亦不必太予以難堪也。同時華北之運輸出入，只須稍用威脅，即可得特予最惠之待遇，對於促進帝國今後之出入運輸，實有莫大之策動也。

（3）對關稅之收入

因走私愈多，中國之關稅愈受損失，故可用此走私政策，強迫中國對我訂最惠之關稅待遇，睹中國當局現在已有就範之可能。

（乙）中國官民

實力派之聰明——帝國可以欣愉者，乃中國官吏普遍的懾於恐日病而不敢稍行違抗帝國也。現在全華北約十分之七，不能精誠團結聯合應付，大都採自保主義維護自身之存在；在不違反帝國之原則下，苟延圖存，此等個個獨立的小勢力，其所關切者只此小集團之目前利益耳，當然難抗帝國之攻擊，故彼等自私的心理，實予帝國以非常的便利，竟可不戰而勝，一言而獲。倘遇當年之張作霖氏之說打就打，不管任何外交和國際，馬占山氏明知勢力懸殊而竟硬幹與強幹，則我帝國為免「相當損失」，亦非慎重行事不可，而不能威迫太甚也。即觀今日宋氏部下，是否有傾向帝國政策，更宜慎重而迂迴，須知中國軍旅，正式作戰，反多失敗，然變兵為散匪，竟成皇軍勁敵，此誠不可不注意也。

中國實力派大部採個人或小集團的繁榮主義，缺乏

為國為民的觀念，因此形成獨霸一方獨裁私兵狀況，國家之存亡，民眾之疾苦，彼等從不負任何責任。彼等政治慾物質慾非常旺盛，故彼等除維持現狀以解決其慾望外，殊不願粉碎其勢力也。真能愛國為民者為數極少，大都為顧己而不顧人之輩，其實力維持現狀，鎮壓反動，尚感不足，遑論抗日？彼等因慾望極高，故志氣多趨於薄弱，而不堪利誘與威脅。吾等由福州事件之已成效果，及此後全華各地當局之一再退讓之事實，即可證明。故此後帝國對華工作，應以擊破大的對象，維護小的對象，以分散其實力之集中，增加其彼此之疑嫉。

一般官民：中國人之特性，愛國不過五分鐘，甚且有不知國家為何物者。大部官民率多利令智昏，顧家忘國，甚至甘心禍國，其目的只求一身一官集團之慾望解決，他若國事民生，則一概不顧。雖一小部份尚能顧全大體，圖謀向上，均屬於被壓迫的下層，無米難炊，以致英雄無用武之地，此後帝國應採任用權貴份子，而鎮壓有氣節的忠幹份子。

以華北民眾論，其意志均屬奸猾而薄弱，易於利誘與威脅，民眾間缺乏團體組織與訓練，完全為散沙狀態，惟小部份反滿抗日實力，仍是再接再勵的與我持鬥，雖迭經宣撫、討伐，軍事、政治工作，仍為帝國心腹隱患。

華北之現在抗日份子及學生，雖有相當組織與堅決的意志，然大部為客籍份子，殊難深入華北之當地民間，一旦華北變起，勢必大部瓦解，不足為患。但彼等深刻的懷抱反滿抗日的思想，將來返回鄉里，勢必組織

鼓吹抗日，組織實力，訓練民眾，亦殊為帝國之大敵。
因此帝國為免激發其反感，對於彼等行動，應採督促華
北政權自行取締主義，盡量避免直接干涉。

（丙）浪人活動

　　帝國之威武皇軍威力，已深印入中國官民之腦
海，故我帝國軍民之在華北活動者，殊少遭到辱害之
情形。大部浪人之不法活動，中國官民殊少干涉，更
少向帝國官署抗議，因此浪人之活動非常有力，愈益
顯示中國官府之苟安與無能，增加民眾對官府之怨恨
與失望，對帝國之威武皇軍反由嫉視而轉為畏懼與仰
羨，滿洲全部在帝國之統治下，浪人活動已不需要，
故全部取締。華北則不然，浪人活動之自由，較在滿
為順利，因此內地浪人與在滿浪人大多均趨向華北，
其於帝國之功勞，殊難漠視。

　　正當日人，洞悉中日間之糾紛，顧慮其生命財產，不
願對華進出以冒危險，或進出亦限於都市，不敢作不正當
之事業，浪人則不然，無家室之累，有敢幹精神，充分
的利用漢奸，通力合作，此種浪人，既受帝國之庇護，
當然對帝國誓忠，故能迭有所命，雖死不辭。帝國即放
縱其行動，中國亦無取締之勇氣。假如浪人活動不正太
甚，則帝國以莠民名義監送回國，亦可無疑於帝國威
信，以不了了之。中國官吏之恐日，由走私一事，已可
證明，素以較有骨氣之關稅論，雖外人關員亦軟化，華
員及其他之官吏無論矣。故浪人之活動，由少數軍警之
掩護，即可任意，不必發動大的力量也。將來如遇中國
官府有以實力取締的決心，則我帝國亦不必過分庇護。

（丁）共產軍與共產黨

　　共產軍之主力，現雖返還陝北，然有襲入察、綏向滿洲聯蘇抗日之危虞，此帝國不可忽視者也。此種紅軍，實力雄厚，戰鬥力偉大，其苦幹精神，為近代軍隊所難能，其思想極能浸潤民心，以中國無大資本階級，僅有小的農工階級，即被煽惑，竟由江西老巢繞華南、華中、華西趨華北，轉戰數萬里，倍歷艱辛，物質上感受非常壓迫，精神反極度旺盛，此次侵入山西，獲得相當之物質，實力又行加強，彼等善能利用時勢，抓著華人心理，鼓吹抗日，故其將來實力，不容忽視。

　　中國大部青年，鑒於國內政治之腐化，軍事經濟之乏更生希望，政府無抗日決心，退讓無止境之主義，於澈底抗日之共同目標下，抗日圖存收復失地號召下，紛紛加入共黨，甘為共產軍之前鋒，潛伏於華北，積極活動，並與在滿紅軍，取得聯絡，將來之擴大充實，亦為帝國之大敵。帝國工商發達，早成勞資對立狀態，一旦原料不足或市場狹小，發生縮減生活或生產過剩，定有失業之恐慌，極易受共黨之煽惑，此為小農階級兵工份子之向上，滿鮮民族之窮困，均為共黨可乘之機會。

　　以共產軍之實質言，實為皇軍之大敵。世界各國軍旅，無不需要大批薪餉，大批物質之分配與補充，換言之，無錢則有動搖之虞，無物質更有不堪設想之危，共產軍則不然，彼等能以簡單的生活、窳敗的武器、不充足之彈藥，用共產政策、游擊戰術、窮乏手段、適切的宣傳、機敏的組織、思想的訓練，獲得被壓迫者的同情，實施大團結共幹硬幹的精神，再接再勵的努力，較

在滿的紅軍尤為精銳。此等軍隊，適應窮乏地方及時零時整之耐久游擊，耐久戰術行軍，則其適於將來不能速戰速決物質缺乏之大戰，極為顯著，故皇軍利於守而不利於攻，應嚴防其思想之宣傳，及不時游擊與出沒無定擾攘後方之行軍。

（戊）找口實

　　帝國如欲對華發動口實，隨意可得，故視在中國之官民，誠惶誠恐對日不敢犯主義，殊極可笑。由此益可窺知帝國之威力，帝國安可不乘勢進攻，奪取特殊之權益？目下先鋒的人材問題，已借專家技術名義，加入華北政權下之政、軍、經、交各部門，此後更進一層的知己知彼，其於帝國立策之供獻，當必有非常的效果。

（己）對華工作

　　帝國對華工作，此後應採取華人治華主義。其方式一如滿洲國，絕不用軍力佔據，自找煩惱，因此惟有利用土著實力派，造成若干自治獨立之政權。第一階段，必須確保華北及西北，其意：（一）華北各地民眾，無組織多奸猾性，抗日力量較少，且為帝國解決原料與市場之地區，□□□對華北向持放任態度，事實等於放棄，帝國根據大陸政策，當不以此為滿足。（二）西北（指綏蒙言）多為原野，蒙古官民易受皇軍之懷柔與統治。（三）華北、西北據滿洲國之外圍，可作相當之緩衝，在軍事上有重要之意義。（1）使中國一波未平，一波又起之對日觀念，紛紛映演，則收復失地之企望，逐漸消沉。（2）斷絕中、蘇之聯絡，切斷共同抗日之戰線。（3）斷絕非常時任何實力之侵向東北。（4）華

北、西北確保後，則華東、華中、華南可逐步完全威脅而服之，逐漸使中國政府消滅，而各個獨立小政權，則均受制於帝國。

　　故帝國對華工作頗有極大之希冀，純採不戰而勝之方式。倘如中國官民毅然抗日，帝國如顧慮大敵蘇俄背後之威脅，皇軍發動之國際刺激，戰端開後之各地動盪，中國遍地兵匪，成事雖不足，敗亂則有餘之擾攘，則帝國在華官民軍旅生命財產之相當損害，一切破壞後建設之難與期望。共產軍、中國軍、在滿紅軍聯合抗日，滿華官民反我情緒之激昂，帝國之勝利，殊有大量之危險。須知九一八迄今之帝國對華，歷次作戰及對中國軍之作戰，中國軍因依賴國聯而行無抵抗主義者，故皇軍得以順調勝利。及後華軍昧於知己知彼之認識，受帝國皇軍威脅，而竟疑神疑鬼，轉成普遍的恐日病，帝國相煎愈烈，中國之惶惑亦愈甚，則一般當局的恐日病益趨加重。倘彼時中國官民能一致合心而抵抗，則帝國之在滿勢力，行將陷於重圍，一切原料能否供給帝國，一切市場能否消費日貨，所有交通要塞、資源工廠，能否由帝國保持若大地區，偌大人口能否為帝國所統制，均無切實之把握。同時反滿抗日力量之集結，實行大規模之游擊擾亂，則皇軍勢必難於應付矣，時至今日，環境有所改變，但全華各地潛在抗日之實力，在在皆是。故我帝國今後對華工作之方法，決宜隨時促進下列數點實現：

（一）以威力脅迫並鎮壓各實力派，以期收不戰而勝之効。

（二）慎勿以實力粉碎各實力派之力量，以免遭不必要之損失。

（三）嚴苛監視並排擊中國各實力派之精誠團結，自立更生，由覺悟而聯合抗日。

（四）嚴防中國當局之聯蘇、英、美而進行抗日。

（五）務宜阻防馮系實力（指宋、韓言）與閻、張陝北紅軍之總聯合而抗日。

（六）吸引恐日病最深之實力份子，與以實力之援助，使之鎮壓抗日份子。

第三章

蘆溝橋事變前日方挑釁

第三章　蘆溝橋事變前日方挑釁

第一節　藏本事件

一　藏本失踪

駐京日本總領事館備忘錄

民國二十三年六月九日田中副領事面交沈司長

本館副領事藏本英明，為送於本月八日午後十一時由南京出發歸滬之有吉公使於火車站，於同夜十時半擬雇乘汽車（Taxi），單身行出本館門外，詎從此即不僅未到火車站，且至今日（九日）午後仍未歸宅，館員一同雖極力搜索其行蹤，迄未覓得其確實所在，用請即速佈置，務期迅速周密搜查保護該員，並務請迅速將其結果通知為荷。

再者，關於此事本館措置情形，當再奉達。

昭和九年六月九日

沈司長會晤須磨秘書官談話紀要

（沈司長口授、高贊鼎筆述）

時間：民國二十三年六月十一日上午九時四十分

地點：駐京日本總領事館

事由：藏本副領事失踪事

沈司長云：貴館藏本副領事失踪一事，本部於田中副領事首次來部面告之後，當即通知憲警當局嚴密訪查。首都地面素稱安謐，向未發生如此

事件。我國政府當局對於此事極為重視，連
日憲警當局均用全力周密偵查，務期得其著
落。中國方面各報紙已約束其慎重登載，深
望日本朝野持鎮靜態度，以免事件擴大。

須磨云：貴國當局如此關懷，暨憲警當局之努力，以及
各方知交之慰問，至為感謝。日僑方面已勸其
勿過於張皇；惟日僑因副領事尚有如此重大危
險，僑民更覺不安，倘使遷延多日，難保事件
不趨惡化。

沈司長云：日僑精神上之不安，或所難免，但不能因
藏本副領事失踪，而一般僑民亦受威脅；仍
希妥為勸諭，免致事件糾紛。關於此案，
日方有無資料足供參考者？貴館方面有無
四出尋覓？

須磨云：藏本副領事近日嘗對館員談及，似時有憲兵
躡踪其後；出事之日（八日）；渠在私宅晚餐
時，亦對其夫人提及此節，故藏本君是晚由家
赴館之頃，其夫人至抱不安，曾囑其至館即通
一電話。藏本君於九時半左右曾電告其家：已
平安抵館。嗣於十時三十五分左右其他館員照
料行李送往車站時，想係臨時因汽車坐位不敷分
配，藏本君乃隻身出外，另僱汽車，此後即不見
行踪。本館人員日夜尋覓，迄今仍無著落。

沈司長云：當時何以不用電話招喚汽車來館坐往？

須磨云：因時間已迫，或欲利用鼓樓附近之野雞汽車，
亦未可知，蓋以館員中常有利用野雞汽車之辦

法也。

沈司長云：其時並未深夜，且藏本副領事在此已久，於
　　　　　南京情形甚熟，人亦多識其面貌，一路警察
　　　　　可資保護，竟於發生事故，殊為駭怪！

須磨云：近來日本方面正在努力整調中日關係，乃霹靂
　　　　一聲，發生如此事件，不但僑民深感恐懼，恐
　　　　日本國內亦因此受重大之刺激，深望貴國當局
　　　　督促憲警迅速澈查。

沈司長云：中國上下正在努力國內生產建設，決不對外
　　　　　尋一問題，自為繭縛。政府當局業已嚴飭憲
　　　　　警盡力搜查，務得結果。

須磨云：向來憲兵方面對於本館館員暨日本僑民，以
　　　　及中國方面與本館因公來往之人物，均監視綦
　　　　嚴；且有干涉本館用僕情事；此案與憲兵方面
　　　　或亦有關係，亦未可知，因近來憲兵對於日方
　　　　官民迭有過分之舉動也。

沈司長云：若謂與憲兵方面有關係，則偵查此案憲兵方
　　　　　面亦與有責，豈非自尋一事來負責，安有是
　　　　　理？至所云憲兵之監視，當係保護性質。

須磨云：並非有所懷疑於憲兵司令所管轄之憲兵隊，惟
　　　　無識之下級憲兵，難保不受秘密機關，如「藍
　　　　衣社」及中央黨部內秘密特務機關之指使，演
　　　　成此劇。聞憲警方面業向城內遍查，更望於城
　　　　外再行一查；並向憲警勢力所不及者（即指秘
　　　　密特務機關）極力設法偵查。

沈司長云：藏本副領事平日有無出外游興之事？

須磨云：此人極為謹慎，向無出外冶游之事；且其出門
　　　　素少帶錢；聞華方有人推測其赴滬者，此絕對
　　　　必無之事。

（所謂向無在外冶游一語，未甚可靠。）

沈司長云：汪兼部長對此事亦甚關切，請為代達藏本副
　　　　領事家族。

須磨云：煩代達汪兼部長表示感謝。

沈司長晤談畢，興辭回部。

二　藏本尋獲

首都警察廳公函

民國二十三年六月十三日

查日本駐京副領事藏本英明失踪一案，業經本廳督飭所
屬員警全體總動員，日夜分投尋覓。茲據報稱：藏本副
領事，已於本日下午二時在明孝陵山上尋獲，雇車陪同
到廳，當與接談，據稱：意圖自盡不果，至其原因則堅
不肯宣洩，察其精神尚好，除面加安慰外，相應備函派
員陪同藏本君前詣貴部，即請轉送日領署，並希見復為
荷！此致外交部。

沈司長會晤失踪尋回藏本副領事談話紀錄

在座：首都警察廳周科長、外交部情報司范科長、憲兵
司令部服務員黃啟樞。

時間：民國二十三年六月十三日下午二時四十五分

地點：警察廳

事由：失踪尋回之日本藏本副領事問答

沈司長與藏本副領事握手時，藏本欲哭，表示慚意，沈司長向之安慰後——

沈司長云：可否以友人資格，將足下行動之原因及動機見告？

藏本云：恐有牽連，不便奉告，惟可告者：余此次行動並非供日本國策之工具。

沈司長云：然則請將經過情形詳細見告。

藏本云：余（藏本自稱）於八日晚意圖辭世，本擬送有吉公使及其他書記官到車站告別，祇因汽車不甚敷坐乃作罷，讓同僚及由滬來京之客人坐往；初欲往棲霞山，嗣因火車鐘點不合，乃改以紫金山為目的地。當時館員等均已赴下關，余遂於十時四十五分左右，由領事館出外，即僱一洋車，囑其拉至中山門外，及車抵中山門時，車夫以時間過晚，不肯出城，余乃在中山門前下車，步行出城；此時，並無憲警阻詢，余遂步至紫金山頂，俯視城內，見電燈輝煌，余百感交集，乃合十向城內各親友告別，蓋是時余已覺悟一切也。告別後乃登紫金山上之三角塔，當登塔時曾將袋中所存名片數張及相片，以手巾紮之於三角塔扶梯上，作為曾到此處之標識。是晚即在山上過夜，忽遇一大野獸，似豹或似大野貓者，余已決意自盡，本不必慮為其所嚙斃，祇恐如被野獸嚙斃，則所穿衣服定遺在該處，易為人所發現，遂脫去衣服埋在土中，靜待其來襲，詎此獸追逐其他小獸

他往，繼思為野獸囓斃，亦不值得，乃尋攀一松樹上，而大野獸終不復來。翌日下山，旋因欲一觀日出麗景，乃復登山；此時饑甚，乃步至紫霞洞飲水；是夜即在紫霞洞左近之大樹上過宿。該處附近亦多野獸，尚無恙，且反覺精神非常愉快。（此時沈司長示一便條，請其略填圖線及日期）

藏本繼云：迨至十日余由紫霞洞至中山陵後山，當時擬在此處斷食絕命，於是擬搬運石塊造一絕命之所，無如該處石塊過小，未能築造墳墓，十日晚在該處大樹上過宿。十一日由中山陵至明孝陵後山中，又在該處搬運石塊，重新從事建築墳墓。惟以該處係靠近城邊，且有小路，余深慮在該處絕命後，屍體發生臭味，易於被人發覺，故又變更計畫，復向山中步行，發現一洞，此洞似係野獸巢穴，乃將此洞稍加修理，後即藏匿其中，迨至十二日因饑餓加甚，復由洞繞行而出飲水。十二日晚回至洞中過宿，本日饑餓不能堪，乃復出洞行至明孝陵前茶館飲茶，當時袋中祇有兩毛錢付給茶資，惟因饑甚，再食麵，遂將金袖釦一對，與茶館女主人，渠以余所食為值甚微，未肯收，謂可俟下次。余答以未必再來，乃將此袖釦交與附近工友，請其代購雞蛋，回洞憩息。惟附近居民既知余藏山中，遂上山大索，卒被其發覺。以

　　　　　上所述，乃余自八日脫離館後迄至被發覺
　　　　　時之經過情形，甚悔因出山尋飲食，致招
　　　　　居民之疑惑也。

沈司長云：本人對於足下之心境，深表致意，且八日晚
　　　　　後之行動饒有趣味，可否請自錄一篇留作
　　　　　紀念？

藏本云：余應已與世長辭，本無談話之能力，因貴司長
　　　　　安慰有加，爰以奉告經過情形。余既欲謝絕人
　　　　　世，似無記錄之必要。

沈司長云：然則可否略記足下係自動出外，意圖辭世之
　　　　　意，俾警廳有所交代？

藏本云：余今既回此間，自必被送回領館，更為領館館
　　　　　員，此後一切言動，仍須秉承館長命令，在未
　　　　　商得館長同意以前，恕不能擅自發表。

沈司長云：足下現在心境，仍屬純真，恐回領館後，為
　　　　　環境關係，或不能說出實情。

藏本云：余擬向同僚亦據實報告；如環境惡劣，祇有再
　　　　　圖絕世而已。

沈司長云：足下未曾料及失踪後匪特與社會以衝動，且
　　　　　於中日間亦發生問題乎？

藏本云：余初以為中日間一時或不免有交涉，然當不
　　　　　至嚴重；如不發見屍體，此事終可葬於謎藏
　　　　　之中。今而得知因余失踪之故，致貴國政府
　　　　　當局暨貴部以及憲警各方面煩勞如此之甚，
　　　　　殊為抱歉。

沈司長云：足下亦不告諸家族而行，並未思及家族得訊

　　　　　後之傷心乎？

藏本云：並未預告家族，余即辭世，余之遺族亦足以自
　　　　行過活。

沈司長云：外間有外國通訊社員候見，足下請與一談，
　　　　　以慰眾望何如？

藏本云：余不願見；且發表此種情報，似宜由中日雙方
　　　　預為接洽，較見妥善。

沈司長至此退出，與警察廳方面密商之下，遂不經藏本
同意，許路透社、美聯社通訊員輩入室，作為自動訪問
晤談，藉資第三者之證明。

須磨秘書會晤汪兼部長談話紀錄

在座：黃秘書朝琴、唐次長有壬、有野（日使館中文秘
書）。

時期：民國二十三年六月十四日下午四時卅五分

地點：鐵道部一號官舍

事由：奉命致謝尋獲藏本副領事

須磨：自藏本副領事失蹤以來，院長及各方面努力搜
　　　查之結果，藏本得以生還，本國政府聞之，至
　　　為欣慰，特命本人向院長鄭重表示謝忱。藏本
　　　失蹤後，世間生出種種足以影響兩國邦交之風
　　　說，今本人既安然歸來，世間誤會不攻自破，
　　　一切疑雲，一掃而空，中日關係正如雨後地
　　　實，益將親密。

注兼部長：藏本副領事之失蹤，原可依照保護外國領事
　　　　　官之程度予以搜查，惟當此中日關係漸見

改善之時，此種事件之發生，不無影響。
故本部同人及軍警人員，格外努力，不分
晝夜，從事搜查，今藏本氏得慶生還，實
堪欣慰。

須磨：今晨松井醫學博士來京診察藏本氏之結果，認為
八日晚出走之原因，係一時神經錯亂所致，斷
定其病名為「極度之神經衰弱」，現在神經仍
見時清時亂，惟就藏本本人所言及醫生之診斷
觀之，其出走毫無其他原因，可以斷言，此實
堪奉告院長者也。再有吉公使特派秘書來京，
囑本人代其道謝院長。

外交部致日總領事函

民國二十三年六月

准憲兵司令部於六月十三日函送藏本副領事之金袖扣一
付，請為轉交原主等因，相應檢同原金袖扣，函請查收
轉交本人，並希見復為荷。此致駐京日本總領事館。
附金袖扣一付。

外交部亞洲司啟

三　日方警告與外電報導

警告決議文抄件

民國二十三年六月十三日

曩者，因我大日本帝國南京總領事館書記生藏本英明氏
行方不明事件，我政府對之現正從責任問題折衝中。我
等同志乃本皇道精神，唱道大亞細亞主義者，對於在貴

國內有此奇怪事件，最為遺憾。在我帝國領土內之貴
國居留民之安寧上即極微之遺憾亦未曾有。今我等同
志代表兵庫縣愛國大眾，請貴官轉達貴國政府從速明
其責任之所在，若迴避此等責任時，則斷然要求退出
我帝國領土。

皇紀二千九百五十四年六月十三日
大日本生產黨神戶支部長　森本天琅
大日本七生報國黨幹事長　村上篤三郎
中華民國神戶領事館領事　殿

外交部致駐神戶總領指令

民國二十三年六月廿六日

令駐神戶總領事江華本

呈一件。呈送日本生產黨警告決議文祈鑒核由。

呈及附件均悉，藏本失蹤事發，我方始終慎重辦理，而
日方故作張皇，意圖擴大，現經我憲警努力尋回，真相
既明，日方應能反省，該生產黨此種荒謬決議文，何得
向我領事館提出，仰即非正式提交日本地方當局，請其
取締為要。原抄件存，此令。

駐美使館華盛頓來電

民國二十三年六月十四日十二時廿分發

南京外交部。第二十四號。關於藏本事件，華盛頓郵報
社評之標題：「結局原來是一幕笑劇」，內容大意謂：
幸哉，命運之神竟使一開始極形嚴重之局面變成笑劇，
然而在舉世人心中一試回想，日人侵略滿洲亦係以同樣

「莫須有」之事證為藉口，則當知此幕笑劇之不成為悲劇者亦幾希矣。

紐約論壇報社評云：中國對日本結果仍獲外交上之勝利，中國當局此次可以表現日本方面關於藏本失踪所作之滑稽要求，詢係小題大做，肆行恫嚇。現在東京方面之難題厥為為國家顏面計，是否應向中國政府道歉耳。此次日方對於藏本事件之計劃，極為明顯，試觀其派遣軍艦，領事表示嚴重對付，危詞恫嚇，政府機關報紙對外宣傳，提及昔日之中村事件，大吹大擂，舉國人士摩拳擦掌，預備侵略種種情形，可以知矣。現在真相大白，藏本未受絲毫危險，不獨未遭中國人之侮辱，且受中國農人惠施，日方主政者受此打擊，想當稍事休息，再尋用武於中國之口實矣。

駐美使館華盛頓來電

民國二十三年六月十五日十二時廿五分發

南京外交部。第二十七號。關於藏本事件，紐約泰晤士報評論云：藏本自殺不遂，成為笑柄，貽羞君國，若照日本人榮譽信條而言，不知須破腹自雪此恥否？近年來日本「武士道」之信條，似乎已有改變，試觀過去數年中，日本迭次發生涉及高級軍事長官之不名譽事件與罪案，若在昔時遇有此種情形，惟有報之以一死耳。不過此次暫時棄職而逃之領事，究係文官，大約不能以武人之禮法為例實。此次事件表現雖日本本國人民亦有神經衰弱之時。觀其經過之詳細情形，頗有與一非日本籍之著作家 Doestoievsky 書中所述一事相似之處；據云有一

公務員受長官之譴責，憤而出外自殺，故意走入狼群，
而狼群竟不顧而去。昔日蘇俄（狼）對華之勢力似尚未
完全消滅云。其他報紙之評論，大都與昨電報告相同。

莫斯科駐蘇大使館來電

民國二十三年六月十六日到
南京外交部。第四十四號，十五日。昨晚蘇聯外交代理
委員長宴會席間晤東方司長，彼稱日本對藏本事件最初
確有意借此啟釁，現在藉口已除，難再有所動作等語。
蘇俄黨政機關報關於此事評論甚力，極譏嘲之能事，對
我均表同情，似為前次日本宣言俄報獨守緘默我方表示
不滿之效力，駐蘇聯大使館。

第二節　香河事件

一　香河事件的發生

北平軍分會來電

民國二十四年十月廿六日

南京外交部勛鑒：敬電奉悉。密。謹將香河事件情形電陳如下：（1）據香河縣長趙鐘璞馬電稱，本縣巨紳武某集眾千餘，內有日人時任勝見、福田霞等四人從中指揮，藉口反對隨糧附加，希圖佔據縣城。縣長得報，嚴行武備。本日暴民等擁至東關，見有準備，即派代表入城，提出推翻現有制度，罷免所有官吏等多條，並迫縣長獻出縣城。縣長守土有責，嚴詞拒絕。該暴民由日人領導竟圖攻城，經餉警擊退。現仍盤踞城外，勾結匪徒，背景複雜，情勢異常嚴重。（2）保安第一總隊長張慶餘養代電稱：香河事變，當即派員前往調查（同時駐平日軍第二中隊步兵中尉大木寬次，帶載重汽車二輛，日憲兵廿餘名，亦赴香河調查），即晤縣府俞科長，據云（事變起因與情形，大致與趙縣長馬電同），惟民眾傷四名，代表曹桂芸等三名被縣府扣留。旋由日憲兵提詢，曹云：願與日本經濟合作，辦理地方自治。縣府令每畝加捐一角七分一厘，今歲年景不佳，無力繳納，請減地畝加捐，以免民眾痛苦，並反對土地公有等語。日憲兵隊遂協同曹等出見民眾，見雜有日人四名，略詢後，即由日憲兵將武宜停、曹某並日人二名一同帶赴北平，其餘二日人當隨民眾內。詢及該日人之來歷，據武宜停稱係由天津來香河，與我辦理經濟合作事宜，

正在接洽中等語。現縣長已不知去向，公安局長被監視。（3）商主席漾電稱：香河事件已飭殷專員查明辦理，並令保安第一總隊隊長張慶餘派一大隊馳往，會同縣長，將集眾和平解散。（4）保安第一總隊長張慶餘敬午電稱：我第五中隊已到達香河，縣府人員走避一空，只有俞秘書錫仁一人接見。現民眾提出：1. 要求實行自治。2. 反對附加捐稅。3. 由民選官吏。云云，至日憲兵入城，因事前接專署電話謂：調查有無日人參加，令歡迎入城，而民眾亦即隨入，由武宜停招集民眾三百餘人在縣府開自治大會。觀其情形，表面上係因農村破產，不勝重賦，實際上似有重大背景，並印有傳單及對華基礎的觀念。省府參議劉耀東養午到香河尚未接篆。又敬未電稱，據派赴香河之保安第五中隊長丁行坦敬早電話報告：梗（廿三）夜十時有某國人槍擊劉縣長隨從，同時將劉縣長留於公安局內，並迫令職即刻率隊離去香河，因恐惹出外交，故即率隊回防，各等情。特復。北平軍分會有（廿五）令戰印。

附註：敬去電係報載香河民變真相，若何有無背景，請飭查電復由，電報科謹註。

二　日方的干預及荒謬傳單

外交部駐平特派員來電

民國二十四年十月廿六日

南京外交部部次長鈞鑒：密。河北省香河縣民變，事屬內政範圍，本無外交意味。但塘沽協定所規定之撤兵線，經過香河，該縣縣城，是否在所謂「非戰區」以

內，本處無案可稽，多方調查，亦俱真相不明。本月二十一日民變後，駐平日憲兵隊，派人往香河調查，據稱有日人數名在城內，當經帶回送津。惟據本處密查，二十三日晚河北省政府參議劉耀東進城，與現在城內維持治安之人員進膳時，有日人在座，膳後，劉參議被拘。開往該縣之三十二軍，因城內人員謂軍隊開至附近，不能談判，遂又撤回。現該縣城門關閉，非得城內負責人之允許，行人車輛，不能出入。民眾請願，佔據縣城，本可就地解決，惟河北省處現有環境之下，各縣久感不安，時有發生事變之可能，香河事變，如不迅速解決，則其他各縣，難免不為響應，尤恐牽動外交，故事態愈趨嚴重。除由本處與軍分會河北省政府隨時接洽外，謹將香河縣事變時所發傳單二件，抄呈鈞閱，統祈鑒核示遵。錫庚叩，寢印。

傳單

請看香河縣人民自決自救宣言

喊呀！可不得了啦！農村土地要歸公有。山西已經閻百川主任實行了，並且要在這眼前中央六全會提案，通令全國都得實行。這末一來，不但地土多的人家立時就窮，地土少的窮人也就永遠不能發財了。那末怎辦呢？要知怎辦，必須知這原因；原因全國農村破產，政府不救濟，怕窮人都共產，要防共產，又沒有好辦法，所以才想到土地公有。本來是為人民好啊，但是這種好辦法，我人民要不另想一個更好的辦法，在這六中全會以前迎頭趕上他，兌換他，消滅他，不但不能防共，必致

助共成功，那還了得嗎！現在有個最好的辦法，就是行使四權防共，由人民自救自決，請願全國省縣市都開設民生錢行。有子曰：百姓足，君孰與不足；百姓不足，君孰與足，這是富國富民萬古不磨的原則。今以人民自願的房地，假定平均價，作為民股，不願者聽，以官家預算的歲入，假定一實收數，作為官股，地方欵作為地方股，官民都假出資本，而當真股東，發行克兌紙幣，官收款專要此紙幣，民使錢都花此紙幣。第一兌，叫人以任何現款現鈔兌此紙幣。第二兌，是必需其他現款現鈔時，再以此紙幣兌其他現款現鈔。以此點石成金的辦法，立時可籌一百萬萬元錢。要平均地權，使耕者有其國田，可以使此錢買地。要節制資本，使工者有國資，商者有其國本，可以使此錢入股。要救濟農村、救濟工廠、商場，無不可以用此錢救濟。外帶著可以行兵工政策，開溝渠、興水利、就便修道路、開礦田、採現金，從此大興一切建設，國家轉貧為富，轉弱為強在此。人民化匪為善，化共為良亦在此。今依此其旨，舉出一切理由，訂出一切辦法，開列於後，特此宣言於世界，並大聲呼籲於中央六中全會及各省縣市長官併全國父老臺前曰：迅令民眾速起，速起防共，速起自救，速起行使四權，完畢國民義務。大中華民國二十四年雙十節印行，陽曆十月二十三日請願。

注意縣民自救自決理由暨辦法
（甲）自救理由：農村破產是真的，救濟農村辦法，不用說土地公有，非全民所願，就是放賑貸款，亦非全民

所願。何故呢？放賑是有限的，貸款是得還的，指望吃賑借債為生的人民，是沒有出息的，況且全想吃賑，怎全吃著，全想借債，怎全借著。總而言之，誰替老百姓想的防共救濟法，總覺著不如老百姓自己想的合適可心，今要可心，必須發行克兌紙幣，這是我縣民自救的理由。

（乙）自決理由：國民政府建國大綱所規定，以全縣為一自治單位，對於民生，政府應與人民協力共謀。對於民權，在訓政時期，應由中央派考試合格人員，到各縣協助人民籌備自治，訓導人民行使其選舉權，行使其罷官權，行使其創制權，行使其複決權，人民受此四權訓練之使用，謂為完畢其國民之義務。對於民族，國內弱小民族，政府當扶植之，使之能自決自治，按民族即國族言之，當然包括家族村族縣族省市族在內，今我縣內弱小民族，要防共自救，必須行使四權，這是我縣民自決的理由

（丙）進行辦法：政府訓政七、八年了，因為戴院長忙於念佛，老沒工夫考試合格人員，交由政府派到各縣訓練人民行使四權，所以我縣民，也沒得完畢國民義務，但受黨員的教訓很大，甚麼民眾快起咧！甚麼和平奮鬥咧！已深入腦筋。現在中央既把河北省縣黨部撤消，是必認我縣民程度已高，當此防共吃緊之際，我縣民若不自動起來，和平奮鬥，不但有負中央臺愛，未免自損國民資格。今日自動起來，訂於陰曆九月二十三日，陽曆十月二十日，要早起，每家一人，能多更好，各持小旗，自帶吃食，由村長或代表打著和平奮鬥大旗，率領

前往縣政府，表示情願盡國民行使四權之義務，以便防
共自救，但須與縣長和平商請一切辦法，萬不可暴動，
務使中央六中全會結果，俯從我縣民意為目的。

（丁）善後辦法：各村人民臨上縣政府時，按本村之大
小，先舉出代表二、三人，除維持往返秩序外，即作為
區代表大會會員，由區會員按區之大小，互推出一、二
人，一面為區代表大會主席，一面為縣代表大會會員，
由縣會員即時成立縣代表大會，互推出一、二人，一面
作為縣代表大會主席，一面預為省代表大會會員，預備
開省民代表大會暨國民代表大會。本縣遇有要事，由各
主席召集本會會員議行之。

縣民自治自決自救傳單

　　鄉親們！快醒醒吧，不好了，山西為防共匪，已經
把農村土地收歸公有了，且請中央通令全國都要實行，
這麼一辦，地土多的財主人家立時就窮了，地土少的貧
戶人家也就永遠不能翻身當財主了。但是現在共匪猖
獗，政府若說土地公有是為防共匪，誰敢不防呀，誰要
說不防共就是共產黨，誰要說不防匪就是土匪頭，這怎
得了呢！乘著中央命令未下，趕緊起來抵制吧！抵制的
理由：第一、要明白土地私有就是民有，土地公有就是
官有，民有若不私有，官有也不公有，就是官民共有，
土地共有就歸官民共管；共管力量平均，官民都不自
由，力量不平均，一定是官力大，民力小，反正民不自
由；土地官有就歸官管，要多稅就得納多稅，這是官自
由民不自由；土地民有，要多稅未必納多稅，這是民自

由官不自由。明白這理由，再說抵制的方法。第一、要和平。和是大和官的心理，平是平小民的憤氣，不大和官的心理，官必說抵制土地公有，就不是順民，不平小民的怨氣，民必說提倡土地公有，必不是好官，今要官是好官民是好民，必須和平奮鬥，和平奮鬥必須提中山，若不提中山，山西方面提倡土地公有，山東方面未免提倡土地私有，山南方面提倡同文同種，山北方面未免提倡共存共榮。

如今大禍已到了小民頭上，我們小民不配當大和事老，只有憑據中山大聲疾呼曰：中山的地方制度是均權的，全縣單位是自治的，訓政民權是行使的，縣族小民是自決的，縣稅至少可留半數的；縣稅留過半數，小民雖弱可以自救的。今為防共防匪，憑據中山訂出一種和平辦法開列於後，名曰請願和平奮鬥。奮鬥我們小民興奮快起來，鬥是我們小民和官鬥智不鬥力。起呀起呀！縣民全起呀！縣民全起呀！

注意請願和平奮鬥（即是請願官和平民興奮鬥智）
（甲）請願日期：訂於陰曆陽曆　月　日早起，每家一人，能多更好，各持小旗，自帶吃食，由村長佐或代表扛著大旗，率領全村人民前往政府和平請願。
（乙）請願目的：一、與縣長商訂實行自治日期，至遠不得過一個月。二、與縣長商訂保留全年稅收作自治經費，至少不得少至百分之五十五。
（丙）請願手段：請願目的之理由，完全根據建國大綱，縣長如不直接許可，亦不間接呈請並有一種共同生

存之表示，就問他違反建國大綱是不是反革命，反革命
的政府和官員，我們人民應如何恭維他呢？

（丁）請願善後：請願之日，由村民推舉代表，就便組
織區民代表大會，由區民代表大會推舉代表，就便組織
縣民代表大會，以備辦理請願善後一切事宜。

三　商主席報告香河事件經過及處理情形

北平軍分會來電

民國二十四年十月廿八日

南京外交部。據商主席宥省秘電稱：。密。香河民變經
飭廳派員往查，據電報稱，該縣暴動由縣民武宜亭主
持，其民選縣長安厚齋已到縣，委定科員、公安局長實
行辦公，警團被脅叛附，沿街布崗，情勢洶洶，省委新
縣長劉耀東漾（廿三）晚被毆押等情。並據保安隊長張
慶餘電，以轉據派赴香河之五中隊長在三河屬黃莊電話
報稱，梗（廿三）夜十時有某國人擊劉縣長隨從，同時
將劉羈留公安局內，並迫令職即刻率隊離去香河，職恐
惹出外交，故即率隊回防等語。報告前來，綜查各方先
後報告，事前由暴徒散放各種傳單，或藉口隨糧附征，
實行反對抗拒，或倡言自決自救，預防土地公有，更或
主張罷免，另舉官吏及開設民生錢行辦法，光怪陸離，
荒誕不經。其步驟係先以危詞聳聽，聚合民眾，繼以挾
眾恃強，驅逐官吏，終則倒行逆施，便利私圖，並行勾
結外人，企作護符後盾，自必與白某之同盟軍暗相策
應，情形極為複雜，事態日趨險惡，勢非酌調軍隊前
往，端恐莫資鎮攝，滋蔓難圖。而格於停戰協定，復慮

或生阻礙，現惟速行設法，商得外交諒解，以謀釜底抽薪，至相當時期再行遣隊赴縣，相機處理，以期早日就範。而況益形擴大，正電陳間，復據武清縣敬電報告，迭有日人時勝見率香河人民六人到河西塢，詢問縣境有無駐軍及民眾請願情事，日人島崎毅、林昌清、東山明三人到縣，據稱日軍將來縣演習，日人關東軍司令部囑託愛澤誠一名至縣詢及有無民眾運動。又日人海正躲茲敬姓二名乘汽車由津到縣，少留旋即馳去等語到府。當已電飭該縣嚴密防範，並通飭附近戰區各縣一體切實注意，除嗣後詳情容另續陳外，謹特一併陳明，伏乞鑒核示遵等情，特聞。北平軍分會令戰，儉（廿八日）。

商震來電

民國二十四年十月廿九日

密。今晨七時據香河電話報告，該縣事變雖稍平息，惟因有日本浪人數名居中攪亂，昨日午後十時竟與省府派往澈查之參議劉耀東跟隨人等發生衝突，開槍轟擊，並將劉參議架往暴民佔據之公安局拘押，而通州派往之特警亦被該日本浪人迫令退出城外，故形勢仍甚嚴重等情。震當即酌調部隊前往彈壓，正辦理間，適日本使館武官晴氣慶胤、小尾哲三等來晤，堅請對於香河之事不必調派部隊，以免發生兵事誤會云云，按此推測似香河之事確依日方作背景，除俟高橋武官今晚返平即與交涉辦理外，謹先電聞，商震叩，敬亥職印。

北平軍分會來電

民國二十四年十一月十六日

南京外交部。茲將香河情形續告於下：密據張總隊長慶餘元電稱，據報現香河偽縣長保衛團及負責人等均已逃匿，下落不明，僅商會會長未去，惟日人時有尚在城內，我保安第二大隊已全部入城分駐四街，刻地方安靖，等情。謹聞。北平軍分會，翰代戰。

第三節　成都事件

一　成都事件的原因與經過

賀國光致軍政部何部長電

民國二十五年八月廿五日

南京軍政部部長何鈞鑒：密。頃據康澤葉維敬子蓉秘代
電稱，（一）近日成都市民因報載日本將在蓉非法設
領，岩井領事即將來蓉，力謀反對。昨有日人四名由渝
來蓉住大川飯店，並倘徉街市，群情益為憤激。（二）
本日午後四時許，有市民十餘人到大川飯店詢問岩井消
息，旋即散去。少頃，又有二、三十人復來，經警察勸
解亦散去。六時許又有市民百餘人復到大川飯店，情勢
較為嚴重，適公安局長范崇實率警察二十餘人到達勸導
彈壓，市民愈集愈多，叫囂擾擾，秩序大亂，兼之時又
黃昏，遂蜂擁入內將大川飯店搗毀無餘，並兩次縱火未
遂，繼登樓將日人抓出毆打。該日人等亦奪取棍棒還
擊，且擊且走；斯時附近街道市民齏集，不下數萬，因
軍警太少，無法鎮壓，日人深川經二郎、渡邊洗三郎二
人當被市民追至正府街擊斃，田中武夫、瀨戶尚二人經
警士保護僅受傷脫逃。（三）直至發電時止，春熙路西
段交通公司，西東大街寶元蓉，暑襪中街益晉恆等商店
尚在搗毀中，聞因係售賣私貨故也。（四）此事內幕似
甚複雜，現正續查中等語。查此案發生，日人必借題發
揮，現擬自動辦理，免致擴大，已商請劉甫自澄自動一
面查拿兇手，一面懲處負責軍警長官，俾成為地方問
題，以和緩日方空氣，並□□共黨從中搗亂，統一新

聞。連日重慶亦有此項運動,防範較嚴,尚未發生事故。成都既有此事,此間更加嚴密,並制止其一切活動,可保無虞,知注奉聞。賀國光,有戌印。

外交部電東京大使館

民國二十五年八月卅一日

Sinoembassy Tokyo 蓉案詳情據劉主席報稱,自私貨侵銷入川,人民本極憤慨,適日本又有在蓉設領之舉,岩井到渝,民氣激昂愈甚。節經密令各機關注意防範,嚴密保護外僑在案。漾晨日人田中武夫、深川經二、渡邊洗三郎、瀨戶尚等由渝轉蓉,住大川飯店,當由警備司令部省會公安局,分派人員率領暗探十數名前往明密保護,並以當時空氣緊張,婉勸勿多出外,用期安全,殊該日人等必欲出城遊覽,於敬日午前遍歷外東望江樓,外南南臺寺,外西草堂寺等地,並沿途購物收債,均由警備部及公安局員陪同前往,雖為人所指目,幸未釀成事件。午後回店,旋有數人往問是否岩井,經解釋後即去。隨後有人鼓動群眾紛往質問,大川飯店何故容留日人。斯時愈聚愈多,達數千人,保護人員勸解無效,急以電話報告,而電線已被奸人截斷。迨各機關得訊加派軍警趕至,奮力救護,僅奪得日人二名,詢係田中武夫及瀨戶尚,俱經受傷,當即護入督署醫治。至深川及渡邊二人已於混亂中衝散無蹤。同時軍警民眾亦傷亡多人,其已死有名可查者為警兵劉世清與民眾何玉春、易生五、李紹興等,餘尚未悉姓名。維時事起倉卒,勢不可遏,軍警祇顧尋救日人,而暴徒遂將大川飯店搗毀旁

及所指販賣私貨各商號，如交通公司、益晉恆、寶元蓉等，最後復擁至公安局第四分署肆行毆傷官兵，並有多人拍掌喧囂，高呼共黨口號，始知實有反動份子混入其中，以致煽成暴動。其因救護日僑先後為暴徒狙擊之軍警，計有警備部連長劉灼文、排長王駿騏、中士汪占奎、兵楊益洲、廖煥文、傅季材等，及公安局督察員劉朅、科員徐先允、警長王茂材、警士陳伯林、李銀洲、賈治平、陳仲文、李平安，均傷勢甚重，其餘輕傷不計。嗣派重隊彈壓始告解散。當場獲有暴徒及附和民眾數名，現正分別研訊，一面清查失蹤日人，一面妥為醫調傷者，並嚴行緝拿反動份子及兇惡暴徒，盡法懲治等語、查楊、邵二員飛蓉調查尚未有詳報到部，此電較為明確，可資依據。除俟得報再行轉知外，仰往見有田以誠懇態度與之切商。以上事實可作參考，勿用書面。外交部。

二　日本的無理要求
上海高司長來電

民國二十五年九月一日

急。南京外交部。部次長鈞鑒：密。極密。今日下午三時半偕周秘書往見川越，談至四時五十分辭出。川越率清水及外務省之少壯派三等秘書萩原出見。宗武說明來意後，川越謂現在尚未奉到訓令，不便有所表示，一俟訓令到後，可酌量先與足下交換意見，但望貴方先准岩井到任，並取締各報之言論，以免刺激日方。嗣萩原以嚴重之態度謂，此事非尋常案件可比，日方除外務省外

駐漢口之陸海軍武官，亦已各奉本部命令飛蓉調查，我
方意見須俟各調查員報告後，方能決定，但日方之重視
此案，想貴司長必可想像得之，對我方各報告及小學教
科書表示不滿，對大陸報之評論攻擊尤烈，希望我方嚴
重取締言論，否則時勢演變，其將不可收拾。宗武答以
我方報紙若有與事實不符者，隨時可予訂正，貴方各報
因同業關係對本案特別關心，亦意中事，惟過分言論，
無益實際，徒增雙方當局者之困難，亦望注意，我政府
光明正大，對本案決不迴避責任，一般國際間應有之責
任與貴方合理之要求，我方決以誠心誠意負責與貴方從
長計議，我院部長對本案尤為關切，此點希望貴方特別
注意，以免誤會。川越謂，問題在貴方是否有調整國交
之決心，若貴方無調整國交之決心，一切自聽尊便，否
則須及時努力。宗武答以張部長之抱負，想貴大使必已
洞悉，即本人之決心前亦曾與貴大使言之。川越謂，准
岩井先行到任與貴方設館問題，不與蓉案混為一談之主
張亦甚相符，望為轉達張部長為盼。宗武答以當為轉
達，但我方之意不在岩井促其先去，而在此事之從長計
議。總之，默察今日空氣相當嚴重，我方對宣傳方針中
對不刺激日本人一點，擬請情報司特別注意，餘面陳。
宗武叩，東二。

外交部電東京大使館

民國二十五年九月二日

Sinoembassy Tokyo 密。今日高司長與須磨談成都事件，
關於申誠劉主席與保障將來，須磨已表示讓步，惟要求

須將北海事件一併解決。至賠償一項，堅持要求數目謂係最低限度，不能商減，無論如何務請諒解，並約商定後可俟青島事件完全解決後再行發表。特洽，外交部。

上海方唯智來電

民國二十五年九月四日

李司長勛鑒：密。據日探報告，川越今晨接東京訓令，關於川事著向我方交涉。其內容大意：（一）完全實行三原則，澈底取締排日團體及宣傳，即行採取積極親善政策。（二）嚴懲此次事件之有關當局，以後川省行政，應由對日有好感者擔任。（三）發給弔慰金及賠償一切損失，國民政府正式陳謝道歉。（四）由中日共同澈查此次事件各關係者。（五）保證旅川僑民今後安全，及正式承認在蓉設領。川越將於下週晉京，正式交涉。弟智叩。四號，十時。

三　中國與日本交涉的經過

部長會晤須磨秘書談話紀錄（一）

高司長周專員在座

時間：民國二十五年九月八日下午四時

地點：本部

事由：一、成都設領問題

須磨：昨日在滬會晤川越大使，陸海軍武官亦在座。我
　　　方已於前兩日接到訓令，其內容當由川越大使來
　　　京時直接向部長陳述。關於事前預行接洽一層，
　　　本人曾與川越大使談及，前者高司長赴滬時亦曾

向大使提及，大使表示可為考慮，決主慎重將
事，以免問題之複雜化。

日本政府甚冀岩井能早日赴成都，中津、渡、糟
谷等現地人員亦是如此意見。此事商談數次，在
原則上已承部長及徐次長之同意，惟時期一項須
事前徵得外部意見。據個人管見，時期愈早愈
好；即以貴國立場而論，遲則易與成都事件混
淆，形似事件解決條件之一，易被誤會，決非得
策；再就我方立場而論，岩井君遲遲不去實無以
對死者之犧牲，在感情上亦有早日赴蓉之必要，
故甚望部長力為設法，務使岩井君能在五日乃至
一星期內赴蓉，並請關照省政府妥為保護，對於
市政府之干涉出租房屋一節，亦請設法制止。

部長：時期問題余亦早已詳加研究，余是四川人，熟悉
四川情形，深知四川情形之複雜，民風慓悍，內
政上亦有種種特殊情形，如不為準備工作，而使
岩井貿然前往，實甚危險，中央實難放心。我方
在岩井赴蓉之前，先為代作豫備工作，一方以便
岩井可以早日赴蓉，一方可以使岩井赴蓉後安全
居住市政府，干涉租房屋一層，當為設法制止。

須磨：關於領館房屋一節，因有器具等之遺失關係而尚
有賠償問題包括在內，但我方頗願得一根本的解
決，故對方楊君既有意出賣該屋，日本政府亦頗
願買進。

部長：尊意甚為明瞭。

部長會晤須磨秘書談話紀錄（二）

高司長周專員在座

時間：民國二十五年九月八日下午四時

地點：本部

事由：二、成都事件

部長：川越大使何時來京。

須磨：最近期內當可來京，根據本日會談情形當可決定
　　　行期。日方報紙輿論非常激昂，日本政府亦非常
　　　重視此點，故訓令內容亦頗嚴重。當局者苟不善
　　　為處理，恐難收到良好結果，務請考慮及之。管
　　　見以為被動與自動價值不同，故甚冀貴方在我方
　　　要求提出之前自動的積極的有所表示，此點最為
　　　重要，更詳言之，年來中日調整邦交煞費苦心，
　　　但事實上毫無表現，中山、萱生等等事件層見迭
　　　出，我方雖力事鎮靜而空氣日趨惡化，一至成都
　　　事件發生而達於極點。因此我方一部分有力人士
　　　對貴國政府發生疑慮，以為貴國排日思想甚難改
　　　變，如何對付此派人士實為川越大使等日本外交
　　　官之重要任務。惟按照目前情形本人等實無法壓
　　　制此派人士，務請部長諒解。本人等此項立場加
　　　以援助，則自信可以相當壓制此派反對論調，事
　　　甚易為，只要部長預示將來之所應為，則雙方空
　　　氣即可立變，前途亦可明朗化矣。苟從大局高處
　　　觀察成都事件，本不如何嚴重，惟以現在空氣惡
　　　劣達於極點，故苟處理失當，中日關係難必其不
　　　急轉直下，甚致發生正面衝突。吾人為欲避免此

種不幸局面之發生，而貫澈調整邦交之初衷起
見，甚冀部長從大處、高處觀察，預為表示具體
的決心，則在整個局面之下區區成都事件，不
難迎刃而解也。

部長：余對調整邦交一事素具抱負，已屢次對君談及。
余本軍人，在軍界奮鬥多年，自信尚屬不落人
後，如欲排日則儘可在該方面工作，更何求而辭
去地方長官來主外交，其所以出此者決心欲調整
中日邦交而已矣。民國十五年時余曾力主廢棄容
共政策，此次出主外交，又力主調整中日邦交之
外交方針，均蒙蔣委員長贊同，此實為余生平最
大之願望，為求其實現計，任何犧牲均所不辭，
不幸受任以來，中日雙方均有種種內政上之特殊
關係，而調整工作未能應心得手，此次又發生成
都事件，實為憾事。現在余正努力於一切準備工
作，希望蓉案早日解決，而後致全力於中日邦交
全面的調整。昨日在中央黨部發表意見，用意亦
即在此，總之，我方分內之事，當無待乎貴方之
要求，自當一力負起，決不推諉。

至於貴方常謂排日思想云云而責難我方，實則排
日思想之根源一在貴國，例如瀋陽事變以及最近
張北、內蒙、綏遠、寧夏、華北等等各方面貴方
之侵略姿勢，莫非刺激我方排日思想之資料，此
實為調整邦交之最大障礙，希望貴方切實理解此
點。試問在此種情勢之下，國人焉得不為種種自
衛之行動。我方亦願考慮自動的處置，但務請注

意引起反動反應，足以增加糾紛而阻礙邦交之調整。調整工作譬如此香煙盒（部長指示在旁之香煙盒）之買賣，我方甚希成交，只要貴方不相強以過高之價格耳。余與川越大使惜尚未獲充分交換意見之機會，望君從中代達此意。

須磨：甚善，甚善，高見均悉。部長對調整中日邦交準備工作之努力，本人已屢由高司長處聞之矣。惟部長以為先將蓉案解決，然後再事調整邦交一層，似與敝方意見出入甚遠，蓋敝方擬請趁此機會推進一步調整工作故也。日本懷疑貴國日甚，故非切實解決中日根本問題不為功，質言之，例如貴國對於三原則問題，防共協定、軍事同盟等問題，除非表示絕大決心，決難消除敝方之疑慮。試就部長所示香煙盒買賣之譬諭而言，敝方甚疑貴國無心成交，價格一層乃其次要問題耳。現在日本對俄戰機日迫，中日邦交之調整，決不容再事延宕，只要貴方表示調整邦交之決心，一切問題當可迎刃而解，我方對於華北問題早有具體方案，如何推進，唯在貴方之決心如何耳。目前華北局面隨時隨地可以惡化，其他例如採用日人顧問陸大教官等等方面，以及航空問題，取締不逞鮮人等問題，貴方亦均有表示自動積極的調整之餘地，此次貴國統制輿論有條不紊，不勝欽佩，敝國朝野亦有種種強硬論調，如開成都為商埠，在成都設定自由營業之權，設定四川利權等等，亦以統制之故，始見緩和，否則更將不堪聽

聞矣。現在敝國外交已達到一元化之目的，外務
省支配日本外交已屬十分有力，此對貴國甚為有
利，甚冀貴國勿失此良好之時機。

部長；尊意均悉，當詳為考慮。

日高代辦會晤高司長談話紀錄

時間：民國二十六年六月七日下午四時

地點：外交部亞洲司司長室

事由：成都設領問題

寒暄畢。

日高代辦：今日奉訪，實為成都設領問題。此事在原則
　　　　　上張前部長、王部長、徐次長皆已承諾，
　　　　　第迄今將近一年，未見實踐，日方除感
　　　　　覺華方缺乏誠意外，幾無其他理由可以解
　　　　　釋。日外務省再三考之結果，以為此事無
　　　　　法可以再延，現已決定任命現重慶領事糟
　　　　　谷為駐成都總領事，日內即將明令發表。
　　　　　今日本人奉外務省命令，來請貴部對於本
　　　　　案加以熱誠與慎重之考慮，俾本案得以早
　　　　　日解決，否則萬事延擱，則本人亦無法可
　　　　　以努力中日邦交也。至於方式方面，日方
　　　　　亦可加以種種之考慮。

高司長：關於成都設領問題，本人及本部長官亦時在
　　　　注意中，其延擱之原因確有某種之理由，既非
　　　　缺乏誠意，亦非變更前言，本人回憶徐次長關
　　　　於本案答復前須磨秘書時，曾注意到對於設

　　　　　　領問題在原則雖可同意，但何時開設則須事前
　　　　　　得我方之同意一點，蓋當時實鑒於成都情形複
　　　　　　雜故也。尤有進者，現在貴國在成都既無商
　　　　　　務，又無僑民，而貴方急急於設領，殊令人
　　　　　　費解，本人以為此事似以從長計議為宜，似
　　　　　　不必操之太急。

日高代辦：日本政府確有從速解決本案之必要與迫急情
　　　　　　形，貴司長想必明瞭日本之情。

高司長：貴方情形本人相當知道，而成都目前之局勢，
　　　　　　貴代辦諒亦必洞悉。總之發表糟谷任命一層，
　　　　　　務請從緩，免起糾紛。

日高代辦：汕頭方面貴方報告曾否寄到？

高司長：最後之報告因整理需時仍未寄到，惟據報黃市
　　　　　　長與貴國山崎領事之談判情形，似乎偏重於事
　　　　　　實之爭執，而對問題本身之解決反不重視。當
　　　　　　然欲求事件之解決必須先明瞭事態之真相，但
　　　　　　以本人年來處理中日問題之經驗論，此種辦法
　　　　　　結果徒造口頭之爭端，決非解決事件之方法。
　　　　　　昨夜本人想到解決事情之途徑，即可否由貴大
　　　　　　使館及本部分別電令貴方山崎領事及我地方當
　　　　　　局，注意事件之解決方法，若今日貴代辦同意
　　　　　　本人意見，則雙方今日同時發電可也（註：本
　　　　　　部前日已去電）。廣東吳主席處事非常敏捷，
　　　　　　且極慎重，本人相信在吳主席指揮之下，汕頭
　　　　　　地方當局對本案必易得一解決方法。

日高代辦：關於雙方訓令注意事件本身之解決一點，本

人可以同意。吳主席在滬市長任內，對日
本方面信用甚好，惟初到任或亦不無困難
之處，本人甚望其能早日解決也。

高司長：不願擴大事態一點既為雙方共同之目標，本此
　　　　精神不難解決。

日高代辦：汕案可讓汕頭地方解決。成都設領問題務期
　　　　　從速解決，愈早愈好，因外務省對此案非
　　　　　常重視也。

談至此日高代辦即起立告辭。

四　成都事件的解決

成都劉主席來電

民國二十五年八月廿八日

急。南京外交部。張部長岳軍兄勛鑒：感電奉悉。密。
承示各節，自當遵循。惟此間情況有略與中央所擬宣傳
範圍不同者，即此事起因實藉口於走私設領，為日人所
共見共聞，勢難一概抹殺。至有反動份子乘機鼓煽，亦
係事實，敬亥原電因避免省會暴動之故，是以未敘。昨
日另發之敬亥電則完全真相，處處皆有事實證明。尚乞
垂察為幸。弟劉湘叩，儉午，省秘印。

外交部電成都劉主席

民國二十五年八月廿八日

重慶委員長行營賀參謀長、成都劉主席、四川省政府
交際科轉吳特派員勛鑒：密。准日本大使館函稱，本
館松村書記官及鈴木書記生，重慶糟谷領事及書記生

一名，定二十八日偕同大阪朝日新聞記者中村正吾，及大阪每日新聞上海分社長田知花信量等乘中航機飛蓉調查，請轉行保護等語，特電查照，即飭屬嚴密保護為荷。

處理蓉案經過報告書

二十四日，晚九點半得到成都發生暴動傷及日人消息，當晚召集全體職員分配工作，一面赴行營賀參謀長公館會齊軍警長官，先為防備，渝市治安之商議，返處，參合各方所得消息，以敬亥電先行向部報告，均通宵辦公。

二十五日晨，決偕秘書董季安飛蓉電部並分電省府後，九點半先赴日領館訪糟谷領事，見其尚未得成都消息，因簡單告彼以省垣發生暴動，有傷及日人訊，俟得確實消息再行通知。旋及即逕與董秘書前往廣陽壩飛機場，其時已過午後一鐘。到機場適聞賀參謀長曾用電話相尋，並令航空站站長飛機暫勿起飛。經與賀參謀長通話後，始悉日領糟谷現在行營要求派人同搭此機晉省，業經賀參謀長面允，且謂事正嚴重，不宜食言，因囑無論如何須停機待彼，以昭信義。以此往返通話，費時既久，糟谷派員志波等，由渝市搭小輪（四十餘里）到達廣陽壩時已五點一刻矣。當由飛機師宣告時間過晚不能飛達蓉垣，於是與志波等約定明日改乘中航機返渝。入城已晚，八點餘鐘，發有電向部報告，僅云飛機遇阻。

二十六日，踐昨日之約，仍偕董秘書與志波等三日

人午後一時餘同乘小輪抵廣陽壩機場，二時起飛，途遇
霧雨，飛機迴旋空際，歷三刻之久，待至雨霽雲開，方
飛抵成都。午後四時降落機場，由周科長接赴省政府晤
鄧秘書長，謁劉主席。詳談經過後，時省府尚將省城一
切新聞郵電扣留，並擬披露肇事消息，正待到蓉會商取
決辦法，當為建議發令緝兇，並下懲戒治安長官令。次
再對於所擬披露之稿有所建議，略謂，此次事件原則上
自應以地方暴動為主，不過被事四日人中有兩人尚在，
活口難滅，所以敘述當時經過宜將前稿未善之處加以改
正，求與存在之兩日人將來陳述相合，庶不貽彼方口
實，免致將來交涉感困。以上主張鄧秘書長均甚贊同，
當即決定照此辦理，改善文稿交由中央社即晚發電傳播
新聞消息，一面另由省府照前項改善稿件拍發第二敬亥
電。既又商定應付志波、糟谷暨檢察新聞郵電等辦法
後，派員先行備送鮮花慰問受傷兩日人，表示善意。晚
偕范公安局長引志波等往視傷者，測其言語態度均與我
方預料相合，夜半譯出省府轉來「有」日部電，即照詢
問各點陳復寢亥電。

　　二十七日晨，向鄧秘書長建議發表死者之辦法後，
即約同中央社記者與志波等會晤受傷兩日人，筆錄其談
話。嗣偕志波往無人認領屍身兩具處，請其驗認是否日
人，當由志波辨明確為日人渡邊洗三郎、深川經二，我
方引此以為根據，表露死者確訊，發電正式告知駐渝日
領糟谷，並表歉意，煩其轉為慰唁死者家屬。是晚以感
電陳部，又以本案情形複雜，另發極密感電請示。

　　二十八日，奉感、沁、儉部電三件，上午鄧秘書長

商談應付松村、糟谷等辦法，午後邵科長來，為詳談本案經過情形。糟谷抵蓉相互答拜後，即以范局長陪同松村一行驗視死者，探望傷者，由田中、瀨戶歷述暴動經過，松村一行至招待所暨所過街路均經預定派遣崗警妥為保護。晚接糟谷函兩件，請證明死者及傷者。夜半發儉亥電陳部。

二十九日，上午十一時與范公安局長、邵科長陪同松村、糟谷一行往東大街寶元蓉、春熙路交通公司、騾馬市街大川飯店，查勘被搗毀情形並攝影。下午二時，松村、糟谷照預定時間赴省府晉謁劉主席與鄧秘書長，邵科長往陪。是日楊專員抵蓉，晚與楊、邵二員在沙利文再行商談本案。繼奉豔日兩部電，並發豔電陳部。

三十日，上午日記者田中等謁鄧秘書長，十一時辦公函一件，為證明已故兩日人事復糟谷領事。下午一時會同松村、糟谷及各機關人員在文書院舉行火葬。糟谷領事前曾為證明死者之覆函提出疑難，經商談雙方公文不談肇事起因，同時省府延醫用X光診查傷者病況，當日並察得糟谷密報，已以陷電陳部。四時松村等要求聚結軍警長官會談，俾便調查本案真象。未時聚齊，首為說明會晤意義，次由松村發言，有追問此次事變反日起因及組織之語，當即提出抗議，以其問話態度近似審訊，又越出範圍，經抗議後，松村始改善談問方式，專以各長官問答當日事變狀況。

三十一日，晨與松村、糟谷會晤，彼等要求公安局長面詢當日在場巡官暨審訊中之數人，均以關係重大概予婉詞拒絕。嗣後日領糟谷以受傷兩日人須返滬、漢，

函請放行，午後楊、邵二員謁劉主席，同時得日方中津武官暨渡武官來蓉泊息，因與鄧秘書長商談應付方法。晚訪糟谷為非正式談話二小時之久，夜半擬世電陳部報告昨日經過，並遵豔電辦理代電一件。正式呈報蓉敬案準備交楊、邵攜京呈部。九月一日日記者攜運兩日人火化後之灰骨乘中航機離蓉，受傷兩日人亦以傷勢經過良好，同機分飛滬、漢。下午二時陪同中津、渡兩武官及松村、糟谷四日人晉謁劉主席。晚奉東日部電，嗣以東西電呈報昨晚承豔電可與糟谷開誠試談意旨，訪糟谷為非正式談話之經過。二日承東日部電意旨晉謁劉主席商談，繼後晤日方諸人，中津等復作三十一日之要求，均經婉為拒絕，另以東申電陳部。同時查得糟谷報告一文，辦理代電交由楊、邵員攜京呈部。三日晨，松村、糟谷等日方全體人員乘直航機離蓉，分返京、滬、渝等地，楊、邵兩員亦同機返京。四日整理文件，與省府會商善後處置。五日奉支日部電令入京備詢，即以歌電陳復，准庚日直航機飛京。六日以尚須與渝市各機關協洽當地治安，於是日上午十一時偕同董秘書由省飛渝，午後四時發魚電呈部。七日晨，駐渝各領次第來訪，詢問蓉案情形，均照第三敬亥電分別述答英、德各領，皆為處理妥善之表示。正午往行營謁賀參謀長詳述在蓉辦理經過，並商談今後取一致應付之方法，午後重慶李市長警備司令官市公安局長來處會商渝市治安問題，亦曾商談今後取一致應付之方法。

第四節　日人的間諜行為

一　日派浪人勾結漢奸測量我要塞區域

南京市政府公函

民國二十三年十月三日

案准首都警察廳函略，以據密報日人清水泰次來京，攜有地圖攝影機畫圖用具，暨蘇州日領發給之護照，經吳縣縣政府加印，但來京後，迄未向我官廳報告，連日前往明故宮飛機場明孝陵等處附近繪圖，並竊視要塞區域等情，請即轉函制止等由，准此。查該日人此種行動，逾越遊歷範圍以外，顯係別有作用，當經據理函請日領立予制止，並令其即日出境去後，旋准函復，以本國國民照約可以遊歷，無一一通告之義務，函請「制止其行動，並令其出境」事屬誤會，本領事館經已通知外交部，轉知各有關係機關，予以便利，等語。查該日人來京遊歷，自無不可，但警廳函稱種種，該日人確有越軌行動。本府為顧全邦交，及其個人體面起見，未予據約拘禁，解送日領館，僅函請制止，並令其出境，已屬特別優遇，何能認為誤解。至關於遊歷人到境時，通告該管地方政府機關一節。查外人往本國境內遊歷，所持護照，經本國政府機關加印者，類多聲明「遊歷人到境時，務須先行報由該管地方長官指明範圍，前往遊歷，免生意外。」等字樣，其目的乃為遊歷人安全，並便於地方政府機關保護周密起見，各遊歷人諒解此意，無不樂從。該日領故意袒庇，強詞奪理，實屬無理已極，除續函駁復外，相應將本案交涉經過情形，函達查照，並

希嗣後遇有外人到境遊歷護照，聲請加簽者即予函知
本府，以便轉函保護，免滋糾紛，至紉公誼。此致外
交部。

南京市市長　石瑛

行政院令外交部

民國二十三年八月六日

案准軍事委員會密函開，據密報，「日關東軍在津日租
界秋山街宏濟里內設特務機關，派山木為機關長後，其
初步計劃：派浪人協同漢奸攜帶照相器、測量器等，以
遊歷為名，對於重要地區，如城市、飛機場、要塞等作
秘密精詳之測度，尤其注意黃河南北各省，次之，派浪
人與漢奸匿駐京、滬、漢等處，窺探軍政情況，並密收
容重要軍政機關同官錄、職員表冊等情，據此。除分別
函令外，相應函請查照，轉飭注意防範。」等由准此，
除分令並抄送國防會議外，合行令仰該部即便轉飭所屬
一體注意防範。此令。

二　日收買流氓擾亂治安
清苑商震來電

民國二十四年十一月廿六日

南京外交部勛鑒：．密。頃據津報（一）敬晚普安協會
在日界明石街廿七號招收地痞流民二、三百人，每人發
洋一元，均著黍色衣服，帶華北民眾自衛團臂章，由日
人為首領，於有日早乘汽車赴津沽保安司令部市政府等
處守衛，如無人干涉，再圖進一步的工作。（二）今早

果有六人到保安司令部大門前，聲言守衛，震當以電話令衛隊逮捕扣押，一小時後即有日憲兵特務隊派員來部請求帶走，市府及公安局亦同。（三）有偽自衛隊敢死軍百餘人，盤據津市東馬路民眾圖書館內，刻正由公安局劉局長向日方交涉驅逐中。（四）本日午前九時在津市河北一帶，發現請願團約五十餘人，有便衣日人率領整隊遊行，隨呼口號，散放傳單，並到市府請願，旋亦散去。其餘秩序如常。（五）聞宋司令及土肥原均於今日午後由津乘汽車到通縣，稍停即返平等語。除令津沽保安司令部及公安局嚴加監視勿令發生事故，如有軌外行動，即實行以武力制止外，謹電奉聞。商震叩。經戌省機。

三　日領會議情形

漢口日領召集長江上游日領會議

民國二十五年四月廿日

漢口日三浦總領事此次赴滬出席全華總領事會議返漢後，即決定召集長江上游各地日領來漢會議。茲悉三浦已於日前分電重慶、宜昌、沙市、鄭州、九江等地日領來漢會議，定於本月四日開幕，以傳達廣田對華新方針並聽取各方報告，便於指示今後工作進行，故三浦總領事連日整理此次在滬出席總領事會議經過報告書，與擬定關於今後工作方針計劃等，頗形忙碌。現長沙日領高井烏、九江日領田中業於本日抵漢，下榻日租界富貴旅館，一俟重慶、宜昌、沙市、鄭州等地日領集齊來漢後，即行正式會議。至其會議內容並聞有如左各點：

（一）預防中日戰爭爆發，各地事先應如何佈置密探網，事後應如何保衛僑民。

（二）日俄戰爭發生時各地帶，先應如何佈置密探網，事後應如何保衛僑民。

（三）在現狀之中日關係下應如何推進一切對華工作云。

四　日在青島設特務機關

行政院令外交部

民國二十六年八月七日

案據青島市市長沈鴻烈有電稱，日方在青設立之特務機關，現改為日本陸軍武官事務所，名稱雖改，實質與前無異。除飭屬隨時偵察防範外，仍乞轉令外交部與日使館交涉撤銷等語。又據該市長另呈報告此案詳細經過情形。查日方在青設立此種非法機關，純以危害我國為目的，本院前經電飭該市政府嚴密監視，防止其非法活動在案。茲據前情，合行抄發原件，令仰該部迅速交涉撤銷，並將辦理情形具報。此令。

計抄發原電及原呈各乙件。

外交部電憲兵司令部

民國二十五年十月卅一日

憲兵司令部公鑒：密。陷警外代電誦悉。查日本駐華武官並無增田繁雄其人，此輩率皆軍事間諜，切勿予以任何待遇或酬酢往還，如果獲有刺探軍情確據，可即扣送行政專員公署轉交日領館懲辦，所帶違法物件，予以沒

收，一面將詳情電知本部以便據向日使館交涉，特電奉復，即希查照辦理為荷。外交部。

軍委會代電

民國二十五年十月廿二日

南京外交部張部長鑒：據青島沈市長庚電稱，日本駐屯軍擬在青市設特務機關一節，業於前電陳報。茲探悉該軍確已派定矢萩少佐為駐青陸軍武官，約十日內即將來青，比經派員向日領署抗議，據稱青市自設海軍武官以來與地方相處頗洽，惟陸軍方面以向無往來，致多誤解，且駐濟石野陸軍武官本負有兼理青市之責任，此君過於褊急，倘另行選擇陸軍武官一員，將來雙方可隨時交換意見，似屬有益無害等語。查該領館所稱各節，自屬遁詞，除仍相機抗議阻止外，倘該武官竟即行來青常駐，究應如何處理，伏乞訓示祇遵等語。此事近情如何，希迅擬妥善應付方法為要。中正，養侍秘京。

五　日在南苑架設電線
外交部電日大使館

民國二十四年十月九日

Sinoembassy Tokyo，本部近來先後向有吉抗議三事，其梗概如下：一、邇來日本飛機時在北方任意飛行昇降，並佔用南苑棚廠，架設電話，及在張家口附近建築機場，其飛行所至有河北、山西、陝西、綏遠等省，非特違背中國法規，侵犯中國主權，抑且違反國際公法與慣例，應請迅予分別設法嚴重制止。二、據總稅務司報

告，秦皇島日本駐軍司令要求該處稅關撤除巡船機關
槍，嗣又要求將該處一帶之海關緝私船，無論有無武
裝，離開三海里等情，查中國稅關在其領陸領海內，採
取適當辦法，嚴防偷漏，係屬行使其固有職權，任何方
面無出而干涉之理。此種緝私辦法施行已久，其目的純
為維持關稅完整與保護正當商人利益，為使緝私有效起
見，此項巡船實有絕對必要，今該司令竟有上項要求，
殊堪詫異，請即嚴電阻止。三、九月八日北寧路秦皇島
車站有朝鮮人二百餘名，持手槍木棍強行裝運蘇絲二百
餘包，不交路局辦理，且復毆打旅客，不服制止，應請
迅即飭查嚴懲各等語。特電接洽，希於會晤廣田時逐一
提出並具報，外交部。

六　鄭州破獲日特務機關案

（鄭州專員公署在通商巷九號日本特務機關抄出之要件
譯本之一部）

甲

　　巧妙操縱僑居天津之朝鮮人，使來河南為行商，販
賣普通商品及違禁品。關於此事使用心腹鮮人或日人，
通融若干資本旅費及商品等，然不可使彼輩行商知背後
有本機關之力量存在。一方則宣傳在河南上述行為之頗
為有利，藉以減少中國方面對本機關之注意，若因不正
當而被逮捕時，則要求引渡。關於護送犯人開始交涉乘
坐飛機，而與其他條款併行之。並投出若干費用以收買
中國方面之當事者。搭乘飛機實行後，以本機關為航空
公司之經理處。

乙

　　中國方面在鄭州之監視壓迫，至為嚴重，已如上次報告，實毫無立足餘地。諜報調查等，非完全使用華人不可，然前次自亘武官之聯絡員被殺以來，華人亦感生命之危險，故其待遇等不能與天津作同日論也。鮑觀澄氏所推荐之張慕渠氏，於赴任時曾帶同前往，然被公安局員所威脅，限令於指定日期內離開鄭州，否則加以逮捕，因此派往開封之後，即暫回天津。此後希望能使張某及鮑氏之秘書長（河南人，前任哈爾濱市政府秘書長）鄭某來鄭，開辦小報，起初以最小規模行之，試辦兩、三個月，以視情形之變化如何。開辦費約需五百元，每月補助二百元，即可舉辦，特請鈞裁。

　　鄭州機關之諜報費，雖規定每月三百元，然雇傭華人並非固定（雖有工役，但此為另一問題，不能併論。）而當地情勢又如上述，因此以該項預算，辦理管轄內土匪民團之連絡，以及充當各種調查之費用，實無敷裕，亦請諒察上述情形，特予設法是幸。

丙

軍參謀長鈞鑒（十一月四日）

關於洩露機密之件

　　本機關曾與領事館方面商妥，對外一般稱為文化研究所，對於實為軍事機關一事，嚴守秘密，本日駐鄭中國研究生增田大尉，與第一區專員公署翻譯張某會晤之際，張某曾確實答稱：「關於文化研究所，事前曾奉上司命令，訪問領事館，探詢情形，據該館警

察署長平山勇答稱：該所事實上，係屬於天津駐屯軍之特務機關。」

該大尉即將此意通知本機關。

據各種情況，曾疑係由領事館警察方面洩露機密，但迄至今日尚未獲得確實證據。

再者：平山勇希望轉任他處（尤希望派往煙臺），目前，收拾行李，偕其家眷，擬請假返國一行。

上述情形，當即通知駐鄭領事佐佐木高義矣。

中國方面雖承認本機關為軍事機關，但目前尚無要求撤去之意思。惟對增田曾云：「就原則上說，商埠地只歡迎商人之居留，而軍事政治機關之存在，實不能容許也。」

餘罪　茂木事件

　　　　大眾週報

　　　　漢口及鄭州之借款不還

　　　　汪女事件

由上述所受之影響

　　　　　　　　　鄭州特務機關長　志賀秀二

丁

中日關係已呈險象，自蔣介石以下皆稱日本為「敵」，反日風潮日趨激烈，尤以華中方面為防止華北日本勢力之侵入，以黃河為防日之障壁，在軍事、政治、貿易、商業諸方面均佈置第一道防線，以示不許日人越雷池一步之決心。

河南為第一道防線，以黃河為前線，由隴海線掩護，而隴海線則以平漢、津浦兩幹線及多數公路及航

空路與後方取聯絡。鄭州實為隴海、平漢兩線之交叉點，可稱重地。鄭州係商埠，對於日人之居住，表面上雖無拒絕之理由，但中國方面則謂「商埠地商人雖可居住，但不許軍政界人物之居住活動」，派遣密探表面上稱為保護，事實上實行偵探，對於一舉一動，加以監視，寸刻不離。

領事對於華方之緘默及不與接洽之態度只謂「無實力為後盾之外交實等於零」云云，付之一嘆而已。

隴海路當局不購廉價之日貨，開封商會宣傳日糖含有毒質，對於購買之華人逮捕威脅，無所不用其極，睦隣云乎哉，實際上只是想盡方法驅逐日人而已。

中日國交之調整前途茫茫，究在何時在何等方法之下實現，不可得知，即使將來有何等結果，僅不過避免一戰，從根本改善兩國關係，若無大變動，到底不能實現。

似此雖欲於此數年內互不相侵，然終有決戰之一日，鄭州特務機關之設立其原因即在此。在孫子用間篇有曰：愛爵祿百金，不知敵情，不仁之至也，非人之將也，非主之佐也，非勝之主。鄭州機關實為探查敵情排除萬難而設者，個人之困難迫害，甘之如飴，但不能探悉敵情，殊有失開設之本旨，且有違不顧生死之決心。然而鄭州機關之實情果如何乎？

河南省政府咨

民國二十六年元月卅一日

案查關於鄭州破獲日特務機關一案，前准貴部陽電，囑

將該案有關日人志賀等，移送日領館，要求法辦；並經本府電飭移送在案。惟日領館迄無相當處置，且據阮專員迴報，該志賀等竟於十六日乘平漢車北上，此後究應如何辦理，俾消來日隱患？本府以此案關係條約公法，討論法理不厭求詳，當飭本府法制室研究。茲據呈稱查領事裁判權，乃純由特種條約造成，此項條約，對於領事裁判權之規定，均以兩國人民間民刑案件為管轄之範圍，中日通商行船條約第二十款後半段規定：「凡日本人控告日本人，或被別國人控告，均歸日本妥派官員訊斷。」他如中法條約第三十八款、中美條約第十一款等，亦均係以兩國人民間民刑事案件為限，其為人民與人民間之涉訟，並非國家與國家，或國家與人民間之案件，殊為顯然。鄭案在日領掩護之下，實行間諜工作，陰謀危害我國，則該案之策動者，縱非日本政府之所為，亦當認為出自該國當局之有權威者，以日本政府或該國當局之有權威者，陰謀危害我國之事件，其非領事裁判權所能管轄，且為任何國家所不能容忍，殆無疑義。

復查領事裁判權，不過為駐在國司法權之一限制而已；並非駐在國國家之生存權，得任意聽其蹂躪。鄭案危害我國生存，既屬事實，倘此案得歸領事裁判管轄，則外人之欲謀我者，唯利用此領事裁判權，即足以亡我國家而有餘；日本素抱侵我野心，何待今日而始出此？現中日關係方在調整尚未就緒之期，將來類此事件發生正多，擬請咨請外交部將領事裁判權管轄範圍解釋等情，察核呈稱各節，具有理由，此案應如何處置，在貴部自必向日方嚴重交涉，原呈所稱各節或可備貴部參考，相

應咨請查照，並請將領事裁判權管轄範圍，詳為指示，以資遵循，實紉公誼。此咨外交部。

主席　商震

外交部致日大使館節略

民國二十五年十二月廿二日

據報告：「日人增田繁雄冒充陸軍武官，漫遊河南、陝西、山西、河北、山東等省，密探軍情，於本年十一月八日在鄭州平漢車站被中國憲兵察覺，施以檢查，當發現其護照上添填「陸軍武官」字樣，並檢獲印就之陝西、西京、河南分縣地圖三張，照片一捲，及各種刊物名目單一紙，經一併扣留，所攝照片，多涉禁令。」等語。附有證件多份。查該日人增田繁雄私填護照，冒充武官，已屬有損國際信義，尤復偷攝違禁照片，刺探軍情，殊為不法，應請日本大使館嚴切申誡，嗣後不得再有此種情事，並見復為荷。合即略達。

第四章

從七七到八一三

第四章　從七七到八一三

第一節 蘆溝橋事變的突發與中國的抗議

一　日軍的挑釁

北平宋哲元來電

民國二十六年七月八日

南京外交部勛鑒：密。候電敬悉；昨夜蘆構橋日軍與我軍衝突實有其事。昨夜十二時日本松井武官忽以電話向我方聲稱，日軍昨在蘆溝橋郊外演習，突聞槍聲，當即收隊點名，發現缺少一兵，疑放槍者係我駐蘆軍隊所為，並認為該放槍之兵已入城，要求立即入城搜查，我方以時值深夜日兵入城恐引起地方不安，且我駐蘆城內軍隊昨日並未出城婉詞拒絕。不久松井復來電話，謂我方如不允許即將以武力強行進城等語。同時我方亦接得報告，謂日軍對縣城（即蘆溝橋城）已取包圍前進形勢，於是我方再與日方交涉，商定協同派員前往調查制止。雙方共五人於今晨四時許到達宛平縣署，彼方去員仍堅持須入城搜查，我方未允，正交涉期間，縣城東門外及西門外，日軍遽以大砲機槍向我射擊，我軍力持鎮靜，初未還擊，終以日軍攻擊甚烈，連續不止，我軍為正當防衛計，不得已始出以抵抗，傷亡頗眾，但為避免事態擴大起見，仍極力交涉促其將該演習部隊調回原防，彼方要求我軍先行撤退，再談其他，截至本晚，交涉尚無結果。頃據報，彼方又增兵五、六百名，正在前

進中，特此奉復，詳情續報。宋哲元叩，齊戌。

北平馮治安等來電

民國二十六年七月八日

密：（1）虞夜十二時日軍一中隊在蘆溝橋城外演習間，藉口聞有槍聲，當經收隊點驗，發現缺少一兵。（2）日本武官松井認為槍聲係由蘆溝橋城所起，要求率隊進城搜查。（3）我駐蘆城軍隊以時值深夜，日兵入城，恐引起地方不安，且我方官兵正在睡眠，槍聲非我方所發，當經拒絕，該武官以我方不允，即令日軍向蘆溝橋城取包圍形勢，經與日方商定，雙方派員前往調查。（4）日方所派之副官佐到達蘆溝橋城後，仍堅持日軍入城搜查，我方未允。正商議間，忽聞東門外槍砲聲大作，繼西門外亂聲及機槍聲續起，我軍均未還擊，少頃砲火更烈，我軍為正當防衛計，始行抵抗，我軍當時傷亡七、八十人，對方亦有傷亡。（5）刻下彼方要求須我軍撤出蘆溝橋城外，方免事態擴大，但我方以國家領土主權所關，未便輕易放棄，現仍在對峙中。（6）倘對方一再壓迫，為正當防衛計，不得不與竭力週旋，敬祈錫予指導，俾資遵從為禱。除嗣後情形續報外，謹先奉聞。馮治安、張自忠、秦德純叩，齊申印。

外交部電北平冀察政委會

民國二十六年七月九日

急。冀察政務委員會宋委員長勛鑒：密。蘆溝橋事件齊戌電敬悉，昨日下午本部向日本大使館口頭抗議，略

謂：據報本案責任不在我方，顯係日軍挑釁，特嚴重抗議，並聲明保留一切合法要求，中日關係已呈重要關頭，不容再趨惡化，應請立電華北駐屯軍，速即制止一切軍事行動，並與冀察當局速據正確事實，立謀和平解決，藉免事態擴大。日使館表示，日本無意擴大，並允將我方制止軍事行動要求，立即電知駐屯軍轉洽，再嗣後情形若何，仍請隨時詳細電示為荷，外交部。

二　戰況報導
北平秦德純等來電

民國二十六年七月十日

急。南京參謀本部外交部軍政部鈞鑒：密。蒸申電計呈：（一）日軍大部千餘人，炮二十餘門機槍卅餘架，在集結於蘆溝橋東北三里許之大瓦窰後，即向我蘆溝橋陣地數次猛烈攻撲，並以一部強奪蘆溝鐵橋，均經我軍沉著擊退。（二）戰至午後六時卅分，槍火漸稀，謹聞。秦德純、馮治安、張自忠叩，蒸亥參。

北平宋哲元來電

民國二十六年七月十二日

急。南京外交部勛鑒：灰電敬悉，密。（一）虞夜十二時日軍在蘆溝橋城內演習，藉口聞有槍聲，並云缺少一兵，要求率隊進蘆橋城搜查，我未允，即發炮火向我射擊，我駐軍一再隱忍，彼節節進攻，我軍為正當防衛計，始行抵抗。（二）日軍齊晚又率兵五百餘人，炮廿餘門，迭次向我蘆橋猛攻，均經擊退。彼方遂派人與我

接洽，希望和平，經議商先行停戰，再各回原防，恢復原來狀態。（三）佳晚我部已回原防，日軍藉口搜查戰屍，留置五里店，兵力約二百餘人。蒸晨復於天津開至豐臺六百餘人，附炮十餘門，下火車後即向蘆溝橋前進，蒸午後向蘆溝橋城及鐵橋猛撲，均經我軍擊退，自昨晚迄今，戰況忽緊忽緩，而呈對峙狀態。（四）數日來我軍傷亡一百餘名，民房損毀百餘間，人民傷亡及禾稼損失正在隨時調查中，蘆溝橋城鐵橋仍由我軍佔守。（五）孫、楊兩先生到來，再當面洽特復。宋哲元叩，真本參。

北平秦德純等來電

民國二十六年七月十二日

南京參謀本部、外交部、軍政部鈞鑒：密。蒸申、蒸亥參電計呈：（一）昨晚七時，日軍復向我龍王廟陣地來犯，戰至九時半，槍火稍緩，雙方互有傷亡，仍持對峙狀態。（二）截至今午，日軍由大瓦窰、五里店，逐漸向豐臺撤退。（三）彼方以企圖未遂，又有和平之議。除仍飭部屬嚴加戒備以觀其動止，餘情續報。職秦德純、馮治安、張自忠叩，真（十一日）參。

北平秦德純等來電

民國二十六年七月十三日

特急。南京外交部鈞鑒：密。頃據交通確息。（一）日兵車十列分載各種部隊，附戰車、汽車、彈藥等項，由山海關陸續西開，迄至本日午後八時止，已有五列到達

天津附近。（二）日軍三百餘名，附戰車八輛，炮車七輛，載重汽車二十餘輛，於本日午後由通縣往廣渠門外觀音壇，往平市南郊運動。（三）由通縣兩次運朝陽門外、苗家地之日軍約有三百餘人，又日騎兵二百餘人，正由通縣向北平行進中。（四）蘆溝橋附近之日軍截至現在止，大部仍未撤退等情。除飭部屬屬加戒備外，謹先電聞。

三　雙方停火之議

北平秦德純來電

民國二十六年七月十二日

特急。TM3 南京參謀本部、外交部、軍政部：。密。真參電計呈，蘆溝橋戰事復經磋商，解決辦法規定雙方會同派員監視前方部隊，於現狀下各撤回原防。刻下正在進行，惟彼不顧信義，能否履行，尚未敢必。蘆溝橋壩及鐵路橋仍為我軍駐守，謹先電聞。秦德純、馮治安、張自忠叩，文中參印。

附註：真參來電係電陳戰況三項由，電報科註。

北平秦德純等來電

民國二十六年七月十二日

南京外交部勛鑒：真電奉悉。密。承示機宜，自應遵辦，昨日情況業經真未參電陳報在案。嗣經協議雙方派員會同監視前方部隊各回原防，日軍已於今晨由前方撤回北平約二百餘人，其他各部正在監視撤退中，惟今後有無變化，殊難預料，特復。秦德純、張自忠、馮治

安，文酉參。

四　孫丹林及楊開甲的報告

一、案由：二十六年七七事變發生後，本部為便於協助
北平冀察政委會辦理交涉計，曾於七月十一日派孫丹
林、楊開甲兩員北上，以下電文係該兩員之報告，及冀
察當局對孫楊之態度。

二、孫楊二君報告之內容：

（1）二十九軍內部態度不一，有強硬與和緩之分。

（2）十一日冀察當局與日軍間所定之口頭約定內容。

（3）宋哲元一度赴津，受各派之包圍，進言匪易。

（4）宋哲元廿七日表示：戰事將不免，外交大計依據
中央方針。

（5）七月二十七日晚，日本以最後通牒方式要求
二十九軍撤退。

三、冀察當局孫、楊兩君北上之態度：

冀察當局認軍事時期，非外交所能了事，對外部派員北
上，暗示不滿。

北平楊開甲、孫丹林來電

民國二十六年七月十四日

南京外交部。密。部長鈞鑒：此間當局徹宵辦公，昨晚
晤察市長，經將尊旨轉達後，渠謂此次事件全為日方有
計劃的陰謀。數日來雙方雖口頭約定撤兵，退回原防，
而日方終始無誠意，近且大舉增兵，預料數日後大兵集
齊，即為局面展開之日。本日下午四時日顧問加藤來

訪，謂日方為擁護冀察政權起見，不惜與破壞何梅協定之中央軍一戰。窺其用意，在緩和廿九軍軍心，離間中央地方感情。總之，誓當秉承中央意旨，辦理一切，外間所傳種種，概不足信，囑為轉達等語。謹聞。楊開甲、孫丹林同叩，寒午。

北平孫丹林來電

民國二十六年七月十四日

南京外交部。密，王部長亮疇兄勛鑒：楊君到此，籍悉一是。昨晤秦少文市長商洽，關於經過情形，已有公電，勿事贅述，謹就管見所推測將來之趨勢，以備參考。（一）雙方無條件撤回原防，恢復原狀。（二）彼方目前故示緩和，擬俟大軍調齊，提出條件，迫我就範。（三）雙方勢均力敵，交涉停頓，如近中黑河日蘇狀態。以上所測，是否有當？仍希裁奪。倘有關於解釋及轉達事項，當與楊君敬候指示遵辦。弟丹林叩，寒。

北平楊開甲來電

民國二十六年七月十五日

南京外交部。密。部、次長鈞鑒：廿九軍內部秦表示全體一致。外傳馮治安、秦德純、趙登禹、劉汝明等態度強硬，張自忠、張允榮與委員會之齊燮元、潘毓桂、陳覺生、石友三等則主和緩。十一日冀察當局與日軍間傳祇有口頭約定，其內容為：（一）雙方撤兵退回原防。（二）表示遺憾。（三）保障以後不發生類似事件。（四）取締共產。質之秦，亦稱有口頭約，昨晚日方又

提出北平解嚴與停止中央軍北上二項，交涉中心已移天津，謹聞。楊開甲叩，刪印。

北平楊開甲來電

民國二十六年七月十九日

南京外交部。密，部、次長鈞鑒：宋十時抵平，午走謁未晤，可約期會見。據代見所談，昨午宋、香月見面，僅表示和平願望，並未接受任何條件，並言會見情形已呈報中央。又據市府周秘書長談，宋、張於昨午向香月表示歉意後，日方已可撤兵等語，外傳解決條件仍如另電所報四項。又傳有直接責任者，馮治安之處罰與三十七師之移防，及賠償損失二項，諸無從證實，田代聞係自殺致死。楊開甲叩，皓。

附註：另電所報四項，係外傳口頭約定四點及交涉中心已移天津，電報科謹註。

北平篠電

民國二十六年七月十九日

南京部長何：外部派孫丹林、楊開甲來平晤當局。謂外交嚴重，應由中央辦理，此間對彼等不滿，並謂軍事時期非外交所能了事，此間口氣仍不望中央派員北來，叩篠印。

北平孫丹林、楊開甲來電

民國二十六年七月二十一日

部長、次長鈞鑒：智電奉悉，昨日衝突，我方頗受損

失，現聞卅七師防地，已開始由趙登禹師接防，但趙態度亦強硬，外傳日方已提出抗日分子名單。謹聞。孫丹林、楊開甲同叩，馬。

附註：曶去電係多自側面探聽消息，電部參考由，電報科謹註。

北平楊開甲來電

民國二十六年七月二十三日

南京外交部部長鈞鑒：今午宋約會談，謂蘆案和平已有七成希望，今後交涉中心，端在中日兩政府。末謂外傳謠言蜚語，不宜輕信等語。謹聞。孫丹林、楊開甲同叩，漾（廿三日）。

北平楊開甲來電

民國二十六年七月廿七日

南京外交部。密。部長鈞鑒：（一）今早七時，日方要求我撤退廊房駐軍，張自忠未允。十時日軍以飛機轟炸，居民損失甚鉅，現聞我軍已退駐黃村，雙方開始磋商和平解決辦法。（二）聞日方昨又有新要求，內容不詳。（三）北寧路各站，聞均為日軍佔據。楊開甲叩，宥。

北平楊開甲來電

民國二十六年七月廿七日

南京外交部部、次長鈞鑒：昨晚九時，日方通牒我要求撤退二十九軍，聞今日日方通知駐平各使館云。今已允

撤退馮師至保定以南。楊開甲，沁。

北平孫丹林來電

民國二十六年七月廿七日

南京外交部部長勛鑒：。密。頃宋約談云，廊房又起衝突，戰事恐不能免。至於外交大計，仍應由中央主持等語。再爾和新由日歸，據云日方對我係整個計劃，非華北局部問題，彼已動員五師團，決不空回等語。丹林，宥。

五　外交部最初的表示

外交部電冀察政委員會等

民國二十六年七月十九日

北平冀察政務委員會宋委員長、秦市長並轉馮主席張市長勛鑒：日方來文，帝國政府已於本月十一日聲明中明白宣示，堅持事態不擴大之方針，並不放棄和平的折衝之希望，隱忍自重，不斷努力於當地解決。然中國政府不但仍繼續挑戰的態度，並以各種手段與方法妨礙冀察當局解決條件之實行，對於華北安定不斷加以威脅，帝國政府深覺遺憾。若長此推移，終必難免發生重大不測之事態。中國政府方針亦在不擴大事態，此從王部長閣下屢次說明之言辭中亦可鑑及。中國政府若真有此種希望，為求實現起見，帝國政府要求即時停止一切挑戰的言動，並要求不妨礙地方當局實行解決條件之事，對於上述，希望迅予明確回答。我方去文云：自蘆溝橋事件發生後，我國始終不欲擴大事態，始終無挑戰之意，且

屢曾表示願以和平方法謀得解決，乃日本政府雖亦曾宣
示不擴大事態之方針，而同時調遣大批軍隊開入我國河
北省內，迄今未止，顯欲施用武力。我國政府於此情形
之下，固不能不作自衛之適當準備，然仍努力於和平之
維持。本月十二日外交部長接見日本大使館日高參事
時，曾提議雙方停止軍事調動並將軍隊撤回原地。日方
對此提議迄無表示，不勝遺憾。現在我國政府願重申不
擴大事態與和平解決本事件之意，再向日本政府提議兩
方約定一確定之日期，在此日期，雙方同時停止軍事調
動，並將已派武裝隊伍撤回原地。日方既抱和平折衝之
希望，想必願意接受此項提議。至本事件解決之道，我
國政府願經由外交途徑與日本政府立即商議，俾得適當
之解決。倘有地方性質，可就地解決者，亦必經我國
中央政府之許可。總之，我國政府極願盡各種方法以
維持東亞之和平。故凡國際公法或國際條約對於處理
國際紛爭所公認之任何和平方法，如兩方直接交涉、
斡旋、調解、公斷等。我國政府無不樂於接受也。特
洽，外交部，皓。

六　日方積極進兵

北平秦德純來電

民國二十六年七月十四日

南京參謀本部、外交部、軍政部鈞鑒：密。（一）路局
密稱：天津附近昨今兩日先後到達楡關開之日軍兵車共
十二列。（二）平郊本日辰有日兵四百餘名，載重汽車
卅二輛，彈藥車十一輛，大小坦克車十餘輛，由永定門

外向二郎廟豐臺方面運動。（三）又由通縣方面開來之
日軍百餘名，乘載重汽車六輛，上午十時行抵大紅門欲
期通過，被我軍阻攔，稍有衝突。其彈藥車一輛，因疾
駛被樹木衝撞，自行爆炸。（四）據報昌平方面開到日
軍約一營。（五）蘆溝橋壩及鐵路橋，我軍把守嚴密。
大井村大小屯之日軍向東西管頭集中，五里店大小瓦窰
等處之敵，在各該山溝築陣地，餘容續陳。

北平秦德純馮治安來電

民國二十六年七月十五日

特急。南京外交部勛鑒：密。情報（一）敵軍步砲兵約
二千餘名，重砲卅六門，軍馬二百五十匹，彈藥給養車
四十九輛，由津沿平津大道向北平方面行進。（二）敵
機三架，在蘆溝橋一帶上空偵察，上午十時降落豐臺南
之趙家村空地，旋飛起南去。（三）據報密雲方面開到
日軍五百餘名。（四）團河到敵騎兵二百餘名，曾與
我駐軍互相射擊，豐臺設有日軍指揮部，並有重砲四
門，對我南苑方面。（五）平市四郊有敵坦克車三、
四輛，四出竄擾，與我駐軍到處有小衝突。綜合情況
觀察，當係大戰前之準備。除分電外，餘情續陳。秦
德純、馮治安。

北平秦德純馮治安來電

民國二十六年七月十八日

南京外交部，密。情報：（一）津方續到敵軍兵車四
列，裝載多量軍用品及汽車等並鐵甲車數輛。（二）由

津開到豐臺敵軍兵車一列，兵三百餘名，豐臺東南趙家村附近農田，日方建築飛機場，並有飛機四架翔空偵察。（三）通縣西方八里橋一帶，由冀東保安隊趕築工事，平津線之楊村由津開到敵軍五百餘名，數門。（四）豐臺四周敵軍築有工事，並擬埋設地雷，附近樹木禾稼均被敵方砍伐。（五）蘆溝橋方面無變化，我軍仍駐守蘆溝壩及鐵路橋，無大戰鬥性，昨有小衝突。除分電外，餘續報。

北平秦德純來電

民國二十六年七月十九日

參謀本部、軍政部。特急。南京外交部。密：（一）昨晚迄今，由冀外開來日軍兵車十三列，除一列停秦皇島，兩列停唐山外，計到津十列均係載運兵員，人數未詳。（二）由榆關通縣日軍千餘名，輕重機槍八十餘挺，野砲廿餘門，載重車六十餘輛。（三）日兵六十餘名押汽車廿餘輛，滿載彈藥汽油等由楊村開豐臺。（四）日機六架在蘆溝橋上空偵察，旋即南飛。（五）宛平縣城以東，大井村一帶，日軍砲兵及障礙物已撤去。趙家村日機場守兵數百人已撤去大部，除仍飭我軍嚴行戒備外，餘容續報。

北平秦德純馮治安來電

民國二十六年七月廿日

特急。南京參謀本部、外交部，軍政部。密：（1）榆關開出陸續到津日軍兵車三列，共載步兵千餘名，騎兵

一百六十餘名,馬百六十餘匹。(2)由津開至豐臺兵車一列,係載多量軍用品。(3)高麗營到日兵四百餘名,抓民夫擬作工事。(4)宋主任今晨到平,昨在津與香月晤談。除寒喧外,雙方希望早日恢復蘆事件發生前之和平狀態,未涉其他。謹電奉聞,秦德純、馮治安叩皓(廿日),亥。

北平馮治安秦德純來電

民國二十六年七月廿一日

特急。參謀本部、外交部、軍政部:密。今日下午二時半,日軍又以猛烈砲火及機槍,向我宛平縣城及鐵路橋轟擊,經我軍沉著應戰,日軍迄未得逞,衝突至晚八時半始止,雙方互有傷亡,謹電奉聞,餘容續報。馮治安、秦德純叩,號亥。

北平馮治安等來電

民國二十六年七月廿五日

南京。參謀本部、外交部、軍政部。密情報。(1)本日上午六時半有日載重汽車四十餘輛,押軍兵約百人,陸續由津向通縣輸送軍用品。(2)通縣麵粉缺乏,津運已斷,全賴秦皇島運來。(3)每次由楡開津豐時之日軍均有自殺者十餘人,該項死者均運到塘沽。(4)五里店、大瓦窰、大井村一帶有日軍七八百名。晝間均隱於莊稼地內,夜間即潛入陣地。(5)平漢路漾午業已通車,平市安謐如恆,人心亦極安定,餘容續報,謹電奉聞。馮治安、秦德純叩,敬亥。

北平馮治安等來電

民國二十六年七月廿八日

特急。南京。參謀本部、外交部、軍政部：密情報。
（一）昨午後三時有日兵車一列，由津開到廊坊，計步兵二百名，擬駐車站附近。我駐軍劉旅長為避免發生衝突計，曾數次交涉，制止該日軍下車，至深夜未得結果。今晨一時，該日軍即向我駐軍射擊。六時續到日轟炸機十七架，向我軍投彈轟炸，破壞甚鉅，同時更由津增援鐵甲車兩列，兵千餘名，向我軍猛攻，經我沉著應戰，互有傷亡，至午刻我軍即退出廊坊。（二）日兵車兩列共千餘名，今日由楡到津。（三）下午六時日軍百餘名，由豐臺往大井村增防。（四）下午八時有日軍汽車二十餘輛，載兵百餘名，由豐臺向廣安門來強行進城，經我守城軍警制止，遂即（脫字）與日特務機關交涉中，餘容續報。謹電奉聞。馮治安、秦德純叩，宥酉印。

七　日軍繼續發動攻擊

北平秦德純馮治安來電

民國二十六年七月廿八日

急。南京參謀本部、外交部、軍政部：密（一）日軍以聯合兵種二千餘名，於今晨三時將我駐通縣之傅鴻恩營包圍攻擊，激戰至十一時，我傅營始猛衝突圍，撤至南苑，傷亡甚重。（二）下午六時，日機七架在南苑上空投彈轟炸，敵軍一部在南苑附近與我接觸。（三）我團河駐軍一團，與約步兵兩千，山陸砲四十餘門之敵，於

今下午三時開始戰鬥，極為劇烈，至八時半稍停，刻仍在對峙中。（四）高麗營、小湯山、沙河鎮、清河鎮等處，敵我均已先後接觸，正在對戰中，除積極應戰外，謹電奉聞。秦德純、馮治安。

天津李文田等來電

民國二十六年七月廿九日

（銜略）鈞鑒：自蘆案發生後，我宋委員長、張市長始終為愛護東亞和平，維持人類福祉，一再容忍，乃日人日日運兵，處處挑釁，除無端分別襲擊我平郊各處外，竟於今晨復強佔我特四分局，分別襲擊我各處，我方為國家民族圖生存，當即分別應戰，誓與津市共存亡，喋血抗戰，義無反顧，敬祈各長官各父老迅予援助，共殲彼虜，臨電神馳，無任惶悚，天津市各部隊臨時總指揮李文田、副指揮劉家鸞、市政府秘書長馬彥翀同叩。艷印。

第二節　中國對日本的交涉和抗議

一　日本的進攻和中國的抗議

外交部致牯嶺王部長電

民國二十六年七月八日

急。牯嶺王部長勛鑒：。密。中日軍隊衝突事，截至正午止。所得各方消息如下：（一）據駐平情報員電話，昨夜十時許日軍在蘆溝橋、龍王廟地方捕人，被我駐軍拒絕，日軍先開槍，嗣更開砲。（二）鐵道部消息，昨下午一時許，長亭店日軍步哨二人失蹤，日軍開蘆溝橋遇我駐軍，日先開槍，衝突至下午六時仍未止。同時天津市內亦有小衝突。（三）中央社消息，中日軍衝突八日晨十時停止，日軍佔領蘆溝橋車站及飛機場，現北平朝陽門東便門均關閉，斷絕交通，廿九軍曾派魏宗瀚交涉。（四）同盟社消息，日軍昨日午後在蘆溝橋、龍王廟附近演習，突於十時許被華軍射擊，嗣華軍得砲兵應援，對集合中之日軍射擊，日軍應戰至八日晨五時半，仍在交戰中。除鹿內少尉戰死，後少尉負傷外，下士官兵似亦有損傷。又稱華軍為馮治安部，已向其要求嚴重謝罪各等語。除電冀察政務委員會查詢真相，並俟有所聞再以電陳外，僅電請鑒察。陳○叩，庚未京十。

牯嶺王部長來電

民國二十六年七月八日

特急。南京外交部：陳次長蔗青兄大鑒：。密。庚電敬悉。請即派員向日本大使館口頭嚴重抗議，並勸告日方

彼此先即停止軍事行動，以免事態擴大等語。並請將抗
議及勸告情形明晨在報發表。弟惠，庚牯五。
附註：庚去電係報告中日軍隊在蘆溝橋衝突之各方情
　　　形由，電報科謹註。

外交部王部長電呈蔣院長

民國二十六年七月十一日

牯嶺蔣院長鈞鑒：蘆溝橋事件發生後，本部即派員向日
使館提出口頭抗議，要求先行停止軍事行動並保留一切
合法要求，翌日日高參事因他事來部，陳次長重申抗
議。昨日惠返都，日高來談他項問題，惠乘便再行提及
此事，一面以書面作同樣之表示。惟察日方態度，對於
此事似不願以本部為對手，而欲就地商辦，以便對地方
當局肆意壓迫。本部職責所在，已電商冀察當局，並派
專員前往接洽，冀獲步趨一致，免致因應紛歧。又據駐
日大使館來電，謂陸、海、外三省協議，特別著重今後
保障以豐臺為中心，在永定河以東之一定區域，設置停
戰區域等語。又聞日本兵車十列由遼寧西發，內有兩列
已抵山海關，鈞處諒早有報告。同時接據神戶領館來
電，彼已扣船六艘，自宇品運第五師團來華，第十師團
亦待發，除已電飭駐日使館轉請日政府速飭華北駐軍，
勿再擴大事態以和平方法解決，並擬斟酌情形請川越速
即來京，面商一切外，謹此電聞。王〇〇叩。

外交部致日大使館抗議節略

民國二十六年七月九日

據報告：「本月七日夜十二時有日軍一中隊在蘆溝橋城外演習，藉口聞有槍聲，收隊點名，缺少兵士一人，日本武官松井遂妄指槍聲，係駐蘆中國軍隊所發，並謂放槍者已入城中，要求立即率隊進城搜索。駐蘆中國軍隊以時值深夜，官兵均已睡眠，所云槍聲絕非華軍所為，且日軍在中國境內亦無搜查之權，當經婉詞拒絕。該武官以不得入城，即令日軍向蘆溝橋城內採包圍形勢。嗣經中國方面與日方商定雙方派員前往調查，而日方所派之寺平副官佐，仍堅持入城搜查之要求。正交涉間，該城東門外及西門外，日軍遽以大砲機槍向城內華軍射擊，華軍力持鎮靜，初未還擊。繼以日軍砲火益烈，華軍死亡枕藉，乃不得已為正當之防衛。但為避免事態擴大起見，仍極力容忍，進行交涉，迄未採取攻勢。」等語，查近來華北日本駐屯軍超越條約範圍及目的，任意留駐部隊及到處隨時實彈演習之事，層出不窮，迭經外交部提出交涉，要求制止，而日方蔑視中國主權，迄不採取適當之措置。此次日軍更藉深夜在蘆溝橋演習之機會，突向該處中國駐軍猛烈攻擊，以致傷亡中國兵士甚眾，物質損失，亦甚重大，日軍此種行為，顯係實行預定挑釁之計劃，尤極不法。外交部於此事發生之當日，已向日本大使館面提抗議，並保留一切合法要求。茲再重申抗議之旨，應請日本大使館迅速轉電華北日軍當局，嚴令肇事日軍立即撤回原防，恢復該處事變以前狀態，靜候合理解決。外交部仍保留關於本事件一切合法

之要求。希即查照見復為荷。合即略達。

民國二十六年七月十日

外部再致日大使館節略

民國二十六年七月十五日

關於蘆溝橋事件，外交部准日本大使館本月十四日復略，業已閱悉。查此次事件，係日軍實行其預定挑釁計劃，以致中國方面生命財產損失甚大，應由日方負責各節，外交部本月十日節略，業經詳細說明在案。茲准復略，竟欲以違反事實之見解，除免日方一切應負之責任，礙難承認。至於日本軍隊之駐守北平至海之通道，照約原有一定之範圍及目的，惟近年以來，此項日本駐軍違反條約，任意留駐部隊，到處實彈演習，迭經我方抗議，要求制止，迄未改善。此次事件，即係此項違約擅駐豐臺之日軍所釀成。此就條約言，本案責任全在日方，亦甚顯明。再自此次事件發生後，日方迭次聲明不使事態擴大，而一面有大批日本軍隊開來中國，集中在北平、天津一帶。迭據北寧路局報告：本月十日晚，榆關開到日兵車五列，十一日晨，駐榆日守備隊強入貨場並強扣客貨車及機車，組成一列，又強扣機車為壓道車，分別於十二日上午開行。又關外車底五列，同日先後由榆開行，所載日官兵均係關東軍，在榆站強開，不服制止。又十二日下午一時，駐塘沽日守備隊派軍官一名，率兵士五名，至該站站長室，辦理日軍運輸。並通知路局，客貨列車開行，均須告知，經其檢查，方可放行。又十二日下午，有南滿鐵路日籍職員多人，強佔天

津東站候車室為辦公處所，又有日憲兵多名迭次在該站強掛車輛，並監視站長。十四日日軍在該站成立天津停車站司令，並佔用該站貴賓室辦公等語。似此強扣車輛，運兵輸械，顯係有意擴大事態，侵害中國主權。茲特一併嚴重抗議，應請日本大使館查照外交部前次節略，迅即併電日本政府，立將此次增派來華之日軍，悉數撤回，並將本案肇事日軍撤回原防，恢復事件以前之狀態，靜候合法解決。至於關於本案之一切要求，外交部現仍保留提出之權。統希查照見復為荷。合即略達。

二十六年七月　日

外交部致日大使館節略

民國二十六年七月廿三日

關於大批日軍開入河北省境，強佔車站扣用車輛事，曾經外交部於本月十六日，送達節略在案。茲據報告，日軍近更佔用塘沽民有碼頭及招商局碼頭、輪駁、棧房，監視唐山、密雲等處電報局，阻止歐亞、中國兩公司航空業務，並在河北郵政管理局，強迫檢查郵件，實屬侵害中國主權。應請日本大使館查照外交部上項節略，立電日本政府迅速切實辦理，並一面迅電華北日軍當局，嚴令制止上開不法行為。至關於本案之一切要求，外交部仍保留提出之權。統希查照見復為荷，合即略達。

二十六年七月　日

二　中國的交涉

外交部王部長電呈牯嶺蔣院長

民國二十六年七月十二日

急。限即刻到牯嶺。蔣院長鈞鑒：密。文電計邀鈞察，今早十時許，日使館參事日高偕大城戶、中原兩副武官來見。據大城戶云，昨晚八時中日雙方已在北平成立諒解，詢其內容如何？彼推託不言。日高表示此次事件，日方本無擴大之意，因聞中央調兵北上，深感不安，故亦增加軍隊，至不得已時，當下最大之決心，其意蓋指全國動員。惠當答以日方不願我方動員，應自停止進兵，而將現在前方之軍隊各自撤回原防。日高原則上表示贊同，並允即電政府。除已電令駐日使館楊參事往晤廣田作同樣表示，並請廣田即電川越來京面商一切外，一面由部致文日使館，聲明此次所議定或將來待成立之任何諒解或協定，須經中國中央政府核准方為有效。謹電陳，乞鑒核。王○○叩，侵。

王部長電呈蔣院長

民國二十六年七月十二日

急。限即刻到牯嶺。蔣院長鈞鑒：密。昨由徐次長電傳鈞諭，囑轉飭許大使提前赴日，頃許使派秘書黃瑞護到京，據稱，許使亦感外交緊急，擬即力疾回任，共赴國難，除轉述尊旨促其尅日啟程外，鈞座對許使如有所訓示，請即電示，以便轉知。謹電陳鑒核，王○○叩，文。

外交部呈行政院

民國二十六年七月十二日

案查此次蘆溝橋事件發生後,迭經本部以口頭向日本大使館抗議,聲明保留一切要求,並請其迅電華北日軍當局,立即停止一切軍事行動,該大使館允為照辦。嗣復以書面重申上項意旨,並電令駐日本大使館向日本政府為同樣之表示。惟現據各方報告,日方有以保僑為名,向我國各地滋擾之企圖,擬請通令各省市當局嚴加戒備,以防萬一,對於日本僑民妥為保護,免資藉口。除賡續交涉並隨時呈報外,理合抄錄致日本大使館抗議文,一併呈請鑒核施行。謹呈行政院。

附件。

牯嶺徐次長呈王部長電

民國二十六年七月十三日

限即刻到南京外交部。王部長賜鑒:。密。今晚末次電話不清,再述如下:秦市長電話稱,昨晚張參謀與和知商談結果:(一)雙方對死傷者表示惋惜。(二)雙方表示此後不再發生此類事件。(三)雙方同時撤兵。(四)日方希望我取締共黨。(五)我方希望彼不在北平附近,尤在夜間演習。但今晚十時又在五里店一帶發生激戰,一千餘步兵,百餘騎兵,廿門野砲已由關外運津,尚有六列兵車今晚由山海關開出,有擴大形勢云云。秦並稱在院長不喪權不辱國命令下,與之周旋。謹呈。

外交部電呈牯嶺蔣院長

民國二十六年七月十四日

限即刻到牯嶺。蔣院長鈞鑒：密據駐日本大使館十三日
電稱，此次日本派兵係以中央軍為目標，原因為中國抗
日意識增急，華北經濟開發，亦受阻於中央。觀察如
下：（一）決定派兵後為取得各界擁護，近衛分別招待
政黨、財政輿論各界，輿論顯見統制，平津消息，十九
來自軍部。其記事集中於國府態度，與中央軍北上，對
地方成立之協定，則不予重視。（二）日軍部意在囊括
華北，但實業界正利其貿易好轉，自不願事變擴大。經
費暫籌一千七百萬元，持久後困難益多。（三）政府意
向初不主張擴大，此次決定出兵係受軍部牽制，尤為受
駐外軍部之牽引無疑。（四）我方極應注意者為被將提
何要求。據推測當在控制二十九軍，對中央軍示威，在
強壓下向冀察提經濟開發問題，尤以修路、開礦、通航
等問題為最。（五）交涉對方彼必選地方當局，且必由
軍人主持，昨外務省當局公言，今後為軍人對軍人交
涉，非外交當局時期云云，等語。謹電請鑒察。外交
部，寒。

行政院令外交部

民國二十六年七月廿日

二十六年七月十三日亞字第六一五七號呈，為此次蘆溝
橋事件發生後，經迭向日方抗議，惟現據各方報告，日
方有以保僑為名，向我國各地滋擾之企圖，請通令各省
市當局嚴加戒備，以防萬一，對於日僑妥為保護，免資

藉口。特抄錄致日本大使館抗議文，一併呈請鑒核施行。由呈件均悉。已電令各省市政府及威海衛管理公署切實保護外僑矣。仰即知照，此令。

喜多在軍政部談話內容

民國二十六年七月十九日下午四時

喜多談話：蘆溝橋事件發生後，中國各方面均採取挑戰態度，例如報紙激勵廿九軍抵抗，並說有預定計劃。又日方根據在歐美、蘇聯所得情報，中國有與日本一戰的決心，中國空軍已奉命全部動員，陸軍已續北上，有一部已進至保定，此與廿四年了解事項違反，廿九軍方面本有解決意思，但中央有聲明，未得中央許可之事，中央不承認，在此種情勢之下，兩國時局已到達最後階段，問何部長之意見為何？

何部長云：對於新聞方面，中央已十分注意，聞日本已有五個師動員並在輸送中，須磨在美國答記者間日本有占領中國新土地之事不待言，中國認為日本有侵略中國北部之企圖，此種緊張情形，是日方造成，余不知為蘆溝橋事件，日本何故派遣如許軍隊，中國軍隊略有調動，乃全出於自衛，並無有將事態擴大，與日本作戰之意。

喜多云：蘆溝橋事變當時日本之軍隊為數甚少，不及廿九軍十分之一，當時自八寶山至蘆溝橋一帶，

　　　　　　廿九軍已經集結，日本增兵乃自衛權之發動，
　　　　　　並且防止事態之擴大。

何部長又云：廿四年北平軍分會為避免中日軍之衝突，
　　　　　　將第五十一軍及第二師、第二十五師，調離北
　　　　　　平天津，乃係臨時之一種措施，以待中國軍隊
　　　　　　之調動，並不受任何拘束。
　　　　　　中央方面對於蘆溝橋事件，亦希望和平解決，
　　　　　　並無擴大之意，廿九軍七月十一日與日方如何
　　　　　　談判，此間未接詳報。

喜多云：十一日談判之事，已調印，廿九軍統屬於中
　　　　央，何以不知道，是不是中央不贊成其談判？

何部長云：此間僅在新聞上看見，內容不詳，談不到贊
　　　　　成不贊成。

喜多云：廿四年了解事項之解釋，中日兩方解釋不同，
　　　　日本以為第五十一軍及第二師、第廿五師調離
　　　　河北省後，中央軍不能再進入河北省。

何部長云：我方對於廿四年，並無此項了解，我方在
　　　　　當時對於五十一軍及第二師、第廿五師，
　　　　　亦未有不能再開入平津之言。中國軍隊均
　　　　　是國軍，無所謂中央軍與其他軍，廿九軍
　　　　　亦是國軍。

喜多云：中國方面雖如彼解釋，但日本方面則完全相
　　　　反，事變前在河北省之軍隊，亦屬國軍，此刻
　　　　不必爭論，總之此刻中國增派三〇師、三九
　　　　師、一〇二師、一〇師及其外軍隊共五、六個
　　　　師，進入保定、石家莊，日軍不能漠視。

何部長云：日方情報不可靠。

喜多云：此時乃千鈞一髮之時，並不是議論時候，請用冷靜態度加以考慮，如中國方面不將新進入河北之軍隊撤退，則局勢必急變，必致引起中日軍全面之衝突，以後局勢則必擴大，此乃最後友誼的進言，並非威脅恫嚇。

何部長云：中國軍隊之移動，全係出於自衛，並無挑戰之意，日本新增加之軍隊如撤退，中國方面亦可考慮將新增加之軍隊撤退。

喜多云：時機緊迫，對於此時局，須立即收拾，希望中國一面撤退進入河北軍隊，一面停止航空武力之動員準備。

何部長云：事態之擴大與否，在日方，不在中國。

喜多云：蔣委員長近日是否回京。

何部長云：不知。

喜多臨行又云：日本對於此非常時局，已有重大決意，如中國抱有待日軍撤退中國軍始撤退之意，則局勢必惡化，如中國空軍活動，則必引起空中戰無疑，將來無法收拾，希望中國方面審慎注意。

三　中日雙方會議情形

董科長會晤大城戶副武官談話紀錄

時間：民國二十六年七月八日下午六時至六時卅分

地點：外交部亞洲司會客室

事由：蘆溝橋事件

董：關於蘆溝橋事件，刻已與日高參事約定，現擬前
　　往會晤，現承貴武官來訪，本人當將我方所得報告
　　奉告，並因事態嚴重，務請貴武官特別注意，據我
　　方所接報告，昨晚十時許，在蘆溝橋附近龍王廟演
　　習之日軍，欲侵入我軍防地捕人，經我當地駐軍拒
　　絕，而日軍竟先開槍射擊，繼復以砲轟，我方死傷
　　軍官士兵，已達百餘名等語。迄至現在，我方所接
　　報告，雖不詳盡，但據北平秦市長長途電話報告，
　　我方軍隊始終未向日軍還擊，因此死傷者有百餘名
　　之多，可知我軍隊決無挑釁行動，此事責任，不在
　　我方。現據路透電消息，聞有大部隊日軍開往豐
　　臺，形勢甚為緊張云云，日方此種不法行動，尤其
　　在我領土內毫無顧忌之軍事行動，對於我國民眾刺
　　激甚大，當此貴我兩國正努力於調整邦交之際，日
　　軍此種不法舉動，實屬萬分遺憾，務請貴副武官，
　　從速向貴國參謀本部及陸軍省報告，並請其轉令駐
　　屯軍迅即停止軍事行動。

大城戶：關於此事，我方所得報告，亦不詳細，但據報
　　　　衝突原因，乃為我方軍隊約一個中隊，於昨
　　　　晚十一時許，在蘆溝橋舉行夜間演習，不知
　　　　何故，突被中國軍射擊，因此一面立即中止
　　　　演習，一面報告駐豐臺之大隊，但此時並未
　　　　向中國軍隊開槍，今晨五時許，不知何故，
　　　　雙方曾起衝突，但本人相信，此係一種小衝
　　　　突，田代司令官乃一和平穩健之人，決不至
　　　　將事態擴大。至於豐臺日軍增兵一事，想係

　　預防事態之惡化，乃出此舉，以備萬一，但
　　絕不至有故意使事態擴大之意，當將尊意即
　　向本國參謀本部及陸軍省報告。

陳次長會晤日高參事談話紀錄

董科長在座

時間：民國二十六年七月九日下午四時卅分至六時廿分

地點：外交部

事由：中日邦交調整問頭

次長：此次蘆溝橋事件發生，全係貴國華北駐屯軍無理
　　　壓迫我方所致，故解決華北問題，實為目下迫切
　　　之舉，此為根本問題，且惟華北問題解決後，始
　　　得根本避免中日間再生糾紛。

日高：此時討論華北問題，殊為困難，一則貴國於華
　　　北問題解決後，必將進而提出東四省問題，再則
　　　華北情形特殊，不能與其他各省一般看待，既有
　　　此種種困難，故以暫緩討論為善。為調整中日邦
　　　交，緩和兩國民眾事情起見，最好先就容易解決
　　　之小問題，如中日滬福聯航問題，先行商談，俟
　　　獲得解決後，再議其他大問題。

部長會晤日高參事談話紀錄

在座：董科長　大城戶副武官　中原副武官

時間：民國二十六年七月十二日上午十時四十五分至
十二時廿分

地點：部長會客室

事由：蘆溝橋事件

日高：今日謁見貴部長，並非預備討論蘆溝橋事件之
　　　肇事原因，及其詳細經過情形，因事態至為嚴
　　　重，乃以貴部長為代理行政院院長之地位而晉
　　　謁者。本人今日之來，奉有外務大臣之訓令，
　　　據東京方面所接報告，貴國中央軍及空軍或已
　　　出動，或準備出動，日方對此深感不安，內閣
　　　方面為此問題，昨日曾開閣議，現已抱最大決
　　　心，以謀應付。但同時日本政府，對於和平解
　　　決希望尚未放棄，本人鑒於局勢過於嚴重，故
　　　偕陸、海軍二副武官同來晉謁。

部長：在未答復正式問題以前，所應聲明者，即行政
　　　院蔣院長已於一月以前銷假視事，近來行政院
　　　會議，余雖曾任臨時主席，但此乃因蔣院長
　　　未能親自出席，以此目為代理院長，顯係誤
　　　會。關於華北情形，自蘆溝橋事變後，日來據
　　　報貴國關東軍大舉入關，第五師團正在運華途
　　　中，而第十師團亦已整裝待發。關於此事，前
　　　日貴參事曾向本人一再言明，日方希望此事不
　　　致擴大，而上述日方此種軍事行動，對於遠東
　　　安寧，影響甚大。本來兩國軍隊之衝突，為國
　　　與國間之衝突，決非單純地方問題，目下形勢
　　　至為嚴重，本人亦不願意與貴參事討論詳細情
　　　形，因此對雙方互相辯論，當無結果，亦無濟
　　　於事，現在雙方既皆不願意使事態擴大，並希
　　　望圓滿解決，本人以為雙方應實行下列二種方

　法：（一）雙方出動部隊各回原防。（二）雙
　　方立即停止調兵。若照此辦理，則問題易於解
　　決，切望貴參事將此意即為轉告貴國外務省及
　　軍事當局。同時中國方面，本人亦當即為報告
　　軍事當局，若雙方均照此切實辦理，則本人深
　　信此事件不難解決。

日高：尊意甚是。本人亦抱同樣希望，當即將貴部長
　　　所提兩種解決方法，即為報告外務省。

大城戶：（對道寧）請將本人意思忠實傳譯於部長。

董：且待（對日高），貴參事不解華語，近來來謁部、
　　次長均由本人傳譯，本人相信所傳譯者，均已盡其
　　最善，現在凡為兩國之外交官者，因日來形勢萬
　　分緊張，尤應格外慎重折衝交涉，雙方均應正正堂
　　堂，不宜鬼鬼祟祟，大城戶、中原二位乃通曉華語
　　者，對於本人向部長之譯語，當可了然。

日高、大城戶：當然、當然，請董科長不要誤會。

大城戶：據本人所接確報，昨晚八時在北平中日雙方軍
　　　　事當局間，已成立一種諒解，如照部長之意
　　　　進行，反將使事態惡化。

部長：所謂在北平中日雙方軍事當局間所成立之諒解，
　　　內容究竟如何？本人所提解決方法，自信為最妥
　　　善者，而所謂反使事態惡化云云，其理安在？本
　　　人甚不明瞭此二點，請詳為答復。

日高：諒解之內容，雖不得知，但相信此種諒解，對於
　　　解決目前問題甚為妥善。（日高此言深堪注意，
　　　由此可知日方態度，即主張地方解決，而不願與

　　　　　我中央開始談判，道寧謹註。）

大城戶：部長所說將出動部隊撤回原防，在現在情形之
　　　　下，實為不可能之事，因本人為軍人，對於
　　　　軍事甚為熟識，現在華北日軍之軍事佈置為
　　　　防萬一計，早已辦妥，故此事難予同意。

日高：所謂諒解，本人雖不知其內容如何，其中當規定
　　　　中國方面應實行之條件，故在貴方未完全履行以
　　　　前，原則上對於貴部長所提解決方法，日方雖可
　　　　以表示同意，但為監視貴方行動起見，不能將日
　　　　方現在出動部隊全部撤回原防。

部長：本人所提解決方法深信為最妥善，前已言之。但
　　　　對於日方所講諒解，本人雖一再詢問，貴參事答
　　　　以不知內容。既然如此，對於不知內容之諒解，
　　　　我方當然不能表示意思（日高對此答以尊義甚
　　　　是）。但所謂諒解，對於日方應履行之條件，當
　　　　亦規定在內，現在貴參事既表示不能全部撤回原
　　　　防，則我方亦當取同樣態度，但本人深望雙方能
　　　　同時將出動部隊撤回原防，並雙方即時停止軍事
　　　　行動，則此事件當可圓滿解決。

日高：現在貴方是否在日方調動軍隊期內，不調動中央
　　　　軍隊。

部長：貴參事所問，殊覺奇怪，誠屬奇問！若日方繼續
　　　　作大規模之軍事行動，則我方為保國衛民計，或
　　　　有不得不調兵之事，此種軍事行動，純係自衛性
　　　　質，決非對日挑戰，此點可以明告貴參事。

日高：目下局勢既甚嚴重，關於保護日僑一事，昨已向

　　　　陳次長提過，仍請貴部長注意，對於在華日僑，
　　　　善加保護。

部長：當然。同時亦請貴參事轉告貴國當局，對於在日
　　　　華僑，負責保護。

日高：本國內務省早已通令各地方警察當局，對於在日
　　　　華僑，善加保護，此點可請放心。再有關本人個
　　　　人問題，擬請貴部長注意者，即近日貴國各報，
　　　　對於本人來訪貴部、次長會談情形，多有登載，
　　　　其內容則偏重貴方之談話，而本人之談話內容，
　　　　乃略而不載，使本人處境，甚感困難，此不得不
　　　　對貴部長提出抗議。

部長：請貴參事不必提出此種抗議，凡為新聞記者，
　　　　無論中外，敘事總喜過甚其辭，雖發表簡單數
　　　　語，記載時必洋洋大文，多所發揮，近來貴國
　　　　記者，對時局之言論，又何莫不若是，此事以
　　　　雙方各加注意為是。本人現將關於今日會晤情
　　　　形，預備告知新聞記者之談話，預先向貴參事
　　　　說明：「今日日高參事來訪，與王部長商談蘆
　　　　溝橋事件，雙方主張均不欲使事態擴大，並希
　　　　望早日圓滿解決。」

日高：關於代理行政院院長一節，本人之意，以為此時
　　　　若在南京召集行政會議，各部部長中，唯貴部長
　　　　地位最高，主席一職，必為貴部長擔任無疑，故
　　　　言及之，請貴部長幸勿誤會。

關於蘆溝橋事件本日下午六時四十分，道寧奉命往晤日

本大使館日高參事面交節略一件，並詳細說明其內容。
該參事表示對於我國立場甚為了解，並謂當即轉達日本
當局。嗣道寧以私人資格設法向其探詢，所謂諒解之內
容，該參事始終聲明確實不知，察其神情，所稱尚屬可
信，最後道寧以據同盟社等處消息，日本對於此次事件
大事宣傳，刺激日方各界之情感，此種辦法甚為不妥，
可謂抗中，請其注意設法改善而別。所有往晤經過，理
合陳報，敬祈鈞閱。

職董道寧謹呈　二六、七、一二

第三節　日領日僑的撤退

日本大使館節略

民國二十六年八月十五日

逕啟者：茲奉本國政府訓令本大使館辦事處暫行封閉，臨時在上海辦事處辦公，在封閉期內，對於本大使館房屋及其他一切財產請充分保護，並為管理等因。相應略達查照為荷，此致國民政府外交部。

南京日本帝國大使館

昭和十二年八月十五日

註：上項來文並未予以當面答復僅有董科長與日高會晤紀錄一件（八月十五日）

八月十六日據日使館略送「殘留財產目錄」一份，附紀錄一件，為行期匆促無法點交事。

江蘇省政府電外交部

民國二十六年八月十九日

南京外交部勛鑒：密。案據吳縣縣長鄧翔海，本年八月真代電稱，蒸日准駐蘇日本上海總領事館分館主任市川修三函開，茲奉本國政府訓令，內開囑將分館暫時封鎖等因，奉此。敝館於即日內封鎖離蘇，本租界應請貴政府暫代保管，維持治安，一俟回蘇再開館務時，當以無條件交還本館繼續辦理。相應函達即希查照迅速見復為荷。又准同日函開，茲奉本國政府訓令，內開囑令館務暫行停止，引退上海，等因奉此。本館於即日內封鎖離蘇，所有遺留財產另附表冊，應請貴政府代為保管，相

應函達即希查照復。准同日函開,在蘇所有下列之日本僑民因時局關係,暫時休業,均已離蘇,將各種物件多量殘置各商舖或住宅內,請貴縣政府保護該人等財產為荷各等由,並附表兩份到府准此。查縣境日僑婦孺等撤退情形已於虞日電陳。此次領分館主任暨館員僑商等全部離境,將租界暨各僑商財產等,函請接收保管,並稱一俟回蘇再開館務時,當以無條件交還本館繼續辦理,囑即見復等情。縣長以案關外交,未敢擅專答復,而該主任等行色匆匆,急欲離去,當經先行電話陳奉南京外交部指示,並經遵照函復各在案。准函前由除令行警察局遴派員警前往日租界接收保管具報核轉,並分呈暨函蘇州關稅務司,仍將該主任等出境時刻另文呈報外,理合將駐蘇日領分館奉令封鎖,請求接收保管租界情形,連同附表二分暨本府復該分館函,分別照抄各一份電陳鑒核等情。附抄件三份,據此,除指令外,相應抄同原件電請查照備考為荷。江蘇省政府,陳叩。
抄送原件三份。

歸綏傅作義來電

民國二十六年八月七日

南京外交部王部長亮疇先生勛鑒:。密。平津失陷後,戰訊似移至平綏線,綏軍調動頻繁,駐綏日人羽山等已設法令其於虞晨全體離綏矣,目下綏境內已無一日人,謹聞。傅作義叩,虞已特。

憲兵司令部公函

民國廿六年八月廿三日

案准貴部公函，由本部派員兵護送日本大使館參事官日高及隨員等二十三人前往青島一案，當派本部警務處處員林光炯率領憲十團特務連排長一員士兵四名，會同貴部所派之郭天乙君，於本（八）月十六日由津浦、膠濟兩路，嚴密保護，至十八日上午零時五十分安抵青島，交由市政府第三科科長謝祖元接收，轉交日駐青副領事道明輝點名收領，並於名單簽字證明，而日高亦同時出具安抵青島道謝書函一件。茲該處員等業經事畢返京，沿途護送詳情，自有郭天乙君直接呈報外，相應將派員護送情形，函請查照備案為荷，此致外交部。

外交部董道寧等報告

民國二十六年八月廿五日

關於點查日本駐華大使館陸海軍武官室及駐京總領事館一事，八月廿三日上午九時道寧、志道奉派會同內政部余秀豪、市政府魏長庚、警備司令部林光炯、警察廳陳曉廬、朱純青，首赴駐華大使館及駐京總領事館，點查其辦公房間，已由各該館人員於離京前加封，未予開房點查。惟曾迭經本部抗議，要求撤除之無線電臺及電報房，茲查得均設該館後樓，因門窗緊閉，遂破窗入內，其重要機件均已撤除，然所遺物品仍足佐證，遂邀請交通部電政司派員來館查看，當由各機關代表商定，先由市政府、警備司令部及警察廳等三機關共同加封，改日再行會同啟封攝影。其後再赴陸海軍武官室，點查完

畢，當日因時間已晚未曾加封，由警憲加意看管，所有
辦理情形，理合陳明。敬請鈞閱。

　　　　　　　　職董道寧、李志道謹呈　八月廿五日

四川省政府電外交部

民國二十六年八月十二日

南京外交部勛鑒：密。微電奉悉。查前據重慶市政府暨
警察局電呈，駐渝日領率日僑離渝及接管各情到府，當
以日領館暨王家沱日本專界既經派員接管，仰即督飭妥
慎將事。至日本官商所留物產，均由日人舊有華工人員
負責看守，並由日領館貼以封條。但該局仍應隨時加意
保護，毋稍疏誤為要等語。電令在案。准電前由除密
令成渝市政府警察局暨萬縣縣政府，妥慎辦理外，相
應照抄重慶市政府暨警察局各電，復請查照為荷，四
川省政府叩，文省秘印。
計抄送重慶市政府暨重慶市警察局原電二件。

威海衛電外交部

民國二十六年八月廿日

南京外交部部長王鈞鑒：皓日，日鮮僑共六十九人，全
數於上午十二時離威回該國。職於本日起已通令全區，
嗣後日鮮人一概不准入境，特電報告。威海衛管理專
員孫璽鳳叩，哿印。

青島沈市長電外交部

民國二十六年八月廿六日

限即刻到。南京外交部陳次長蔗青兄並轉呈王部長賜鑒：。密。頃日本大鷹總領事來府面談，約分兩點。（一）外交方面，該國政府有令青市日僑全部撤退之意，僅留外交海軍少數人員駐青聯絡，擬將所有日方財產交由市府保管，貴方能否負保護之責，答以當在可能範圍內竭力保護。惟須提出具體辦法，以便參照漢口等先例詳細商討。（二）軍事方面，渠謂我方積極備戰，致日人深感不安，擬請令稅警團撤回原防，山東軍隊亦自市境後撤，倘我方能切實辦到，該國駐青海軍亦可只留少數駐紮，餘艦亦行撤退，使青島可確維和平等語。答以市長只負行政責任，關於軍隊行動，應聽各直接軍事長官主持，非市府所能過問。唯我方軍隊配備純出自衛，倘日艦果能完全撤退，兼約定不復來青，則我方自衛之程度，想亦可逐漸自行減輕。辯論多時尚無結果，約以明早再談。同時據日方消息，敵因青市所有財產過多，用兵上亦多困難，決將此方面用兵作罷，並擬將僑民全部撤回，以保安全等情。除俟續談情形如何再行電陳外，事關外交，敬乞俯予指示為禱。沈鴻烈叩，宥。

兩廣特派員電外交部

民國二十六年九月四日到

本月十六日，准由日本駐廣州總領事派員齎函到處內開：「本總領事現已決定暫時停辦館務，且將館署關閉，並擬不日率領此間全體本國官民離開。但在本省內

汕頭、海口、北海等地，仍有本國人繼續居留者尚在，因此擬請貴特派員轉請關係官憲，對於此等殘留本國人民，雖在本總領事官等離開後，仍加充分保護，以維生命財產之安全。再者，今後向本總領事倘有所需照會之事，即盼郵寄在香港大日本總領事館轉交是禱，相應照貴特派員，即希查照辦理為荷。」等由。經即分函廣東省政府廣東綏靖主任公署查照核為辦理去後，先准廣東省政府函復節開：「……經分電汕頭市府暨第五、第八、第九各區專員知照，相應函覆查照為荷。」等由。嗣復接准廣東綏靖主任函覆節開：「……除分飭所屬各部隊妥為保護外，相應函覆，即希查照為荷。」等由。經已函覆日總領事由駐港日領館轉達各在案。

再日總領本月十七日離粵時，職曾派員送行，據日總領事稱，以廣州市內尚有日僑程某一名，在仲愷農工學校執教，自願仍在市內居住。再本總領事現已電令海口之日僑撤離逕由海口赴港等語。茲復接准廣東省政府函，以據第九區行政督察專員電，以海口日僑勝間田等四名，另瓊海關日婦一名共五名，經於馬日乘太平洋輪離瓊赴港等情，函達查照等由，理合備文報請鈞核。謹呈外交部。

外交部駐廣東特派員　刁作謙

青島市政府呈文

民國二十六年九月五日

案准駐青日領館八月二十三日第五〇號公函略開：「本市日人各紗廠現因時局影響，決定暫時一律休業，請予

飭警保護。」等因。當以各該廠內部財物等項未經點交，故飭令警察局僅以夜間在各紗廠外面圍牆四周，加設警察崗位，並多派巡警嚴密梭巡，以資保衛。一面以「查本市在此和平狀態期間，地方秩序，自當加意維持。貴方各紗廠在此暫行休業期間，對於紗廠外面臨時警衛，純屬平時地面治安範圍，自可照辦。至紗廠內部及門戶等處悉由廠方自行管理封鎖，無論發生任何事故，或天災事變，不可抗力，本府概不負責，應請轉飭知照。」等語。函復日領去後，旋於是月二十八日復准日領館第五一號公函略開：「此次本市日本僑民，因目下中日兩國之關係，已決定全部歸國，所有權益財產等均請切實保護。」等因。當經市府以「所請委托本府保護一節，可以照辦，惟鄭重聲明如下：（一）所有紡績等工廠、公共機關以及私人住宅等財產，均係由各該負責人自行封釘，未經逐件點交，其內容無從知悉，祇能在外部保護治安，對於內部財產，自不能負保管之責。（二）各家屋所貼封條，係表示封閉之一種符號，此項紙條如被風雨或其他原因摧毀，礙難負責。（三）所有財產，如因天災事變不可抗力，或因日本軍攻擊青島或其附近，致兩國發生軍事行動，所生之損害，不負任何責任。至歸國日僑之住宅廠店所在，亦希開列清單（此項清單尚未送來），以備查考。」等語。函復日領在案。此市府對於日僑各工廠、商店、住宅先後辦理大概情形也。查自滬案發生，膠濟沿線一帶之日僑，均集中青島，連同僑青之日人婦孺等，業經陸續歸國，所餘只壯丁五千餘人。自八月二十八日以後，此項壯

丁亦開始撤退，並於八月三十一日決定將駐青日領館
館員及海軍聯絡員等亦一律回國，預定本月四日以前
撤盡。嗣後如何變化，謹當續報。除電呈行政院外，
相應備文咨請查照為荷，此咨外交部。沈鴻烈。

第四節　日本的威脅行動

一　日壓迫中國僑民及領館

京城總領館來電

民國二十六年八月七日

南京外交部。一六九號，七日：極密，蘆案發生後，朝鮮憲兵司令部經總領事之請求，表面承認保僑，暗中偵查僑民及各館人員行動，如有主張抗日者，及軍事密探，即行逮捕。駐京城總領館。

東京大使館來電

民國二十六年八月十七日

南京外交部。一一七三號，十七日：日僑在我國者，除集中青、滬各地者外，長江及膠濟沿線已全部撤退。彼已無後顧之憂，軍事行動勢必日趨猛烈，而旅日僑民益感不安，志願回國者必多日見，亟待救濟者尤多，況我僑旅日者大都係行商走販，值此時局，無法謀生，倘坐視其流落外邦，不但重違政府保僑主意，抑亦攸關國家體面。日來各地領館紛紛電告僑民，願歸者日增，貧僑待救甚急，擬請恩予籌提八萬元以資救濟，並請速籌，緩恐不及。僑民愛國，值此危急，未忍坐視。至前准撥之二萬元尚未收到，容係銀行停業所致，但情勢日迫，併懇剋日滙下。大使館。

東京大使館來電

民國二十六年十二月廿六日

漢口外交部。一八九二號，廿六日：朝日載臺北電話，謂臺北華僑程大德等，今日下午二時開華僑大會，懸五色旗，並發表擁護偽組織宣言，總督府外事課及我國領事館甚為注意云云。大使館。

東京大使館來電

民國二十六年十二月廿七日

漢口外交部。一九○○號，廿七日：據臺北郭總領事二十六日電稱，此間華僑多人被人脅迫，於二十六日開會宣言換旗援助偽組織，本館無法阻止，又有當地各種人迭來本館，以荒謬之言相逼辱，情形業極危迫，急報並請轉呈等語。除電覆望不畏強禦，力持鎮定，寧死不可易幟，設法對華僑深明大體者曉以大義，並逕向臺灣總督府交涉，請其取締外，擬再促日外務省注意防不法行為，統容續陳。大使館。

東京大使館來電

民國二十六年十二月卅一日

漢口外交部：據金祖惠三十一日電稱，該館決不易幟。又續電：僑民代表三十餘人，昨晚被迫接受日方密令，元旦提燈換旗，否則不予保護，並派人監視我政府僑民與領事館聯絡等語。除覆電嘉慰，對於僑民能阻則阻，否則將詳情具報以備交涉外，謹聞。大使館。

東京大使館來電

民國二十七年一月三日

急。漢口外交部。十一號，三日：一號電計達，本月上午十一時派楊參事往晤堀內次官，抗議（一）陳總領事等被日憲兵危言恫嚇，強力不法阻止，以致無法赴任。（二）釜山領事館連日被迫不能行使職務，率被迫離釜，要求糾正。至釜山領事館，自元旦上午十一時三十分起，被日憲警佔據後，情形不明，並保留提出適當要求之權利。日政府對我任命陳總領事，倘有何種見解，亦盼明告。另附帶要求注意新義州領事執行職務之安全，及重申日前保護臺北總領事安全之要求，促其注意。堀內答稱范漢生赴平，及新義州僑民懸五色旗事，雖有所聞，釜山事則毫未聞及。日前經我方促其注意後，外務省當已轉知關係當局，不得有干涉領事館之行動。果如所云，誠堪遺憾。目前中日國交並未斷絕，日方亦希望維持正常之外交關係，當俟查明後，考慮善後處置辦法。除擬繼續提出書面嚴重抗議外，謹電請核示。大使館。

東京大使館來電

民國二十七年一月四日

急。漢口外交部。十八號，三日：本館向日外務省書面嚴重抗議：對於日本憲兵警察在其領土內，對我國合法任命之領事官員，強力不法阻止前往京城到任；強力不法侵入釜山領館，使不能執行職務；強力不法限制自由，迫令離去釜山各情節，要求嚴厲糾正。我京城、釜

山兩館因此種不法行為所受之損害，我方並保留提出適當要求之權利，請其答覆。將來應提出何項要求，乞先核示。大使館。

東京大使館來電

民國二十七年一月十日

漢口外交部。五一號，十日：朝鮮各領館停止辦公，照會已送出，各領事已無留此必要，似應即令歸國，懇速電示遵。再臺北及日本內地各館，堅忍應付，亦勢難久支，屆時自亦以停館返國為宜，乞併賜電示，無任迫切。駐日大使館。

巴黎顧大使來電

民國二十七年一月十九日

急。外交部。六○九號，十九日：二十七、二十八兩電均悉。頃訪法外次，告以日方對我駐日使領館及駐朝鮮領事館種種不法行為，意在逼我首先絕交，我未就其計。法外次甚注意，一一記下。渠對日政府之最近聲明謂僅於報端閱悉，未經日政府通知，亦未經此間日使說明，法政府態度決不因此有何變更。一般議論，僉謂日本此次聲明，適暴露日政府之徘徊歧路，因中國之堅決抗戰，日已計窮，無良善辦法以促解決。渠意日之勝利已達極點，自今以後只須中國內部團結，繼續抵抗，日本之困難，必與時益增。目前法政府不擬採何步驟，英美亦無此意。最近聞德對日之固執自用，消耗對俄實力，頗不為然。至重將中日問題提出諮詢委員會一層，

英方認為無裨中國，即採取煤油制裁，英且認為易滋英
與美間之誤會，亦不贊成。但如我方堅欲提出，英且不
便反對，現在法政府看法相同，鈞謂國聯宗旨為保障和
平、制止侵略，會員國每年負擔頗重，值此日本侵略，
危及世界和平，究竟能否效力至何程度，似宜實試，俾
不至自誤誤人。法外次謂，國聯之無能，早已暴露，盡
人皆知，已無試驗之必要。鈞謂全以視國聯重要會員
國之態度為何？法外次謂誠然。但不單歐洲能否避免
戰爭，頗是問題，最近以義大利之實況益足令英法憂
慮，英以美之馬首是瞻，俄須兼顧歐亞，故法不能單
獨為力也。顧。

附註：二十七號去電，今後日方軍事行動恐益擴大，
　　　法政府在此種形式下為何看法，擬採何步驟，
　　　希密詢電復，由二十八號去電，關於日本及朝
　　　鮮各地我使館被迫不能行使職務情形，希轉各
　　　駐在國政府由，電報科謹駐。

臺北郭彝民來電

民國廿七年一月廿二日

外交部。一一二號，二十二日，號電奉悉：廿日有黨人
清水等面要下我國旗，強與抗爭，僅免被辱。又電碼時
被檢查，種種情事，日惡一日，已瀕甚於不能行使職
權。熟查此間情形特別，若再強事支撐，必有他變，危
於我人員者事小，辱及我國家者事大，急擬定寢（廿
六）日便船全員去香港，此間每月只有日輪一、二次，
下月船已無定期，迫難及待，仰祈察予准行。再船租二

萬四千元,已托中行滙交大使館暫存,候由鈞部逕電示辦,其餘細數由彝帶解。郭彝民。

附註:號去電,國防會議處置,日本為使館辦法由,
　　　電報科謹駐。

東京大使館來電

民國二十七年五月廿一日

漢口外交部。四○○號,廿一日:五十二號電敬悉。當遵照鈞電準備。職認為至此不可再撐,亦不能再撐,惟有整嚴撤退,以保全國家體面,擬於下月十一日撤退,留館物品無託第三國必要,此時恐亦難辦到,各費已電重慶請就近設法速滙,免緩不濟急。又三九八號電計達,探悉華僑確係受日方警憲嗾使,警察廳當局並特別訓令門崗警察准其全體進館,聞該僑將再來館要挾。大使館。

附註:五十二號去電——預備撤退辦法事。

　　　三九八號來電——僑民無理取鬧,請准予停館事。

日本迫中國使領館撤退新聞

民國二十七年六月九日

敵採取卑劣手段　逼迫我使領館撤退

陷我僑民於無保障地位　唆使浪人衝入使館騷擾

我外交部説明停閉駐日使館經過

(中央漢口八日電)　我國駐日大使館館員,近因日方種種壓迫,無法自由執行職務,決自本月十一日起停止辦公,大使館參事楊雲竹及其他職員,均定是日離日歸

國。外交部發言人頃發表談話，說明此項經過如次：日本對華軍事侵略，為時已逾十月，但於法律上對我駐日使領館仍負有國際法上所規定之一切義務，查我國旅日僑胞，為數眾多，戰事爆發後，殊難於短時期內全部撤退，因此我駐日使領猶於艱難環境之中，力謀繼續工作，俾盡保衛之職責。乃日方不顧其在國際法上之義務，且不惜採取卑劣手段，圖迫使我使領館撤退，以陷我未歸國之僑民於無保障地位。去冬朝鮮各地憲警，勾結一、二奸徒，強迫我領館易幟附逆，態度強頑，無理可喻。臺北及日本各地，亦有同樣情事發生。我駐員該地領館人員，處於強權之下，既無法執行職務，遂不得不停館返國，惟我駐日大使館尚留少數職員，處理館務，期對我未撤退僑胞之利益，盡最後保護之責任，詎料日方復以其壓迫我領館之故技，對我留置東京之外交人員施行同樣之壓迫，上月十九及二十二兩日，縱任數十浪人，冒充華僑代表，衝入使館，肆行騷擾。日方事前既未制止，事後亦未干涉，且所謂華僑代表中，竟有臺籍日民及日本探員若干人，足以證明兩次行動皆為日方所唆使，至是我使館職員亦感無法自由執行職務，我政府遂決定令該館自本月十一日起停止辦公，全體館員於該日啟程返國，所有使館一切動產及不動產，交由日外務省負責保管，並向之鄭重聲明，凡我旅日僑胞之生命財產，均應依照國際法予以切實保護云。

二　中國撤退駐日各領館

外交部電華盛頓大使館

民國二十六年十二月九日

迭據許大使來電：南京失陷後，日本或將否認我中央政權。果爾，我駐日使領館祇得撤回，屆時擬委託美國駐日使領館保管一切文卷，並代為保護我權益，希先密商美政府，並電復外交部。惠，十二、九。

外交部電東京大使館

民國二十六年十二月廿四日

Sinoembassy Tokyo，一八五六號電悉：使館應即備具節略遞送外務省，聲明中華民國駐京城總領館係我國國有財產，政府從未授權與該館館員或任何他人處分此項國產，故如有以該館館產抵押借款，係屬非法行為，絕對無效等語。又警探包圍領館，憲兵直入辦公室，應口頭要求外務省即予制止，陳領事應令其即往京城，並注意馬永發行動。外交部，惠，十二、二十四。

外交部電東京大使館

民國二十七年一月十日

萬急。Sinoembassy Tokyo，二十一號，十七日，八八、八九、九〇、九二、九四號電悉。本日國防最高會議決議如下：（一）著許大使回國報告，酌留館員維持館務，至不能行使職權時始行回國。（二）各領館應仍努力維持，並團結僑民一致救國，至不能行使職權時始行回國，將館務交使館或我其他領館暫行兼顧，如無一領

館能行使職權，則諭僑民一律回國。

外交部電倫敦、巴黎、華盛頓、莫斯科各領館電

民國二十七年一月十八日

Sinoembassy London, Paris, Washington, D.C, Moscow，廿八號、廿八號、廿七號、廿四號，十八日，上月底朝鮮官廳多方干涉我領館，脅迫我懸掛五色旗，甚至武裝憲警出入館舍，束縛我館員自由。先自駐京城總領館開始，次及釜山、新義州、元山各地。新任駐京城總領事陳祖焜始終未能到任。迭經我大使館向外務省交涉無效。我方不得已，於本月上旬令駐朝鮮各館暫行停閉，館員一律離鮮。由大使館照會外務省，聲明日本政府應負全責，在我停館期內，如有假借領館名義為非法行動者，一概無效。日前橫濱僑民受日方之威脅利誘，竟有開會討論易幟之事，經邵總領事馳往演說，曉以大義，當即解散。他如神戶、臺北等處，亦時有受日人直接或間接騷擾之事，最近甚至大使館亦受侮辱，似此情形，我駐日使領人員，恐不易自由行使職權，惟政府昨已訓令，非至最後實在不能行使職權時，不得撤退。至許大使本已定期啟程，現已令其回國報告矣。上述各節轉告希傳駐在國政府，外交部，惠，一、十八。

許大使致日外務省照會

民國二十七年三月十九日

茲謹將本年一月八日寅字一六號送交日本外務省照會全文，備文呈送仰祈鑒察，謹呈外交部。駐日本特命全權

大使許世英。

為照會事，查本國政府將前任駐京城總領事范漢生免職，另任命陳祖侃代理駐京城總領事。前於上年十二月二十三日，以丑字第八六八、第八六九號照會貴大臣，嗣因該范漢生揚言將作種種非法舉動，並云已與貴國軍部取得聯絡，復經本大使館楊參事官於同月二十七日、二十八日兩次面晤貴省石射局長，請予注意防止。

本國新任陳代總領事，與陸續合法任命之兼駐京城總領事館領事魏錫賡、副領事林定平，於同月二十七日在本國駐釜山領事館會集，自同日起至本年一月一日止，繼續不斷準備前赴京城就任，而貴國釜山憲兵分隊長竟予屢次強力阻止，始猶婉言勸阻；繼則謂實力阻止；最後竟謂如必前往，將予逮捕監禁等語。

在上年十二月三十一日，憲兵警察多次強迫要求本國駐釜山領事館，不許懸掛本國國旗，而另懸其所指定之旗幟，否則即實力壓迫退出領館，經陳代總領事率同駐釜山領事程心益等，據理嚴詞拒絕後，至本年一月一日早晨，竟有五、六十名之憲兵警察，強力侵入該釜山領事館，至上午十一時三十分，陳代總領事、魏兼領事、林兼副領事，以及釜山領事館程領事及雇員夫役，全體遂被迫登舟離去釜山地方。本國駐京城總領事館，因新任總領事無法到任，致該館及所屬辦事處在范漢生等盤據之下，詳情不克明瞭。

另貴國憲兵，並於上年十二月二十九日，邀駐釜山隨習領事曾鼎鈞前往憲兵分隊，初則要其接聽范漢生自京城通至該隊之電話，繼則代范漢生傳遞非法之偽委任

函件，致曾隨習領事不得不於十二月三十一日先行離去
釜山。

　　本國政府接據報告，當以貴方強力非法阻止，致本
國駐京城總領事館人員不得到任，非法強迫侵入本國駐
釜山領事館，致不能執行職務，並非法強迫該兩館人員
離去釜山，殊堪遺憾，於本月三日由楊參事官向貴省堀
內次官口頭抗議，要求嚴厲糾正，同日以寅字第三號會
向貴大使嚴重抗議，請予答復並保留提出適當要求之權
利。貴方雖口頭有迅籌善後處置之言詞，但在本月四日
本國駐新義州領事館復為憲警侵入，該領事館金祖惠及
全體館員被迫離館，於當日館間復被迫離去任地，本國
駐元山副領事館亦有被當地官脅迫之情事，其朝鮮各地
對於本國僑民所為之壓迫，更不待詳述。

　　本國政府認為此種狀態，斷不能任其繼續，但為苦
心維持國際正常關係起見，仍於本月五日、六日、七日
迭次催促貴方迅速糾正早復常軌，而貴國政府對於地方
官廳過去之明顯非法行為，以及直接間接庇護縱容范漢
生之非法行為，始終未獲有適切之糾正。我方礙難認為
貴國政府已為有效之處置，今後本國駐朝鮮各領事館之
行使職權，仍不能認為已獲有確切之保障，深感遺憾。

　　貴國地方官廳對於本國領事館之脅迫，其阻擾甚至
以強力侵入館內致我館員不能行使職務，實屬國際間罕
見之違法舉動，其一切責任自應由貴國政府負擔。

　　中華民國國民政府鑒於上述情形，已令駐京城總領
事館、駐釜山領事館、駐新義州領事館及駐元山副領事
館，一律暫行停止辦公，並鄭重聲明在停止辦公期內，

如有假借中華民國領事館名義，為任何非法行動，當然
無效。除關於京城總領事館地基，及其建築物業於上年
十二月二十六日以丑字第八八〇號節略鄭重聲明外，所
有本國駐在朝鮮各領事館，因貴國官廳一切之不法行為
所受之損害，並保留提出適當要求之權利。相應照會貴
大臣，請煩查照，實深感禱，須至照會者。右照會。

　　　　　日本帝國外務大臣　廣田弘毅　閣下
　　　　　中華民國特命全權大使　　　　　簽名
　　　　　　　　中華民國二十七年一月十一日

駐日大使館撤退經過

（日期：自二十七年一月二十日起至六月十一日止）
弁言（范漢生附逆及我方撤退駐鮮各領館）
一、許大使奉召回國與第二批撤退領館
二、孫湜辭職及附逆
三、日方對使館之不法事實
四、奉令準備撤退及實行撤退
五、館產保管問題
附撤退理由（照會原文）

弁言

（范漢生附逆及我方撤退駐鮮各領館）

　　二十七年十二月二十三日奉部電，免駐京城總領事
職，並派駐釜山領事陳祖佩繼任，當即併案通知外務
省。陳總領事等先後於十二月二十四日到釜準備赴任，
不料一再被當地日本憲兵阻止，駐釜山領館並被日方警
憲及浪人迫令易幟，不得已於十二月三十一日撤退。

　　駐新義州領館亦有同樣情形，金祖惠領事亦於一月二日率館員撤退，許大使當時將此事電陳鈞部，並派職與外務省交涉多次，卒決於一月八日通知日外務省，將駐朝鮮各領館一律停館，同時並通知在京城設有領館之各友邦，並分別電呈有案。

（一）許大使奉召回國與第二批撤退領館

　　日本政府於一月十六日發出聲明後，日方訓令其駐華大使川越返國。我政府依國防最高會議決議，決召還許大使於一月二十日自橫濱搭船返國。職奉令留館代理館務，以上業於同日照會日外務省並報部在案。

　　我駐臺北駐日本內地各領事館，以日方官憲迭有唆使無知僑民通電易幟，並對各館無理取鬧，雖經我方屢次交涉，迄未獲糾正。各領館首長先後分別電陳外部，並電告使館，經外部准其撤退，館長館員回國，撤退時應通告僑民，撤退通知各地領團，除橫濱總領館因邵總領事回國並未派人代理館務外，各館均先後於二月一日停止辦公。二月五日左右閉館。茲附列各館撤退日期如次：

　　一、駐臺北總領館：二月一日撤退

　　二、駐神戶總領事館：二月七日撤退

　　三、駐長崎領事館：二月五日撤退

　　二月七日，本館以照會致外務省聲明；自二月八日起，將駐臺北等領館停止辦公，大使館奉部令各領館撤退後，暫在使館附設領事部辦理保僑、護照、簽證各事。宜併於上述照會文內，敘入上項照會文，並經事前電部請示有案。

（二）孫湜辭職及附逆

大使館二等秘書兼理領事事務孫湜，前於一月下旬呈請大使轉呈辭職，奉令留資停薪，大使囑其於一月二十一日遷出使館，惟大使去後，孫並未遵辦，二月十四日孫送其妻子乘船赴天津，兩女則仍留東京肄業。二月十五日職以其本人並無回國決心，乃勸其完全辭職，免去留資名義，孫同意並即起稿有暫留謀生字樣。二月二十二日奉電孫湜著免本職。又二月十四日，東京日日新聞載有孫等與職對抗，決參加新偽組織記事，孫一再商請職由本館函該社社長予以更正，當即照辦。

四月九日朝日新聞載，孫湜及譚覺真接受偽組織任命，在東京設立辦事處，四月十日孫在萬平發表聲明，竟非難國府。

（三）日方對使館之不法事實

一、四月十日，日嗾使偽華北組織，在東京設立辦事處，報紙迭有侮辱本館之記事。

二、通知本館汽油須憑票購用事：五月七日使館所在地鳥居坂署，派警部於永等來館通知楊秘書，並表示此係專對本館之限制，當經電外務省交涉，並向警察廳交涉，警廳初以請示內務省推諉，繼則拒絕接洽，最後並授意汽車夫，告不必以本館名義亦可，但本館決不服此不法限制。

三、本館所存簽證貨單用紙被日憲不法阻止事：各領館撤退後，所存貨單用紙，均交由本館存放。四月間曾奉諭寄往香港辦事處一萬套，並未有任何阻礙。五月初奉令以一千套寄河內，亦已寄出，另呈准

以一萬套寄香港，不料裝箱送橫濱後，橫濱稅關口頭通知，因憲兵當局，不准放行，指本館分次寄出為脫法取巧，當派員赴憲兵隊交涉，口頭上已獲諒解。奈爾後一再催詢，竟答謂不能允許，並稱：在此時局下，彼此寄發物品似有不妥，本館並以電話通知外務省交涉，據覆稱已向東京憲兵隊接洽，已無問題，但據詢橫濱稅關則謂，並未接到放行通知，如此一再推諉，至六月五、六日本館函請將原物索回時，始准放行，當以撤退期近，卒將該件自行帶回。

四、無聊僑民受日方嗾使兩次來館滋擾事：五月十九日有所謂旅日華僑聯合大會者，在東京開會通過荒謬之決議文。翌十九日下午集有號稱代表三十人，分乘八輛汽車，闖入使館，以決議文面交本館職員，並以危言恫嚇要求將館產交出。

二十四日又有號稱代表十五人，其中除臺籍人外並雜有日探在內，拂曉六時即進入使館，揚言不達目的誓不退去，當由代辦指定三人，屏退警察與新聞記者，予以接見，訓誡以：（一）彼等非國民，行動應自愧悔。（二）職等為國家代表，只知有國家命令，豈能聽彼等三數不肖之虛嚇。（三）深知彼等行動非出於本心，不欲深究，幸各念祖國領袖偉大領導，與祖國同胞堅決抗戰之精神，勿再有違背良心行動。言畢，該人等深表悔悟，雖經其餘叫囂，尚未滋事，至十一時退去。

查上述兩次滋鬧，本館先後接有諜報，第一次館門警察擬只准五人進入，卒以警廳中級官吏命其勿加阻止，遂有分乘汽車公然插五色旗闖入之舉，而此汽車退

出時，有日人分將各車五色旗收去攜走，事後並聞日警曾代向華僑募集用費。第二次雜有日探及臺籍人士，且警察故意予以縱容，足見出自彼人嗾使矣。

五、外務省印發外交團名簿，將本館名單刪除及不發給本館證明事事：外交官證明書日本慣例每年初頒行一次，去年十二月間，外務省曾函知本館館員分送照片兩張，經予以彙送。本年四月各館已接到貼有照片之證明書。（日名身分證明票）本館獨未被發給，外交團名冊亦將本館部分刪除，此事日外務省公然承認，顯與一月二十一日及六月八日，外務省發言人所發表保證我駐日使館人員身分之談話不符。

（四）奉令準備撤退及實行撤退

職鑑於上項各項不法事實，紛至沓來，本館地位既遭有不當之限制，本館工作復受有不當之干涉，長此以往，必將危及使館地位，遂將各種情形縷陳中央，主張我方應早為準備，最少亦須作到有計劃有準備之撤退。五月二十日奉部電開，政府授權本館認為必要時撤退，遂決於六月十一日撤退，開始秘密中作必要之準備。

六月九日上午十時，以本館奉令停止辦公事，照會日外務省，同時並分別通知駐東京各外交團，其內容除敘述撤退理由外，並鄭重要求日方依法保護我旅日華僑生命財產，及保管本館產兩事。

（五）館產保管問題

六月十日下午，外務省派松平忠久事務官，偕東京府派員來館，與楊、林秘書接洽收館產事，關於財產目錄等，提保留兩點，並援彼撤退漢口領館之例，要求我

方預繳保管費用，當交以日金五百元，彼方甚為滿意。關於彼之保留各點，見彼方堀內次官致職公函，已專案呈核並奉指令有案。

六月十一日上午十時十五分，職偕楊、林兩秘書離館乘汽車赴橫濱，乘加拿大輪返港，另留王主事秀鍾與彼方接洽移交手續事，並委託本館雇員馮勵圖襄助接洽。王主事因事遲一星期離東，並已於六月二十六日抵滬港。再本館撤退後，並未留任何看管工役，合併陳明。

照會日外務大臣原文已另案呈報，茲附錄如左：為照會事。本國駐貴國各領事館業於本年二月八日一律暫行停辦，另於本館臨時設置領事部繼續處理館務一節，前經照會貴大臣查照在案。查近來本館地位及工作迭受外方不當之限制及阻撓，雖經層次交涉，貴國政府迄未予以有效之處置，致本館不能自由行使其職務，茲奉本國政府命令，自本月十一日起暫行停止辦公，全體館員回國，嗣後凡本國旅居貴國僑民之生命財產，應請貴國政府切實予以保護，至本館一切動產及不動產各項財產，業經編成財產目錄，相應檢同該項目錄一份，照會貴大臣，請煩查照並希派員來館點收，負責保護，實深盼禱。順向貴大臣表示敬意，須至照會者。右照會日本帝國外務大臣宇垣一成閣下

中華民國臨時代理大使

附財產目錄一冊。

中華民國二十七年六月九日

附陳

一、代館期間使館工作人員

　　二等秘書兼理領事事務

　　二等秘書銜三等秘書

　　　隨員銜主事

　　　隨員銜主事

　　　隨員銜主事

　　　僱員

　　　僱員

以上除馮僱員因其家屬僑居橫濱營商暫留日本外，其餘全部隨職回國。

二、以上經過除於六月二十一日晉謁委員長時，就垂詢所及面陳梗概外，並經於六月二十二日國防最高會議，六月二十四日外交專門委員會席上謹為報告，大要合併陳明。

致美大使館節略

關於中華民國駐日本大使館館產之保管問題，外交部茲略請美國大使館，將附件所開意旨，轉致日本政府，實深感荷。合即略達。

中華民國二十八年二月　日

關於中華民國駐日本大使館館員之撤退，及館產之保管各節，去年六月該館奉命撤退之前，曾將大使館所有動產及不動產等一切財產，編成財產目錄乙份，送致日本外務省查照，當經日本外務省派員來洽，當時並依日方

請求，以保管費面交日方收訖。六月十日，日外務省次官堀內謙介復函略稱：關於大使館財產，當按照國際法之原則，予以充分保護等語。中華民國政府最近據報，有非法組織所派人員，擬侵入中華民國駐日本大使館館內等情；茲特鄭重聲明：日本政府對於中華民國駐日本大使館館產，實負有保管之義務，將來如發現該大使館館產與加封當時之現狀有任何變更情形，日本政府應負其完全責任。

中華民國二十八年二月十三日

三　中國封閉江面及港口

中國致各國照會

民國二十六年八月十三日

逕啟者：中國政府鑒於目前急迫情勢，業將揚子江鎮江下游予以封閉，所有該段江面航行一律暫行停止，相應照達貴大使、貴公使、貴代辦查照，並希（並希二字僅英、法、美、義、日五國用，其餘各國均不用並希二字）轉飭貴國僑民一體知照為荷。本部長順向貴大使、貴公使、貴代辦此致。

外交部照復義大使館節略

民國二十六年八月廿一日

外交部准義國大使館八月十六日節略，以關於中國政府封閉揚子江鎮江下游一事，深盼僅係臨時性質，惟封閉區域以內有無規定安全航線，俾其他核准航行之軍艦得以通過，現急需調Carlotto軍艦來京，請查明見復等

由。查中國政府此次封閉鎮江下游，原為不得已之措置，深信於相當期間當能恢復固有之交通，但在交通未恢復以前，一切船隻不論軍艦或商輪概難准其通航，且事實上該段江面既已封閉，並無規定其他安全航線，所有航隻自無法通過。相應復達，即希查照。

德美法英義五國大使來照

民國二十六年八月卅一日

逕啟者：關於封鎖揚子江下游江陰一帶江面一事，下列外交代表中，曾有以書面向貴部長表示者，惟此事對於本大使個人暨居留沿江各埠之本國僑民關係如此重要，爰向貴部長共同表示意見如次：就本大使等之了解，封鎖之意義在防止日艦之溯江上駛，本大使等雖不否認中國政府有權採取此項步驟，然此項步驟之採行，並未先向下列簽名各大使所代表之政府提出任何警告，以致各該國之兵艦暨商船，以及多數僑民困於長江流域。此外，其他交通工具又經迅行阻塞，以致本大使等於沿江各埠撤退僑民，以及僑民等收受接濟兩事，困難日增。本大使等以為，江陰一帶之封鎖於一簡短時期以內（如有充分時間之通知，以作必要之準備，則時間不過數日即可）暫行開一小口，俾一船得以通過，並非事不可能，如是凡欲撤退者得以撤退，其不撤退者得以運收接濟。至於封鎖地段以下無標誌地帶，航行上之困難，自有富有經驗之領港人員冒險解決之。上述請求，應請轉陳貴國政府查照為荷，本大使等順向貴部長重表敬意。

外交部致德美義法各大使覆照

民國二十六年九月六日

逕啟者：准貴大使八月三十一日來照，以中國在江陰一帶江面封閉揚子江航行，致使本國若干軍艦及商船無法下駛，且令本國沿江各口岸僑民無法撤退，各種接濟亦日感困難。請在最短時期以內，暫予開放，以便從事撤退僑民及辦理接濟，等由，准此。查本國政府對於來照所稱因中國封閉江面致使德、法、英、義、美國若干軍艦商船無法下駛，而沿江各口岸僑民之撤退及接濟亦倍感困難一節，深表同情的諒解。惟本國政府之封閉江面，純係一種必不得已之自衛辦法，不獨任何外國船艦，即中國船艦，亦不能自由通過，此點當為貴大使所深知。目下封閉之必要情形，仍未變更。本國政府深望此種必要情形，及早停止存在，俾揚子江下遊航行，可即恢復原狀。來照所請暫予開放一節，本國政府在現在狀況之下歉難照辦。相應照覆查照為荷，本部長順向貴大使重表敬意。

　　　　　　法蘭西駐中華民國特命全權大使　　那齊雅閣下
　　　　　　德意志駐中華民國特命全權大使　　陶德曼閣下
　　　　　　義大利駐中華民國特命全權大使　　柯賓閣下
　　　　　　美利堅駐中華民國特命全權大使　　詹森閣下

外交部致軍委會第一部函

民國二十六年十月三日

准英國大使館參事賀武來函略稱：「英國軍艦開勃頓號（Capetown）因中國當局封閉江陰江面而被截留江內，

英國政府在目前之危機中，實難捨棄該艦，但該艦現既不能駛出，又不能獲得煤油燃料，故除將其停止使用外，實無他法。因此該艦乃決駛往漢口，泊於碼頭旁，以期撙節燃料。但英國駐遠東艦隊司令之採此辦法，原屬萬不得已，深望中國政府能於最短期內竭力設法，至遲於十一月以前，江水尚足供該艦航行時，俾該艦得以駛出江陰被封之處。」等由。究應如何辦理之處，相應函請貴部查照核辦見復，以便轉復為荷。此致軍事委員會第一部。

國民政府軍委會第一部公函

民國二十六年十月五日

案准貴部國 26 字第 7952 號函開：准英國大使館參事賀武來函略稱：「英國軍艦開勃頓號（Capetown），因中國當局封閉江陰江面而被截留江內，英國政府在目前之危機中實難捨棄該艦，但該艦既不能駛出，又不能獲得煤油燃料，故除將其停止使用外，實無他法。因此該艦乃決駛往漢口，泊於碼頭旁，以期撙節燃料，但英國駐遠東艦隊司令之採此辦法，原屬萬不得已，深望中國政府能於最短期內竭力設法，至遲於十一月以前，江水尚足供該船航行時，俾該船得以駛出江陰被封之處，究應如何辦理之處，函請查照核辦見復，以便轉復為荷。」等由准此，查該封鎖線為我國抵抗侵略之正當自衛行動，亦為戰局命脈所關，尚欲加強之不暇，在英方所提限期內確難設法開放，希即婉詞答復，准函前因，相應函復，即請查照辦理為荷。此致外交部。

外交部致海軍部函

民國二十六年十月十八日

海軍部、軍事委員會第一部勛鑒：准英大使館函稱：在目下局勢之下，旅華英國僑商正極力設法，使事業不致完全停頓，此種努力於中國及英商雙方均有裨益，並承蔣委員長予以贊助。查閩江在福州以下之水流，曾被封閉，惟小汽船及貨船尚可通過，航駛沿海岸各英商輪船，已商准海關在封閉地點以外裝卸貨物，惟頃據駐福州英領事報告，李世甲中將似擬將該水道完全封閉，不顧各商家及省政府多數人員之反對，果是則商業勢必全歸停頓。本大使館對於中國政府採取自衛上之一切必要辦法，自不願予以反對，與上次中國方面提議毀壞煙臺石堤時之態度正復相同。惟本大使館認為無論任何積極之辦法，其性質足以損害重大之利益者，必須待至急迫情形證明非常顯著之時，方可施行，關於封閉閩江一節，本大使館極力主張顯在維持與外界交通，俾商業尚不致完全停頓之水道，在未至軍事上必須加以封閉之時期以前，不應將其完全封閉等由。查英大使館來函所請各節，我方可否接受，特電請查照核辦，並希見覆為荷。外交部，巧。

國民政府軍委會秘書廳密函

民國二十六年十二月十九日

頃奉委員長諭：「現為適應戰況起見，決定於本月二十日上午十二時起，封鎖馬當山要塞之長江江面，禁止中外任何船隻往來通過。」等因，相應函達，即希貴部正

式分別通告各國公使，轉知各該國兵艦商輪一體知照，
並盼見復為荷，此致外交部。

秘書長　張羣

英使館來函及中方之決定

民國二十六年十二月十九日

逕啟者：頃准本國駐長江海軍司令柯中將函開，將派遣
本國兵艦 Gannet 號護送英國商船吳淞號於十二月廿二
日（星期三）由漢口下駛，該兵艦及商船將於十二月廿
三日上午八時到達九江下馬當之封鎖線，如該地之封鎖
線係屬開啟者，即行通過該地而繼續下駛，當其經過停
候於該地封鎖線以下之英兵艦 Aphis 號之時，該 Aphis
艦即通過封鎖線而首途上駛，因事關緊急，特此函請貴
部長希即查照將兩兵艦及該商船之行動，通知主管機
關，並請其頒急令，飭知管理該地封鎖線之機關，准許
該兵艦商船，在任何可能範圍內，使其照所擬定之行動
通過該封鎖線，因貴我兩國現有之敦睦邦交，故請臺端
准許此項之要求，蓋商船吳淞號載有三百名以上之避難
者，其中以英美婦孺為多也。此致外交部部長王。

總領事官默思　十二月十九日

外交部致英領事函

民國二十六年十二月廿一日

逕啟者：准貴總領事本月十九日來函，以本國長江海軍
司令將派兵艦 Gannet 護送商船吳淞號於十二月二十二
日正午由漢口下駛，二十三日上午八時到達馬當封鎖

線，如封鎖線係屬開啟者，即行下駛。當時英艦 Aphis
將首途上駛。請通知主管機關准許此項要求等由。來函
所稱，中英兩國素敦睦誼。惟馬當山要塞附近之揚子江
面因軍事上之必要，自十二月二十日正午十二時起，業
經封鎖，所有船隻，一律禁止通行，並已由本部於本月
十九日照會貴國賀武代辦在案。

貴總領事所請各節，本國當局實歉難照辦。相應函覆查
照為荷。順頌日祉。歐美司啟。

外交部覆略

民國二十七年三月十五日

外交部接准三月九日英國大使館節略，以據報寧波口岸
現已封閉。溫州及長江北岸各小口岸。不久亦將封閉。
此種辦法，毀壞當地農商生計，影響中外人民食料，及
其他必要品之供給等由。當經轉行主管機關核辦去後。
茲准覆稱：英大使館節略所稱各節，中國政府甚為諒
解。惟中國政府之封閉寧波、溫州及江北各口岸，實完
全基於目下國防上一種迫切之需求，歉難緩予辦理等
語。令即覆達。

四　廣州設安全區問題

民國二十七年六月廿八日

密件

近日外報於粵省政府對於一部份中外人士倡議在廣州市
設置安全區所持態度，稍有誤會，茲特扼要說明如左：
（一）自去年九月初敵機開始轟炸本省，及其後敵軍南

犯消息頻傳時，本省天主教青年會及紳商等曾請求劃設安全區，並有某鉅商提議以劃西堤作安全區為相宜。

（二）迨至本年上月下旬，敵機狂肆轟炸本市時，先後由天主教青年會紳商數人等，重申前議，廣州英總領事亦非正式來商，擬請在廣州市或在附近地方設立安全區，但分析其中意見：（1）香港政府恐廣州市民因避危險而湧往香港，增加地方食住及公共衛生之困難，並授意英總領事建議之處，其目的不過圖阻止前往香港人口之增加。（2）天主教青年會等意見，安全區專為婦孺而設置。（3）紳商等之意見，似各有其偏私目的。以上各方請求設置安全區之經過情形。至省府之意見：

（一）上海南京之安全區，係為戰爭已逼近市區，無法再可逃出之難民而設，但該兩安全區設立後，其情形亦有不同。（1）上海方面安全區，因在國際視線所注目地方，敵軍對之尚不敢十分放肆。但間亦不免漢奸在區內騷擾。（2）南京方面安全區，敵人藉搜索我軍為名，將區內成萬壯丁槍斃，並將槍斃未死者用油燒殺，且於安全區附近強姦婦女，種種慘無人道之行為，為中外人眾共所目睹，故南京敵國大使館館員對管理安全區之某國教士言，我們（敵人自稱）軍隊極不願意在佔領一地方時，為第三國人目見。

目前廣州除空警外，既無上述逼近之戰事發生，而欲避往內地安全地帶者，亦儘有從容時間。

（一）敵人雖蠻橫，蔑視公理，但亦不能完全不顧慮國際呼籲，正義之輿論，徵之日昨上海敵海軍聯絡員野村少將謂，敵機之炸廣州，目的原在軍事設備，只因中國

軍事設備目標太小，故誤炸及平民云云。

故如在尚未至相當時期，即有一安全區之設置，適中敵人屢次宣傳謠惑，欲我民眾退出市區之計，且除一小部分所謂安全區外，無異承認轟炸其他地方為合法，在彼以後暴行更無忌憚，而除所謂安全區，均振振有辭可加以粉碎矣。

（三）最近敵國駐英大使杏田宣稱：轟炸廣州之目的，在使地方民心沮喪，俾消滅抗日心理云云，現在如由政府明白贊成設置安全區，又在此戰事並未發生之前為之，適足中敵人不戰而動搖我民心之詭計，在政府方面為鼓勵人民同仇敵愾之心理繼續不衰，對設立安全區事更不能不審慎考慮者也。

（四）且天主教青年會等之意見，安全區專為婦孺設置，而一部份紳商之意見又如彼各有其偏私目的，則所謂安全區如設在河南，則河北之市民必反對，設之西堤，則東堤之市民必反對，未見實益，先滋糾紛。

（五）無論劃西堤或本市附近地方為安全區，均無如此一大處或數處地方足容鉅量市民，因本市人口百二十萬，截至五月廿八日前亦有八十餘萬，聚之一隅，其住所糧食在在俱成問題。

與其劃安全區而仍不能解決上述困難，由政府與社會團體合作設法疏散，及人民自動回鄉較為實際。查上月下旬以來，本市人民疏散到四鄉者，約佔全市人口三分之二，（嚴守秘密）一般人民心理習慣，除臨時被迫萬不得已，必樂於回鄉或投奔親戚故舊，而不願集於一處。

（六）自開戰以來，政府為人民安全設想，對於疏散辦

法早有計劃,然非至適當時期實行,恐反為無事自擾,
影響抗戰後方,故對於實行疏散之時期頗為焦慮,今因
最近二旬敵機狂炸本市,由政府社會團體合作設法疏
散,此問題業已大半解決矣。

五　日本在美商量借款

軍委會致外交部電

民國二十八年八月四日

外交部王部長勛鑒:據報敵近確秘密進行與美借款談
判,決於本月初派敵興亞委員會委員賀屋,與藤原銀次
郎及敵經濟財政界人士先後赴美者,已達數十人,財閥
伍棠卓雄亦定近期內繼往借款,數額為三千萬美元等
情,希轉電胡大使查報。中正,支川侍六。

華盛頓胡大使電

民國二十八年八月十五日

重慶外交部,一四一○號,日派員赴美借款事等電敬
悉。日本在美活動借款已久,實則全無成功希望。據李
國欽先生云,日方曾向進出口銀行商借,遭拒絕。私家
銀行亦均有戒心,祇三井、三菱等公司借得少數短期信
用借款,惟以係商業上通融辦法,實非借款。除隨時注
意外,謹先電致。適。

六　中國準備撤退駐德義使館

外交部電駐德義大使館

民國二十九年十一月廿六日

駐德義大使館、駐羅馬尼亞公使館：日本即將於一、二日內承認南京偽組織，德、義、羅馬尼亞或隨之承認，我政府決定如各該國果予承認，即與斷絕國交，屆時我使館人員應全部撤退回國，領館人員倘臨時不另發訓令，亦應同樣辦理。茲應先注意下列數事：（一）所有重要卷宗不能隨身帶回者，應準備焚毀，但應開列清單並摘記案由，其他卷宗酌量其性質盡量帶回或準備毀滅，賬目單據務必帶回。（二）貴重物品可設法送往駐隣國使館或帶回，印信務必認身攜帶。（三）中西文電本除留出二七簡編及正續編Vito 二本並Ectia 與Lecon 兩密碼表，以便途中應用外，餘均截角焚毀。（四）全館職員應由館長負責，令其準備返國，實行撤退時，不得獨自滯留。（五）館員回國後，本部仍當優予待遇，生活決可無慮。（六）回國川資不易估計準確，先由國庫於一、二日內電滙一整數，至各該館，由館長負責支配，俟回國後，再行清算。此款專為撤退之用，非至實行撤退時，不得動用。（七）撤退前本部或須電令各該館遞送一最後文件與駐在國政府。（八）本部當試託第三國保護我利益，如不能辦到，所有館產應點交駐在國政府並託其妥為保管，以上各節均係準備事項，在撤退前須嚴守秘密，勿露張惶，並仰轉告領館（德義）。外交部。

第五節　八一三虹橋事件

一　八一三上海戰事發生的經過

上海周玨來電

民國二十六年八月九日

南京外交部鈞鑒：密。今午五時，有日本陸戰隊海軍中尉大山勇夫帶同水兵一名，乘一七〇五號。又特別照會五六號汽車馳至虹橋飛機場相近地方，被警察阻止，不服，又前進。方此時該處有保安隊令其停車，不服，致起衝突，互相開槍，結果保安隊死一人，大山中尉等亦均擊死。當事起之初，職適在市政府招待所開會議，俞市長得報告，即電岡本總領事及海軍武官室詢問真相，均答云陸戰隊並無派出軍官前往飛機場等事，又經職電詢日海軍武官本田少將亦云斷無此事，復得楊司令電請隨俞市長至司令部始知真相，現正由俞市長與岡本總領事會談中，謹先奉聞。職周玨謹叩，青。

上海俞市長來電

民國二十六年八月十日

特急。南京外交部勘鑒：密，今日下午五時左右，虹橋飛機場附近，有日軍官二人，乘重汽車越入我警戒線，向飛機場方向直駛，不服停止命令，反向我守兵開槍，守兵初未還擊，後該車轉入碑坊路，該處保安隊士兵聞槍聲出視，該日軍官復開槍向之射擊，保安隊遂還擊，一時槍聲四起，該車前輪乃跌入溝內，車內一日軍官下車向田內奔跑，在附近因傷倒斃，另一軍官已傷斃車

外，檢查身內有名片二張，印有海軍中尉大山勇夫字
樣，我方士兵亦傷斃一名。當出事時，職即用電話通知
岡本總領事，云據報有日軍官意欲衝入我虹橋飛機場，
與守兵發生衝突，請派人處置免致擴大，岡本通知日陸
戰隊司令後，旋答復並無陸戰隊士兵外出，定係謠傳，
請勿輕信等語。日海軍武官本田亦同樣答復，後日領署
與陸戰隊方面派沖野武官及福井秘書前往調查。但嚴重
時彼等尚未明真相，此事恐將擴大，除即設法向日方接
洽外，先電聞。職俞鴻鈞叩，佳酉。

上海周玨來電

民國二十六年八月十日

急。南京外交部鈞鑒：密，頃俞市長與岡本總領事、本
田少將等會談結果：（一）請保安隊步哨暫撤若干距離
以免衝突，（二）日方表明態度不願在上海有作戰行
動，（三）俞市長提議此事由外交手段交涉解決，日方
誠意接受並即由警備司令部、警察局派員會同日陸戰隊
參謀、海軍武官總領事館人員等馳赴現地調查及收屍。
經過情形尚未惡化，謹聞。職周玨謹叩，灰（十日）

上海俞市長來電

民國二十六年八月十日

特急。南京外交部勛鑒：佳酉電計達。密。虹橋飛機場
案發生後，日本陸戰隊即發緊急集合命令，形勢嚴重，
鴻鈞見日方情緒激昂，恐事態惡化，故即約日海軍武官
本田及日總領事岡本，在日總領事館談話，首告以本案

經過（如佳西電），並謂本案發生殊為不幸。但日軍官
及水兵以前屢到虹橋機場窺探，及與我方守兵衝突，迭
經市府書面抗議，並要求制止在案，乃日方不以為意，
致有今日不幸事件發生，殊深遺憾。惟念蘆溝橋事件發
生後，本市中日當局協力維持本市治安，幸告無事，此
刻尤宜力持鎮定，靜候雙方調查，循外交途徑辦理，自
不難圓滿解決。日方答復，謂我保安隊舉動，日方早深
為不滿，且迭經提請注意。此番事件，保安隊自應負責
等語。後經鴻鈞勸導良久，結果日方允由外交方法解
決，日方續派員會同我方代表前往將日人屍體領回，現
在雙方均嚴密戒備，惟目前尚無擴大情形，知注，謹
聞。上海市市長俞鴻鈞叩，佳亥。

附註：佳酉來電係昨日下午，日海軍軍官二人在虹橋
　　　機場與我保安隊衝突殞命，現正與日方交涉尚
　　　無結果由。電報科謹註，此電以送軍委會、參
　　　謀本部何部長、錢主任。

上海俞市長來電

民國二十六年八月十二日

南京外交部勘鑒：密。今午四時，日總領岡本來見，謂
虹橋機場案發生後，日方以衣海軍制服之軍官及水兵為
華人慘殺，認為對皇軍重大侮辱，全國憤激。故彼奉命
來詢我方對本案之態度。及在本案未正式交涉前，為避
免同樣事件之發生計，提出下列二點：（一）撤退保安
隊。（二）所有保安隊之防禦工事，應拆除等語。當答
稱我方對本案亦甚重視，故決定以公正至誠之態度從事

調查，俾明真相，屆時自可根據調查結果，循外交常軌，謀圓滿之解決。至避免再起衝突一層，我方亦早經注意，出事之夜，本市長已自動令飭保安隊步哨之貼近日僑居住區域者，一律離開，至該處堆置之沙包鐵絲網等，為免市民警慌，亦已令飭移去，故貴方所要求者，我方早已自動辦理。日領繼要求雙方派員，決定保安隊撤退之距離。當駁稱我方為避免衝突，飭保安隊步哨離開日僑居住區域，係自動行為，該處係我國土地，無所謂撤退，更無所謂距離，雙方派員事，自不能同意。日領旋指摘保安隊之軍隊化及戰備之違反協定，妨礙治安，當經一一駁復；並告以我方為避免衝突，現已令保安隊步哨離開日僑，如日僑不守範圍，任意挑釁，恐糾紛終不能避免，應請制止。又第二艦隊聞已到滬，是日方一面贊同以外交方式解決本案，一方增兵威脅。殊屬不合。日領謂該案發生，日海軍非常憤激，故不能不有表示等語。雙方辯論三小時，日領始辭去。臨行時謂彼對市府之誠意甚為感謝，當報告政府及轉知各方，並謂日政府已訓令日高赴外部為同樣之要求，諒南京方面不久將有訓電到滬云。今日沖野武官亦赴警備司令部傳達上述各點，謹聞。上海市市長俞鴻鈞叩，真亥。

上海余銘等來電

民國二十六年八月十二日

急。南京外交部鈞鑒：密。今午五時，日本大使館田尻一等秘書記官來處，據稱昨日下午四時半岡本總領事與俞市長會商結果，貴方保安隊自動離開若干距離，並

撤除對於接近日本住民區域之防禦物，詎未隔一日，
對於以上兩項尚未實行，且增加八十八師，係何理
由？職等答以貴方昨日驟增軍艦十餘艘，上海人心惶
惶，軍隊來滬恐係鎮定人心之故，請勿誤會，彼堅請
將以上事由，轉達外交部而別，謹聞。職余銘，周玨
謹叩，文（十二日）。

上海俞市長來電

民國二十六年八月十二日

特急。南京外交部勛鑒：密。今日下午三時淞滬停戰協
定共同委員會，應日方代表岡本總領事請求，召集緊急
全體大會，岡本謂我方保安隊及正規軍隊，在限制區域
內繼續推進，為作戰準備，不獨妨礙租界安全，且違反
停戰協定，應請各國代表注意，及採取有效方法制裁。
當依法據理駁復，謂（一）停戰協定早為日方破壞，因
日方軍隊時常侵入八字橋一帶區域，該處地段按照協
定，日方軍隊理應撤退。（二）日方既破壞停戰協定，
則根本無依據該協定作任何提議之權。（三）日方每利
用共同委員會，為實施該國侵略政策之工具，於已有利
時則提及之，於已不便時則漠視之，應請各國注意。
（四）日方對於虹橋事件，一方同意以外交方法解決，
一方軍艦雲集，軍隊增加，軍用品大量補充，此種舉
動，不獨影響各國僑民生命財產之安全，且對於我國之
威脅與危害。根據上述理由，應請大會對日方請求駁
斥，並將日方之威脅行為報告各國。同時告以中國方面
雖認今日共同委員會之召集為無謂，但如各中立國代表

能以友邦使領代表資格加以調處，我方自所歡迎，惟辦法必須平允等語。後各中立國代表問雙方軍隊能否設法隔開，以免衝突危險？當駁稱，我方隊伍在本國領土，採取自衛行為並無不合，日方軍隊如能撤退，自無衝突之危險，至此會議頓成僵局。厥後我方表示，中國軍隊當恪遵中央人不犯我、我不犯人之一貫政策，如日方不向我攻擊，當決不向其攻擊，請各國放心等語。日方代表繼續同樣表示，遂散會。謹聞。查本日會議經過，關係重要，除在各中外報紙盡量披載之證明日方首先破壞停戰協定外，並通知各國通訊記者發電宣傳矣，並聞。上海市市長俞鴻鈞叩。文戍。

上海俞市長來電

民國二十六年八月十三日

急。南京外交部勛鑒：元午電計達。密。關於日陸戰隊今晨違背諾言，輕啟釁端，向我北區守軍攻擊一案，除即通知各通訊社電告各國外，並於今午正式向日本總領事提出書面抗議，並將抗議書抄送各國駐滬總領事知照矣。謹聞。發電時各線無戰事，並聞。上海市市長俞鴻鈞叩，元午二。

附註：元午電係今晨日軍啟釁向我射擊事，即通知各
　　　通訊社飛電各國聲明，日違背不先攻擊之言
　　　由，電報科謹註。

行政院函外交部

民國二十六年八月十四日

院長諭:「據上海市市長俞鴻鈞元午電稱,今晨九時日兵一小隊衝入橫濱路,向我隊伍射擊,經我部隊沉著應戰,二十分鐘後即停止,已立即通知路透、美聯及其他通訊社飛電各國,聲明日本首先啟釁。又據元午二電稱,日方背信啟釁一案,今午已正式向日領提出書面抗議等情。應併案抄送外交部。」等因。相應抄同原電,函達查照。此致外交部。

行政院秘書長翁文灝、魏道明代

二　東京許大使電告日方動態

東京許大使來電

民國二十六年八月十三日

南京外交部。一一五八號,十三日。聞海、陸兩省,正協議派遣陸軍至滬,惟因華北牽制,或不能過兩師團,海軍則增派二等巡洋艦兩艘,驅逐艦四艘,航空母艦尚在佐世保待機。其戰略除以海陸混合兵力襲擊上海外,並利用海軍飛機轟炸沿江炮臺、兵營及南京、杭州、南昌、洛陽等處飛行場,對南京更肆意炸毀,另以驅逐砲艦巡游長江,阻止我軍渡江。並聞其希望我布告宣戰,俾彼得實行封鎖海口,英。

東京許大使來電

民國二十六年八月十三日

南京外交部。一一五九號,十三日。本日日緊急閣議

後，以書記官長談話發表聲明，其要旨謂大山事件發生以來，日方持慎重態度，但中國竟蹂躪上海協定，以正式軍隊開入上海，日方曾要求召集停戰協定委員會，列國亦勸告中國反省，然中國仍配備軍糧於停戰區域，當地情勢惡化，其責任全在中國。日本為使中國拋棄挑戰態度，防止事態惡化，當對中國嚴重交涉，並盡力保護僑民云云。大使館。

東京許大使來電

民國二十六年八月十四日

南京外交部。一一六二號，十三日。七百九十九號電，於晚十一時三刻奉到。已電告約廣田誠（似漏一「懇」字）晤談。連日焦灼憂煩，屢患頭眩，經延醫注射，未見速效，病不能興，祇好力疾往訪。以英觀察，彼之所謂不擴大者，蓋為對內欺君民，對外欺國際之口號，對我則藉獲暇豫，大量徵發，積極充實戰備。多謂本月中旬以後彼必大舉攻我，最小限度亦須完成其華北五省計劃。少壯驕橫，政府無力抑制，徵諸以往事實，口號與手段，莫不相反，正不待詢而明。邀請商議，仍是要我履行各種協定，並增加新協定，若為其口號所迷惑，則協定必無已時，與其以協定召致重重束縛，終勝必亡，何如一舉而脫於架鎖。最後勝敗之時，再負興衰之責，天下後世，庶可相諒，冒昧陳詞，幸恕意見鯁（似漏一「直」字）。明日晤廣田，固當傳達部旨，力盡職責也。世英手奏。

附註：七九九號去電，係日方擬如何在事實上進行不

擴大方針，希會晤廣田請其誠懇見告由，電報
科謹註。

三　軍情報導

上海辦事處來電

民國二十六年八月十一日

急。南京外交部鈞鑒：密。據聞此間原有日艦十二艘，
今日增加十六艘，一部分屬第二艦隊，餘屬於第三艦
隊，俞市長與岡本總領事正在談判，迄發電時止，尚未
告竣。辦事處叩，真印。

上海辦事處來電

民國二十六年八月十一日

急。南京外交部鈞鑒：。密。頃聞日軍搬運軍械甚忙，
情形緊張，又聞日海軍素來態度比較和平，近因大山案
甚為憤激。今日海軍登岸者，約二千人，合原有二千餘
人計四千餘人。現要求我保安隊先撤退為第一先決條
件。辦事處叩，尤。

上海俞市長來電

民國二十六年八月十三日

即到。南京外交部長勛鑒：密。今晨九時十五分，北區
日陸戰隊水兵一小隊，衝入橫濱路東寶興路地段，向我
隊伍射擊，經我部隊沉著應戰，二十分鐘後，戰事旋停
止，鴻鈞立即通知路透美聯及其他通訊社，飛電各國，
聲明日本首先啟釁，違背不先攻擊之諾言矣，謹聞。職

俞鴻鈞叩，元午印。

上海余銘周玨來電

民國二十六年八月十三日

南京外交部鈞鑒：。密。頃據較確調查，我軍穿便衣者一隊通過江灣路，為日軍所阻，雙方稍有衝突，旋即停止。職余銘、周玨叩，元（十三日）。

上海余銘周玨來電

民國二十六年八月十三日

南京外交部鈞鑒：。密。本日下午四時，八字橋、天通庵、東寶興路、寶山路一帶，又發生衝突，迄今未停，已由俞市長根據本部聲明，提出抗議，以佔將來外交上之地步。謹聞。職余銘、周玨叩，元。

上海辦事處來電

民國二十六年八月十四日

南京外交部鈞鑒：。密。寒電敬悉，（一）滬西日豐田紗廠駐兵，確於今晨撤盡，撤退時由英軍護送出租界，以免意外，現該紗廠已由英軍駐防。（二）據法領事稱，日軍在法租界投手榴彈事，並非事實，並表示法方不許日軍進法租界。（三）據英法方面稱，今日大世界及英大馬路外灘被投彈事，係由我國空軍所為。外報輿論多有責難。（四）英駐軍司令官Brigadierllett到處抗議我空軍在租界投彈，並稱如日軍過蘇州河南，當即繳日軍之械，亦望我軍勿侵入租界等語。（五）英司令又

稱，今日向日海軍要求將出雲艦駛離楊樹浦，但日海軍
拒絕其要求，謹復。辦事處，叩寒。

上海余銘來電

民國二十六年八月十四日

南京外交部鈞鑒：刻上海陸空戰事十分劇烈，我軍頗佔
優勢，現已衝進虹口，抵楊樹浦外息，日方甚恐慌，蘇
州河南日軍曾一度衝入租界，被英兵阻止，今夜情形甚
緊張，俟續聞。余銘叩。

上海俞鴻鈞來電

民國二十六年八月十四日

急。南京外交部勛鑒：密。本日戰情如下：（一）今晨
我軍已進抵楊樹浦一帶，敵軍敗退公大紗廠，我軍乘勝
追擊，公大紗廠即可攻下。（二）江灣路方面，我軍已
進佔持志大學內址，淞滬鐵路沿線，天通庵東站附近地
段皆在我軍手中，均向前推進中，江灣路日海軍司令部
亦即將攻下。（三）我軍已進抵新廣東路，寶樂安路一
帶。（四）我方飛機三架，向日海軍旗船出雲號轟炸，
一彈落於出雲艦之外擋，幾乎命中。又據報，（一）日
飛機至麥根路東站及閘北投彈。（二）日空軍有轟炸
南京消息。（三）日軍部通知各領事轉告僑民，謂將
發生空戰，凡居中國軍事機關附近者，速避開。又通
知工部局，謂將有空戰，警告居民速避，謹聞。發電
時，有我方大隊飛機向敵艦轟炸，並聞。上海市市長
俞鴻鈞叩，寒酉。

上海俞鴻鈞來電

民國二十六年八月十四日

特急。南京外交部勛鑒:密。今日下午四時,當我方飛機來滬應戰,與日機交戰時,忽有炸彈二枚落於法租界大世界附近,傷斃路人二百餘名,法總領事今晚已來函抗議,同時公共租界外灘,華懋飯店亦發生同樣事件,炸燬該大廈一部分,並傷斃數十人,但截至現在,英領尚無表示。又今日下午,美領由電話抗議,我飛機在美旗艦旁投彈,當據理駁復,謹電奉聞。上海市市長俞鴻鈞叩,寒(十四日)戌。

東京許大使來電

民國二十六年八月十六日

南京外交部。一一七一號,十六日:據報日方派遣陸軍兩師團前往上海,已分途出發。又東京第一聯隊,今日亦開拔。許世英。

此電已轉軍事委員會、參謀本部、軍政部錢主任。

上海余銘周玨來電

民國二十六年八月十八日

急。南京外交部鈞鑒:。密。此間自今日五時半起,迄現在止,敵機轟炸不停,希圖擾亂我方人心,首都方面望速準備,恐日內有大隊敵機飛京肆擾也,謹聞,余銘、周玨叩,巧。

此電已轉軍委會何部長、錢主任、參謀本部。

上海余銘周珏來電

民國二十六年八月十八日

南京外交部部、次長鈞鑒：（一）日以我方擊沉其商船五、六艘，今日佔領招商局北棧碼頭，以為報復。（二）日商船兩艘，由京下駛途經江陰，被我方砲阻，將船截留。謹聞。職余銘、周珏叩，皓。

上海辦事處余銘來電

民國二十六年八月十九日

南京外交部鈞鑒：。密。頃京滬警備司令部後方辦事處副主任，由前方回，據說，本日戰局無甚變更，公大紗廠尚在敵手，海軍操場確已佔領，海軍俱樂部曾經佔領，現已退出。我軍因各街巷均設有機關槍，前進稍緩。現已籌定大包圍計劃，使日軍入者不得復出。聞日軍死傷甚多，解決不過時間問題，我軍士氣極旺，現已商定由職處派員聯絡情報。謹聞。職余銘叩，巧（十八）。

上海余主任來電

民國二十六年八月十九日

南京外交部鈞鑒：密。（一）據外交團消息，敵機今晨八時至九時，在江陰投拋毒氣彈。（二）今日下午南翔、蘇州一帶交通忽斷，現已修復。謹聞。職余銘叩，皓。

交通部來電

民國二十六年八月十九日

本京外交部勛鑒：頃據中國航空公司電稱，本晨敵機轟炸龍華民航機場；歐亞航空公司機棚已被炸毀一部，正火焚中，深恐公司機棚亦將繼被轟毀等語。除電陳行政院，並分電外，特電查照為荷。交通部叩，皓印。

上海辦事處來電

民國二十六年八月廿日

南京外交部鈞鑒：。密。今晨八時，我空軍六機到滬轟炸，虹口日軍司令部，及日總領館附近發火，據外國軍事人員目擊者談此次擲彈均能命中，現火尚未息。又據由楊樹浦來之外僑稱，敵方糧食缺乏。謹聞。辦事處叩，號。

華盛頓大使館來電

民國二十六年九月九日

南京外交部轉中央通訊社，紐約論壇報，盛揚中國軍士勇武抗戰，成績驚中外，並引一二八及此次滬戰為例，略謂，中國軍士在日本最犀利武器威脅之下，始終未退，實力具存，殊堪欽敬。中國軍士乃為主義而戰，故覺銳不可當等語。大使館。

上海方唯智來電

民國二十六年九月十四日

南京外交部李司長大鑒：密。極密。英代辦昨晨晤川

越，據日方消息，霍牢提出兩點即：（一）敦促日使對許閣森受傷，速與正式而滿意之答覆。（二）關於上海中立區問題，徵詢日方最後意旨。據謂此事希望極少，日方或勝或敗，均無實現可能，日如戰勝，則工部局對於虹口及楊樹浦之行政亦將不保，日如失敗，則我方亦難同意。長谷川之答覆，顯係拒絕英美法之提議，不過不明白說出。最後英代辦曾要求日使說明敵在滬作戰之終極目的，川越答以釁自彼開，以相抵塞。智叩，元。

上海市長來電

民國二十六年十月十四日

急。南京軍事委員會鈞鑒，軍政部、外交部勛鑒：。密。今晨敵開花砲彈擊中美旗艦（Augustas）號，在甲板上爆炸，無線電員一名受傷。美司令已向日方抗議，謹聞。上海市市長俞鴻鈞叩。鹽（十四日）印。

上海余銘來電

民國二十六年十一月二日

南京外交部鈞鑒：據某國軍事專家密告，日本在滬之軍隊共計十六萬人，其中一萬人係海軍陸戰隊。再據告：自瀏河至羅店駐臺灣旅團及第十一師團，自羅店至劉行間駐第三及第九兩師團，自劉行至滬西間駐第一另九第一另一及第一另二，三師團等語。謹電奉報。職余銘叩，冬印。

第六節　上海戰事的交涉

一　陳次長與日高參事談話紀錄

陳次長會晤日本大使館日高參事談話紀錄

時間：民國二十六年八月十二日下午三時卅五分至四
點廿分

地點：次長會客室　董科長在座

事由：上海虹橋事件

日高：今日晉謁貴次長，仍為上海虹橋事件。上海方面
　　　局勢至為嚴重，然日方固不願其擴大而複雜化。
　　　前次共同委員會開會時，岡本總領事即曾提出駐
　　　紮上海之貴方保安隊，足以招致重大之危險問
　　　題，請求設法解決。關於此事，該會會議紀錄，
　　　可以複查。日方所以抱此見解，良以就保安隊之
　　　裝備，在吳淞建築砲臺，以及在上海附近一帶挖
　　　掘戰壕，並在日本陸戰隊司令部附近，設置防禦
　　　工事。凡此種種，不僅違反上海停戰協定，且足
　　　發生極大危險。為避免此次事態擴大計，深望中
　　　國方面，能將上海附近之保安隊，即予撤退。今
　　　日閱南京報紙，始悉岡本總領事已與俞市長對於
　　　此先決問題，已有所商談，其實此固為防止事態
　　　擴大之最重要措施。再有一事，應向貴次長說明
　　　者，即昨晚接岡本總領事報告，最近中國飛機在
　　　吳淞一帶，每日於日本軍艦上低飛。此種舉動，
　　　易於引起誤會，至請貴方特別注意，設法予以制
　　　止。再關於中國飛機在日軍艦上空，作爆擊姿勢

飛行，除在栂艦上一次，已向貴方提出交涉外，其後又有一次，中國飛機，復向日軍艦作威脅姿勢，直落軍艦旁，與艦身平行，表示機槍掃射姿勢，此事中原海軍副武官曾向軍政部提出抗議，本人亦曾向高司長言及，其後，中國飛機當無同樣事件發生。

次長：關於上海保安隊事，據俞市長報告，已與岡本總領事有所接洽，即在日僑居住區域較近之保安隊，當事件發生之後，已自動後退，以免衝突。至防禦工事，如沙袋與鐵絲網等亦已酌加撤移或正在計畫撤移中。至於貴參事適間所言，中國飛機在日本軍艦上空低飛一事，本人並無所聞。反之，我方曾接確實官報，昨晨有日機三架，飛至杭州筧橋偵察，又前晚在乍浦發現日艦三艘，昨晨在舟山群島發現日艦十數艘，且據貴國沖野海軍副武官向上海楊警備司令代表面稱：最近日方在上海已增加海軍陸戰隊二千名，並聞佐世保派來第二艦隊，此種足以使時局更趨嚴重之舉動，請貴方特別予以注意。昨晚本人曾將贊成就地和平解決虹橋事件意思，向貴參事說明，並已報告部長。而上海方面，亦在由俞市長與岡本總領事商談中，況我方為表示誠意起見，早已自動將距日僑居住區域較近之保安隊撤退，並將防禦工事酌為撤移，故希望貴方亦能同樣努力，免使事態擴大。至貴方所提吳淞口一帶飛機事，容詳細調查，再為答復。

日高：此次自漢口撤返上海之陸戰隊，為數祇數百人。
　　　而於虹橋事件發生前，東京方面原有增加駐滬陸
　　　戰隊之定議。

次長：貴方在上海增加陸戰隊，並增大批軍艦來滬，
　　　是一事實，無可否認。同時貴方復主張由外交途
　　　徑，解決此次虹橋事件，顯然有利用武力威脅我
　　　方就範情勢，此層希望特別注意，務望仍根據不
　　　擴大事態宗旨，早日和平解決。

日高：增派軍艦來滬事，本人尚不悉其詳。惟據本人推
　　　測，或係為輸送陸戰隊而來，因該項陸戰隊，並
　　　未以商船運載。

次長：在上海貴國陸戰隊，除原有者外，近更增加自漢
　　　口撤返者，新自貴國增派來滬者，以及軍艦上原
　　　有之水兵，其數當在七、八千，故上海中外人民
　　　均因此極為焦慮，期政府妥謀解決方法。貴國在
　　　上海，此種陸海空三方面活動，實已使上海及其
　　　附近之安全，發生極大威脅。

日高：據本人推測，增派到滬之陸戰隊，諒由佐世保之
　　　海兵團調來。

次長：我方近來尚據報告，日來貴方有大量軍火武器，
　　　向駐滬陸戰隊司令部搬運，此種報告，雖非正
　　　式，但此種舉動，殊難令我方釋疑。

日高：關於貴次長適間所提，日機三架於昨晨飛杭州
　　　偵察，及日艦在乍浦、舟山等處游弋二事，容詳
　　　細調查後，再為答復。而本人關於報端發表消息
　　　事，略有微見，此層前晤王部長時，亦曾提及，

例如昨晚俞市長與岡本總領事，關於虹橋事件之商談，今日中央通訊社竟將經過，詳細發表。本人意見，以為此時雙方應自由發表意見，若每次商談經過，報端即詳細發表，商談人員勢將無迴旋餘地。如此於問題之解決，當更增加困難。不知中央通信社此種消息究從何方得來，當然非由日方供給。

次長：恐係由上海方面獲得。

日高：本人向不信任報端紀載，今貴國報端將貴方情形，如此詳盡發表。如日方亦將自方情形，詳細發表，於解決事件工作之進行，勢將無法進行，至少亦將增加極大困難。

次長：本人昨晚向貴參事所言者，今日在報上僅發表希望此次虹橋事件早日就地公平解決。然在貴國方面，例如貴參事談話向極溫和，而貴國報紙發表貴參事會議事消息時，常將貴參事所發言詞，變成極嚴重字句。昨日俞市長與岡本總領事談話，極關重要，為中外人民所注意，或以此故，發表較為詳盡。惟此係本人推測。

日高：昨晚俞市長與岡本總領事商談情形，本人尚係於今晨藉報端獲悉，迄今猶未得岡本正式報告。故以後關於發表消息，希望雙方能於事前先行接洽。再昨晚貴次長所提，貴國在東京大使館雇員張君等二名，遭日警逮捕事，本人業已去電外務省，特為奉告。

次長：甚謝，本部亦已電知東京大使館。

日高參事辭出後，曾向道寧聲稱，我方報紙將雙方交涉
情形盡量發表，殊足妨礙交涉之進行，此種現象，務請
我方設法改善。道寧答以貴方報紙，亦無不如此，例如
昨日上海日報，對於雙方在肇事地點，共同調查經過，
發表亦極詳盡，故雙方均應注意此事。日高答以尊意甚
是，遂與辭而別。

二　王部長與日高參事談話紀錄

部長會晤日高參事談話紀錄（均用英語）

時間：民國二十六年八月十三日下午四時〇分至五時
廿分

地點：部長官舍會客室　董科長在座

事由：上海虹橋事件

日高：自上次為蘆溝橋事件晉謁貴部長以來，本國政
　　　府對於當前中日間糾紛，即抱定不擴大事態宗
　　　旨，向前努力。為避免長江一帶，中日間再發
　　　生意外起見，不惜下最大決心，將長江上游
　　　重慶、宜昌、沙市、長沙一帶日僑日領先行撤
　　　退，繼復將漢口、九江、蕪湖，日僑日領亦同
　　　樣撤退。各該地日僑日領撤退後，日艦因無必
　　　要，亦相繼駛返上海，而在漢口之谷本少將，
　　　亦隨同到滬。在京各國使館對於日方此種果斷
　　　態度，皆極表讚美，認為足以大減中日間糾紛
　　　擴大可能性。但不幸適當漢口日僑日艦撤抵上
　　　海之夕，虹橋機場事件，即隨而發生。然日方
　　　一面採取適當措置，以免事態惡化，一面即與

上海俞市長進行商談，願就地和平解決。關於
事件本身情形，本人此時不願耗費時間與貴部
長詳談。本人欲與貴部長商談者，乃為足以使
虹橋事件擴大之上海保安隊問題。在一月前，
日方因駐紮上海及其附近之保安隊，增加名
額，充實武器，並有挖掘戰壕情事，由岡本總
領事在上海停戰協定共同委員會中，向貴方出
席代表俞市長提出質問，並喚起各中立委員之
注意，妥謀處置辦法。乃俞市長當時因限於市
長地位，對於此層拒絕詳加說明。而今次虹橋
事件肇禍地點，係在越界築路上，因而情形，
更覺嚴重。自肇事日起，形勢日趨嚴重，今竟
達極點，在吳淞方面，貴方竟開到正規軍隊，
且逐次迫近日本海軍陸戰隊司令部。岡本總領
事以職責所在，乃努力於防止事態之惡化，向
俞市長建議，撤退保安隊及其他武裝隊伍。據
俞市長稱，肇事之夕，貴方業已自動將日僑居
住區域附近之保安隊撤退。惟岡本總領事仍主
張，須撤退至槍彈所及距離之外。昨日下午三
時，共同委員會開會時，岡本總領事以雙方已
達一觸即發之情勢，故要求中國方面，第一步
應先將保安隊及其他正規軍隊，即行撤退，但
不能於日間撤退，而於夜間復行開回。本人昨
晚對於上海兩方對峙情勢，極為擔憂。下午據
獲消息，知已有小衝突。頃復據指外務省及川
越大使訓令，來謁貴部長，對於本事件之嚴重

性，喚起注意。其實本人前昨兩次謁見陳次長
時，即已特別提及此點，昨日下午事態驟形惡
化，並曾特請陳次長設法，使俞市長能繼續進
行和平解決工作。

部長：貴參事前昨與陳次長所談各節，本人業已知悉。
我方對於貴國將長江一帶日僑日領撤退一層，表
示好感。至於虹橋事件，貴方傷亡軍官水兵各一
人，而我方亦傷亡士兵一人，曾由雙方會同實地
調查，努力於和平解決。目前情勢，我方亦覺極
度緊張。然我方接獲報告，據稱貴國已有大隊海
陸空軍，開抵上海，在此種重軍壓境情勢下，為
自衛計，我方自不得不增派軍隊，為自衛而調派
軍隊，固為任何人所不能反對之鐵則。貴方不僅
在滬增兵，且以軍用飛機，在杭州、寧波各地，
擅自飛行，並以軍艦向各地威脅。然我方即在此
情勢下，仍準備與貴方繼續進行和平解決。不獨
對於此次上海虹橋事件，即對於華北目前糾紛，
迄至今日，固亦隨時願與貴方進行和平解決。本
人向來主張和平，而於中日間一切糾紛，無不努
力謀和平解決方法。

日高：本人亦向抱此種主張。

部長：本人與貴參事頃間所談，可得一結論，即貴方
為不願擴大華北糾紛，故已將長江一帶日僑日
領撤退，同時中日雙方皆不願事態擴大。兩大
國間之全面衝突，對於兩國民眾，均非幸福。
近代戰爭，在武力方面占優勢者，實際上所獲

未必如所期望者,例如歐戰後之德國,其復興
速度以及成績,均較戰勝者之法為優越,貴參
事當能領略此中意旨。故本人希望雙方均宜以
友誼態度,解決當前之糾紛。貴方已提出撤退
保安隊及正規軍隊之要求,我方亦要求貴方將
增開來滬之陸戰隊及軍艦、飛機等即行撤退。
如欲我國一方接受貴方要求,在此全國民氣激
昂之時,決非人民所能允許,事實上,貴方在
上海已由佐世保開到大批軍艦與陸戰隊,即在
此威脅情勢下,本人仍以誠意與貴方進行和平
解決。惟雙方均應注意對方立場,顧到對方利
害,任何辦法如僅於一方有利,則此種辦法,
殊難成立,絕非真正解決方法。

日高:貴部長主張,本人業已瞭解。惟目前日方所持見
解,恐不能獲得貴方同意。例如一九三二年之上
海停戰協定,當時規定,日軍由戰區撤退,撤退
區城內,則由保安隊駐防,此種保安隊,均由北
平挑選而來;名額方面,當時亦僅二千名左右,
乃一個月前,保安隊不僅於名額大事擴充,於武
器配備,亦變為特別優良,此種設施,顯非應付
平時狀態。不僅危害公共租界之安寧,更益威脅
該租界東北一帶之日僑,因就保安隊駐守地點觀
察,已將該地帶之日僑,採包圍形勢。因此日方
在事件發生前,已一再向各中立國方面,說明此
種情勢,請求採取適當措置,避免發生意外。今
不幸事件已發生,當前之首要措施,在貴方將保

安隊及正規軍隊即行撤退。若能如此，則情勢可
稍緩和，而於問題之解決，當裨益甚大。

部長：我方始終主張，在和平絕望前之最後一秒鐘，
仍望能以和平方法，解決糾紛。吾人應認清，
雙方無論如何，不能將兩國之地理上相鄰之地
位變更，故兩國間一切糾紛，為將來著想，為
兩國民眾永久福利計，總以和平解決為最善。
本人不僅對虹橋事件，期望和平解決，即於華
北問題，亦無不願以和平方法解決雙不僅本
人如此主張，即行政院各同僚，相信亦均同此
感想。本人前接俞市長報告，知事件發生後，
即與貴方接洽，結果甚佳。俞市長並即夕自動
將日僑居住區域附近保安隊撤退。然保安隊撤
退後，貴方反陸續增兵增艦，且據報在事件發
生前，即每日有大批軍器軍火，向陸戰隊司令
部輸送，在上海貴方採威脅態度，在寧波、杭
州一帶，貴方亦以飛機軍艦，加我以威脅。此
種手段，又豈誠意謀和平解決所應取？總而言
之，本人對於貴方意思，業已明悉。但希望貴
參事亦明瞭本人意思，雙方努力於和平解決。
至對上海停戰協定看法，我方與貴方不同，保
安隊之駐紮並非對貴方之敵對行為，所設防禦
工事，亦非對貴方之敵對行為。蓋均為自衛之
一種設備。例如美國在夏威夷設防，得謂為美
國對日方之敵對行為乎？再如英國在香港設
防，得謂為英國對中國之敵對行為乎？

日高：本人不能贊成貴部長之見解。保安隊在淞滬之
　　　設防，與日僑居留區域，距離太近，故與貴部
　　　長舉例中情形，大不相同，本人仍認為係一種
　　　敵對行為。

部長：本人亦不能贊成貴參事見解，例如瑞士係一永久
　　　中立國，今亦於其國境，建設種種防禦工事，而
　　　意德雖與瑞相鄰，然迄未聞表示反對，認為瑞士
　　　已對彼等進行敵對行為。

日高：現下中日雙方在上海情形，與此不同。

部長：第一，我方認為保安隊在上海，並未作何對日
　　　之敵對行為，已如上述。第二，上海停戰協定本
　　　身，我方認為早因日軍之歷次進出八字橋方面，
　　　而破壞無餘。

日高：向例中國軍隊通過北站時，均向日方通知，而此
　　　次貴方正規軍隊進抵北站，竟不履行此項手續。

部長：上海停戰協定，已成歷史上遺物，當然不能再限
　　　制我方。

日高：停戰協定，迄今仍繼續有效。

部長：上海目前形勢已極嚴重，惟雙方如不能瞭解對
　　　方，則絕難獲得和平解決。

日高：日方在上海所處環境，與在漢口者不同。在漢
　　　口尚能設法撤退日僑及陸戰隊，在上海則不能如
　　　此。故日方現處地位，實至不幸，希望貴方能諒
　　　解此點。

部長：關於過去日本飛機在華北之不法飛行，本部曾向
　　　貴方提出數次抗議，及近今在保定等地之投彈，

　　　　姑且不論。此次上海事件發生後，日機在寧波、
　　　　杭州等地飛行威脅，均係事實，此皆顯係敵對行
　　　　為，而貴方不自責，反以我國保安隊之駐紮及防
　　　　禦工事為敵對行為，天下寧有是理耶？

日高：貴部長是否抱此種見解，認為日方不將軍隊撤
　　　　退，則貴方保安隊及正規軍隊亦不能撤退乎？

部長：本人可明白奉告，一切事均須雙方同時努力，
　　　　始得有成。若專責一方撤退，而己方陸續加增軍
　　　　力，不獨不合理，且係不可能之事。至我方不僅
　　　　對此次上海事件，即中日間全部問題，均願和平
　　　　解決，而不欲再有衝突。

日高：今晨發生之小衝突，諒不致擴大，本人亦極望能
　　　　和平解決。

部長：我方業已命令上海方面，不得首先開槍，盡力避
　　　　免衝突。現上海方面，雙方仍在繼續商談中。然
　　　　此非一方所可為力之事，必須雙方盡量容認對方
　　　　意見，始能有所成就。

日高：和平解決之先決條件，仍在貴方將保安隊及正規
　　　　軍隊撤退。

部長：彼此應顧到對方立場，否則絕對不能。

日高：日方之所以如此主張者，因中國保安隊及正規軍
　　　　隊，已將日方陸戰隊司令部包圍，日方實已無地
　　　　可退，故至少希望貴方能將包圍司令部，及日僑
　　　　居住區域附近之保安隊及正規軍隊撤退，貴方是
　　　　否有消滅在滬全部日本陸戰隊之意？

部長：並無此意，請勿誤會。

日高：就地解決，實為最妥當辦法，故本人對虹橋事件
　　　本身，不欲多所談論。
部長：本人並非要求日方應將上海陸戰隊司令部撤退，
　　　惟希望將事件發生後，新增陸戰隊及軍艦即行撤
　　　退。歸納本日與貴參事談話結果，可分三點，即
　　　（一）雙方皆願為和平而努力。（二）杭州、寧
　　　波一帶日本飛機、軍艦之示威行動，貴方應特別
　　　注意。（三）雙方仍希望和平解決，此不僅對虹
　　　橋事件，即其他中日問題，亦願循此路徑進行。
日高：我方對於上海停戰協定之解釋，與貴方見解不
　　　同，此應特別聲明。再附帶有一事，須請貴部長
　　　設法協助，即本月十一日自漢口下駛之岳陽丸，
　　　載有本國領事及僑民五十餘人，於昨晚八時許，
　　　離京駛滬，現因鎮江以下禁止通航，故究駛抵何
　　　地，尚無消息，本人極為焦灼。關於此事，今日
　　　正午，始接到貴部正式通知，數小時前，軍政部
　　　方面，亦有通知與中原副武官。此項通知，若能
　　　於昨晚接到，尚可阻止該船下駛，今已不及，船
　　　中並搭有貴國海軍部顧問寺岡，該船行蹤，希望
　　　貴方即予查訪見告，並妥為設法保護。
部長：鎮江以下江面之禁止通航，本部於今晨九時，
　　　始接到通知，因此致貴方或受不便，至為抱歉。
　　　至於岳陽丸事，本部業已設法保護，請貴參事釋
　　　懷，本人當將貴參事來意，轉告各同僚，同時希
　　　望貴參事亦將我方意見，即為報告外務省。
日高：尊意已悉，當即電告外務省。

三　中國對英、法、美等國的交涉情形

上海俞市長來電

民國二十六年八月廿三日

急。南京軍事委員會鈞鑒，軍政部、外交部勛鑒：養戌
電計達。密。頃據義領來通知，停泊求新碼頭之意艦，
決定今日下午一時開出，並云因該艦吃水甚淺，爛泥渡
方面雖有障礙物，仍可設法通過，但請轉知軍事當局等
語。除轉知外，並已飭警察局注意設法將障礙物增加，
務使該處連吃水甚淺之艦亦不能通過，謹聞。上海市長
俞鴻鈞叩，漾午。

附註：養戌來電——請設法使義軍艦駛出口外由，電
　　　報科謹註。

上海俞鴻鈞來電

民國二十六年八月廿三日

即刻到。南京外交部勛鑒：。密。今晨准法總領事來函
謂，法國政府以自蘇州河至南市一段浦面。為外艦所停
泊，主張作為中立地帶，今晨法遠東海軍總司令皮高德
中將，親訪日第三艦隊司令，將是項計劃通知。查前在
法界浦面停泊之日本魚雷艇，已經離去，故中國如能同
意下列兩點，則是項中立似屬可能。即：（一）中國兵
船不得經過該中立地帶。（二）不得在該處埋設活動水
雷等語。今午復接法領來函，略稱今晨零點至四點，有
槍彈數發自浦東方面飛來，擊中法國旗艦辣冒德比甘
號，另有槍彈在艦面掠過，又有小徑口砲彈一枚，墜於
艦殼發生爆炸，此種事實證明在黃浦江內，設立中立地

帶之必要云云。查法領所稱，關係我國主權，但國際輿
情亦難漠視。擬婉詞答復，中國兵艦通過該段地帶，未
便受任何限制，惟中國對各友邦利益與安全素極重視，
如法國方面能保證日艦不停泊，或通過該處地帶，我方
可保證不在該處埋設水雷，當否？敬乞示遵為禱。上海
市市長俞鴻鈞叩，漾酉。

上海俞市長來電

民國二十六年八月廿四日

即刻到南京。外交部勛鑒：密。今日下午中國便衣隊
員，在滬西白利南路附近（本為越界築路，但英軍認為
係彼防區）以手榴彈向二日人投擲，一名旋即斃命，一
名受有重傷，此種行為本屬不合，正飭屬查辦間，今晚
駐滬英軍司令忽來函，謂我警察人員與此案有關，主張
解除第六區警察武裝，並請市長下令該警察，將軍械自
動繳租界警察局等語。當以英軍司令來函未便置復，但
即函致英總領事，告以該英軍司令來函內容，並謂本案
發生固屬不幸，但本市長對英軍司令所主張一節，萬難
同意。我方警察當局，並否認該局人員與本案有關，本
市長將加以調查，惟此種不幸事件，租界內近來亦嘗屢
有發生，本市長惟有令飭警察當局嗣後嚴切注意，如英
軍當局以此為解除我警察武裝，本市長不得不認為極不
友誼之舉，是以引起重大誤會，請煩查照轉知英軍司令
為荷等語在案。竊以際此中日戰事正亟，極不願發生中
英間誤會，故除嚴誡警察局嗣後應特別慎重外，並將妥
慎應付，冀可消弭糾紛，謹電奉聞。上海市市長俞鴻鈞

叩，敬亥。

上海俞市長來電

民國二十六年八月廿五

急。南京行政院鈞鑒：外交部軍政部勛鑒：敬亥電計達。密。英軍司令對於滬西白利南路，日人被襲擊傷斃一案，仍謂我方警察與本案有關，堅持撤退或解除曹家渡警察武裝之議，市府除駁復外，為表示大公無私起見，已用函提議組織一中外委員會，以調查本案真相。惟彼方尚未答復，但口頭表示以英軍防區內（英軍防區市府根本並未承認），日僑眾多，若我警察不解除武裝，必再發生同樣事件，希望我方能自動辦理等語。現仍在設法應付中，萬一英方竟不顧一切，妄加迫逼，為避免糾紛計，擬（一）將在越界築路地段，如白利南路路中之警察撤退，越界築路以外地段維持原狀，或（二）越界築路路上之崗位照舊不動，但除警棍外，自動不帶武裝。越界築路以外地段，維持原狀，如何？敬希察核示遵為禱。上海市市長俞鴻鈞叩，有申。

附註：敬亥來電，關於白利路附近二日人被中國便衣
　　　隊襲傷，英軍司令主張解除第六區警武裝，交
　　　涉經過由，電報科謹註。

上海俞市長來電

民國二十六年八月廿六日

特急。南京外交部勛鑒：有申電計達。有電奉悉。密。關於滬西白利南路日人被襲擊傷斃一案，英軍司令以不

願在英軍防區內有武裝警隊，以本案為藉口，故堅持解
除曹家渡警察武裝之議，累經交涉無效。今日下午據警
察局報告，英軍司令竟派隊至曹家渡各區所，強令將軍
械交出保管，倘武力抵抗，恐發生中英糾紛等語。除向
英總領事提出抗議，並要求將軍械剋日交還外，謹先電
聞。上海市市長俞鴻鈞叩，宥戌。

上海俞市長來電

民國二十六年八月廿七日

急。南京外交部勛鑒：密宥戌電計達。滬西曹家渡各區
所，被英軍司令以武力迫交之軍械，頃已於當日下午七
時竭力交涉，悉數取回，並已再函英總領事提出嚴重抗
議矣，謹先電陳。上海市市長俞鴻鈞叩，感未。
附註：宥戌來電，係英軍司令派隊至曹家渡各區所，
　　　強令軍械交出保管由，電報科謹註。

上海俞市長來電

民國二十六年八月十五日

南京外交部勛鑒：密。（一）今日上午英總領事通知
謂，英國海軍總司令有函致中國空軍司令，抗議中國飛
機在英艦甘不蘭頻投彈，聞該項抗議書將請由我外交部
轉達云。（二）法總領事有函到市府，謂法海軍總司令
決定，如中國飛機再有如昨日同樣舉動時，彼將採取必
要行動云，謹電奉聞。上海市市長俞鴻鈞叩，咸酉。

上海俞市長來電

民國二十六年八月廿九日

特急。南京外交部軍政部勛鑒：密。頃准法總領事函稱，在南市附近封鎖處自由通行之浦面，現被鐵鍊阻塞，因之法旗艦辣冒德比甘與砲艦都大及求新廠並蕭家廠、法商自來水廠間之交通不能照常維持。查現有法水兵一隊，管理以上兩廠，該自來水廠與法租界衛生所關至鉅，加以避難人民增多，對於該廠尤不得不由法國水兵加以保護，而居於華界之法國水兵，至少亦須與居留於法租界內之華人得到同樣安全，務希貴市長迅向中國政府斡旋，俾法國小艇於該處江面得以不受限制，安然出入。據遠東法國海軍總司令稱，停泊於求新廠前之法砲艦都大號，將於本月三十一日傍晚之前移泊於封鎖地點之下遊。又聞封鎖地點之上遊敷設水雷，則不惟危及都大砲艦，暨往來於蕭家廠法租界間之小艇，且亦危及停泊於法租界浦面之法國兵艦，故請貴市長查照轉致中國司令部，並希將辣冒德比甘號與蕭家廠法國水兵間交通之重要情形，向南京政府轉述為荷等因。除電知張總司令外，應電請查照示復為禱。上海市市長俞鴻鈞叩。艷。

上海俞市長來電

民國二十六年九月四日

限即到，南京外交部、軍政部、參謀本部勛鑒：密。法、美、英總領事頃聯名來函，內附英、美、法三國駐滬艦隊司令聯名，致中日兩方軍事當局通知書一

件，譯意如下：美、英、法三國海軍總司令，請日本
第三艦隊司令長官及中國軍事當局注意：「昨日中午，
中日雙方在上海港內第五、六、七段地界內，互相砲
攻之結果，有數砲彈墮於公共租界蘇州河南岸及法租
界內，人民死傷者有四、五十名之多，浦東方面產業
亦受有重大損失，本總司令等以為此種攻擊如繼續不
已或擴展，則外人住居區域之安全，必受重大影響，
外人生命財產亦將重受危害，故本總司令等為避免同
樣事件發生，及保持受彼等保護之外人居住區域內之
生命財產之安全起見，提議及請求中國與日本雙方應
照下列辦法撤退。（一）日本軍艦應撤退至黃浦江第
七段以下。（二）中國在浦東之軍隊應撤退至浦東路
以東，張家渡濱以南。美國亞洲艦隊總司令耶納爾、
英國駐華艦隊總司令立德爾、法國遠東艦隊總司令雷
比古。」等語，法、美、英總領並請將本件轉達我方
軍事當局等情，除函復照轉外，謹聞。查所謂黃浦江
第七段以下地段，即指招商局下棧碼頭以下一段浦面
而言。合併陳明，上海市長俞鴻鈞叩，支未。

上海俞市長來電

民國二十六年九月四日

限即刻到。南京外交部、軍政部、參謀本部勛鑒：克來
電計達。密。查英、美、法三國海軍司令所建議我在浦
東撤退至張家渡濱以南云云，張家渡濱即張家濱，在南
市董家渡碼頭對岸，應請注意。再查該海軍司令等所請
求我軍撤退地段，尤其在陸家嘴一帶。昨日敵軍屢圖登

岸，以襲擊我浦東部隊，交戰甚烈。如司令等能保證敵
軍不在此地段登岸，固無問題，否則敵艦雖撤退至浦
江第七段下游，仍可派隊乘小船向該處從容登岸，似
甚危險，謹再電陳，敬祈鑒察為禱。上海市市長俞鴻
鈞叩，支酉。

謹註：支未來電，係英、美、法三國艦隊司令聯名要
　　　求，中日軍事當局撤退駐軍及軍艦至僑民居住
　　　一區域外由，電報科謹駐。

上海俞市長來電

民國二十六年九月十五日

南京外交部勛鑒：密。准英國駐滬署理總領事達維森函
開：查關於本年八月十四日南京路及虞洽卿路、愛多亞
路轉角處，由空軍降落炸彈，致英國人民所受之損失，
本署理總領事相應達知貴市長，本國政府保留提出賠償
損失之各項權利，所有對於該項損失之初次清單，當隨
後送達也，即希查照為荷，等由。相應電達，即希查照
為荷。上海市市長俞鴻鈞叩。刪申。

上海俞市長來電

民國二十六年九月十五日

特急。南京行政院軍事委員會鈞鑒：航空委員會、外交
部、軍政部、參謀本部勛鑒：密。頃准美、英、法、
意、荷五國駐滬海軍總司令會銜來函，譯意如下：在過
去一月間，公共租界蘇州河南岸，及法租界內之居民，
時受高射砲之危險，死傷者為數甚多，揆厥原因，不外

交戰雙方之空軍，在租界及其附近上空飛翔所致。在此種情況之下，大量之高射砲彈，遂不免落於租界之內，而多數非戰鬥人員，對於此次不幸之戰爭本未參加者，亦因此而慘遭傷亡，故本總司令等請求及催促中國軍事當局，採取相當步驟，使中國飛機不飛翔於租界及其附近上空，並注意於高射砲之發放，勿使其害及無辜之非戰鬥人民，實所深盼。本總司令等，對於日方當局，並已作同樣之提議，合併奉告云云。現職擬復以查日軍潛藉租界，及黃浦江中心為其侵略之軍事根據，本國空軍為自衛計，置本國之領空抗戰，諒各友邦所深表同情。本國軍事當局對於租界內，中外人民以前所遭遇之危險，自深惋惜。故為顧及界內之安全計，已嚴飭所屬空軍及其他作戰部隊隨時注意，竭力避免足以危及界內非戰鬥人民之舉動，惟危害租界內人民生命財產之根本原因，仍在日軍利用租界，以為侵略我國之軍事根據。故本市長及本國軍事當局以為貴總司令等，如欲求得界內中外非戰鬥人民安全之保障，應設法使此種根本原因消除等語。是否有當，敬祈鑒核。迅賜電示祇遵。上海市市政府鴻鈞叩，刪酉。

上海辦事處余銘來電

民國二十六年九月十六日

南京外交部鈞鑒：密。刪電敬悉。遂即密商英總領事，請其對於綸昌廠工頭丁克郎 Tinkler 即予切實注意取締。彼允詢商該廠總經理，今日銘復晤該總領事切實商洽，該總領事比即邀綸昌廠總經理 Hargreaves 商談，

該經理謂丁克郎素不滿日方暴行，渠敢擔保該工頭決不致有間諜行為，並謂此事該廠已於本月六日函復俞市長在案。銘比謂我政府決非無端商請，應請令其即日離廠以避嫌疑。結果彼方允切實注意其行動，必要時設法令其離廠，謹將交涉經過先行奉聞。辦事處叩，銑。

上海顧祝同來電

民國二十六年十月九日

京委員長蔣：據朱總司令微申電轉，據八十八師孫師長報稱。密。潭子灣至曹家渡一帶之蘇州河南岸，意大利駐兵近日不時放槍，且禁止小船過渡，數日前擊斃我工友二名，昨三日職部政訓員陳志澄經過該地河邊，亦被擊一槍，幸未傷人，請轉報提出交涉等情。查意兵對我軍態度極劣等語。除電俞市長就近向意軍當局交涉外，謹聞。職顧祝同。魚戌未，印。

附註：此電係軍委會第一部抄電，謹持註明，電報科
　　　謹註。

上海辦事處來電

民國二十六年十月廿九日

急。南京外交部鈞鑒：密。本日下午二時，敵以小輪二艘運兵向蘇州河西駛，本處得悉，即密告我軍事當局，並通知英駐軍當局，後聞英軍事當局以輪船攔阻敵輪交涉。查英當局，最近態度甚佳。本處除通知俞市長向新聞界表示對其感謝外，並請楊司令致函英、美、義駐軍感謝對於我軍退卻時，及傷兵難民蒙各友軍救助，表示

謝忱。謹聞。駐滬辦事處，叩，艷。

上海俞市長來電

民國二十六年十一月二日

急。南京外交部勛鑒：上海辦事處譯轉貴部東電敬悉。密。查滬戰發生以前，日方武裝官兵自由出入華界，暨公然在市區內大規模演習，違反上海停戰協定之事實太多，殊難枚舉。茲謹就本年來擇其犖犖大者，撮要電復如次：一月十一日午後一時二十分，日本陸戰隊三十名全副武裝，攜機關槍三挺，在狄思威路、其美路以至其美路底一號橋一帶演習巷戰；同日午後二時卅分，及三時五十分有日兵百數十名攜帶山砲機關槍，在施高塔路吉祥里一帶演習，並經過全家庵路，香煙橋橫路，楊家濱北路，轉其美路、狄思威路而去；二月十八日下午二時二十分，有日軍陸戰隊武裝兵廿餘名，由長官率領，自日本司令部徒步來江灣路莊家閣附近空地集合，區分偵探十餘班，演習搜索聯結動作，一路由何家宅至水電路一帶，另一路由花園街底恒業路、橫濱路、八字橋等處，演習約一時半鐘始分別散去；又六月四日下午一時四十五分，日軍陸戰隊約二連全副武裝，有坦克車七輛，輕機關槍四挺，機器腳踏車三輛，在寶山路、同濟路口演習，當時交通被阻十餘分鐘，旋該軍隊分三路演習，一路由寶山路至橫濱路、青雲橋演習，一路向同濟路、八字橋演習，又一路由天通庵車站對面空地，向江灣路花園街演習，復至東洋啤酒廠，坦克車七輛由同濟路向八字橋而去。同時青雲橋方面亦有日兵一大隊，分

派尖兵及偵探出發演習，經過青雲橋、同濟路、恒業
路、向花園街底前進，同時花園街底啤酒廠亦來一排同
樣動作，均至下午三時四十五分始向司令部撤退。至其
他不經通知，武裝闖入市區以參觀為名，任意偵察地形
等事，更所時有至，日僑萱生被殺案發生後，日方水兵
常川駐紮於八字橋地段附近，尤為違反協定之彰明較著
者。以上各案，歷經本府向日總領事署提出抗議在案，
謹電查照。上海市市長俞鴻鈞叩。冬（二日）酉印。

上海方唯智來電

民國二十六年十一月十日

急。南京外交部：密。情報司（一）金融界極焦急敵將
在滬使用日偽幣。（二）滬警備司令部在法租界之辦事
處昨晚被搜查，敵已向兩租界提議，取締界內各種抗日
標語，此殆係政治運動及壓迫之開始。智叩，灰。

上海余銘來電

民國二十六年十一月十一日

急。南京外交部鈞鑒：灰電敬悉，今日下午往訪法大
使，據談南市來電，貴方人民受無辜犧牲者頗多，難民
逃命入法租界者源源不絕，法租界自來水廠彌近戰區，
如受意外，食水有恐慌之虞，計算多增難民對於治安頗
感困難，本大使茲為人道，愛惜生命及法租界治安起
見，懇請在該區域弭止戰爭，貴國軍隊現解除武裝，入
法租界者已有數百人，最好貴國軍事當局明令軍隊准予
撤退，則法當局當照國際治外法權可予義務辦理，盡量

收容及照料，並表示歡迎等語。謹聞，如何盼覆。職余
銘叩，真（十一日）印。

附註：灰去電，日軍攻擊南市情形如何，法當局取何
　　　態度，速查復由，電報科謹註。

上海辦事處來電

民國二十六年十一月十三日

南京外交部鈞鑒：密。挪威代辦華理到處聲稱，敝國輪
船（Belray）現停泊在鎮江，擬請貴政府准該輪下駛，
聞封鎖處有辦法駛出，因該輪專運火車頭需用甚急，倘
貴政府准予下駛，敝政府殊深感激等語。謹聞。辦事處
叩，元。

江防司令呈蔣委員長文

民國二十六年十一月七日

案據江陰區江防司令歐陽格十一月七日呈稱：「查日帝
國主義駐淞滬陸海空軍，為策應蘆溝橋事件，企圖遂行
其傳統的大陸政策的迷夢起見，突於八一三拂曉，首先
向我開釁，擴大侵略戰線。當時我方為阻遏敵勢上竄，
危害國家生命，及損及列國在華利益起見，曾將長江自
鎮江以下水道，實施封鎖。所有船隻，除本國海軍船隻
外，一律禁止通航。此種處置，純係國家自衛權之行
使。至鎮江以上水道，除日敵船隻外，仍得照常開行。
凡此經過，曾由外交部正式通知各友邦查照在案。關於
江陰一帶水雷封鎖，原由本部擔任，本部敢絕對負責，
不致因器材或潮流關係而變更位置，因此等問題，在佈

雷以前，曾加以圓滿的解決。惟現時敵方據各方情報，曾派遣大批自稱富有經驗之水鬼來華，專事破壞江陰封鎖。依我方目前防範程度判斷，敵計實難得逞。萬一我方碰雷，在我軍防範能力以外，最少數雷繩被其破壞，致雷身飄出水面或仍沉水下，衝至下游，致炸傷或轟沉日敵以外之船隻，危及日敵以外之生命財產，本部實難以無由代為負責。日敵狡賴百出，將來戰事達到某階段時，彼方海軍或將在江陰至吳淞口一段水道，暗佈碰雷，以期炸燬吾國或他國船隻，為中傷吾國與國際間情感，嫁禍於我，及增加我方停戰後掃雷困難之計，可能性並不薄弱。在此種情形之下，本部更難以無由代為負責，理甚顯明。本部現時除飭屬嚴密防範外，事關國家外交及利益，管見所及，擬請鈞座轉請軍委會令飭外交部通告各友邦，在長江鎮江下游船隻，遇有碰雷炸傷或轟燬事件，應向日敵要求賠償，我國不能負責。是否有當？理合備文呈請鑒核！」等情；據此，查該司令所陳，不無見地，理合轉呈鈞會，令飭外交部通知各友邦，以明責任。謹呈國民政府軍事委員會委員長蔣。

江防總司令　劉興

第七節　日本的非法行為

一　僑港漁民被敵燒殺

內政部咨

民國二十六年十二月九日

案准廣東省政府二十六年十一月冬三文代電，據中國僑港漁民協進會理事謝憤生等代電，以海上漁船漁民慘被敵艦焚燒屠殺，損失甚鉅，亟待賜援一案請查照，對外宣示並予設法救濟等由，准此。查該項漁民慘遭損失，殊堪憐憫，似應由廣東省政府就近將失業漁民調查登記，並予酌撥荒山荒地，俾資救濟，至所請對外宣傳一節，事屬貴部職掌，應請酌予核辦。准電前由，相應加具意見，並抄同原代電咨請查核主稿會復為荷，此咨外交部，計抄送原代電一件。

部長　何鍵

抄原代電

南京分送外交部王部長、內政部何部長、實業部吳部長勛鑒：頃據中國僑港漁民協進會理事謝憤生等，馬代電稱：「粵海自遭敵艦封鎖，人民首蒙大害，厥為海上漁船，是以月來大號漁船被焚燒屠殺者有二百艘，損失價值在二百伍十萬元，人口死亡五千眾，脫險生還者僅三百人，攀桅木浮沉五晝夜，卒為外國商輪新荷士、嘉應號兩船先後救回十二人，此為知而有據者，不過若是之數，其如未知者不知若干矣。香港政府對此被擊沉漁船案仍常注意，特設調查會組織調查法庭，特別公開審

訊，將以摧殘人道者昭告於世界。反之我國轉趨沉寂。敝會為中央僑務委員會領導下之會社，職責所在，未便緘默，故對於被屠殺之漁民事件，迭次向當地政府代此被難者呼籲，並請求海軍當局派艦保護漁船出海作業，如不能時，懇賜荒地墾殖，栽種雜糧，俾為生計，以資活命。因此間全部漁船失業，日啜稀粥，不得一飽，船在六十號，人口逾四萬強，漁民無副業，船乃其生產工具，海即其無量富藏，今不特影響局部漁民生計，實與戰時民食極有關係。當歐州大戰時，美國先不與焉，嗣美郵輪兩艘先後被潛艇炸沉於大西洋海，總統威爾遜緣是提出為人道戰於議院，方加入戰團，黷武窮兵者因此旋告失敗。茲敵艦對我國交未絕，不宣而戰，毀我都市，早為國際公法所不容，今復不卹蹂躪人道，世界文明盡遭其粉碎無遺，此種殘暴不特為人類之公敵，直文明之罪人。敝會除呈報中央僑委員，暨海內外同情援助外，務乞我粵黨國諸公迅電香港政府，予漁民以保護，復請中央外交部提出報告國聯，宣告於世界，促起沿海岸之漁業國家人民惠以援助，使知暴敵所謂王道，所謂文明，無非用作欺騙世人之面具，吾人應暴露其殘忍性於世界人士之前，使對於瘋狂嗜殺之暴敵，應否受世界人道之制裁，想世界公理決不為武力所戰勝也。臨電惶恐亟待賜援。」等情。到府據此除電覆暨令行民政、建設兩廳核議具報外，特電達查照，尚希對外宣示，並予設法救濟為荷。吳鐵城叩，冬三文，印。

二　日機濫施轟炸

巴黎顧大使來電

民國二十七年六月二日

漢口外交部。一六八號：日機轟炸廣州事洋文電敬悉。頃譯交法外次，彼云頗願考量，但對西班牙叛黨，空軍任意轟炸屠殺，屢提出抗議，迄無效果，恐日本抗議亦難生效。再今晨見法下議院長及司法部長，談及日空軍之違法，肆意轟炸慘無人道，彼均謂可向教庭申訴，俾以人道訴諸世界公論，以戢日方之殘暴云。所言亦是。似可將大部節略設法遞送教座，請其主持人道，請速核示。顧維鈞。

華盛頓王大使來電

民國二十七年六月三日

漢口外交部。七四三號：日機濫炸事電計達。今日美外交次長發表聲明，痛斥轟炸非軍備區域，殺戮無辜人民，認此種作戰法不合國際公法，為美政府人民所不容。聲明事前得總統核准，並暗指日本轟炸廣州情事。

倫敦郭大使來電

民國二十七年六月四日

漢口外交部：英政府對廣州之空軍轟炸，已訓令駐日大使向日政府抗議，但西班牙轟炸則擬進一步提議組織中立調查團，就地視察，以冀制止此種暴行。其影響所及，自於我有利，但我方似應要求各友邦取同樣辦法，擬俟節後向外部接洽，如何？仍乞電示。又英首相

昨在下議院問答時云：「I will do anything I think world be really effective in preventing Japanese government from sanctioning raids of this character」Quo……

外交部電巴黎華盛頓大使館

民國二十七年六月七日

日機濫炸廣州市區，迄未停止，昨日死傷平民達一千五百餘人，中山大學被毀，醫院紅十字會及救護車均遭轟擊，情形之慘，亙古未有，希再切商英、法、美政府請以人道立場勸令日方立即停止專對平民之大屠殺，美法、英美、英法已同時去電。外交部

倫敦郭大使來電

民國二十七年六月十日

漢口外交部：連日廣州、西班牙之飛機轟炸，滅絕人道，英政府抗議，兩方均不置理。英國商輪在地中海被炸有七次之多，給英國以深刻之激刺，認為係德、義、日軸心之作用，英對義妥協政策之失敗日形顯著，而德復不承認奧國舊債，使英方受巨大損失。英政府迫於環境，其外交政策有轉趨硬化之勢，現正考量應付西班牙局勢之有效方法，其影響所及，自與我方有利，祺當注意其演變續陳。至財政援助問題，據羅斯最近口氣，不甚樂觀，而新歸國之 Frayburn 亦以為須英政府擔保，銀行界始能為力。祺當於下星期三英閣議前，續向各方奔走促進。聞中央銀行顧問 Roger 將返英，是否奉孔院長命而來？又英外長面告 Roger 日前來電稱，以據宋子

文先生告祺，曾電政府謂英外長為財政援助事，近催促
英財長辦理，英外長謂英內閣向係一致，如上云云，恐
使中國政府以為彼態度與其同僚或不無異同，囑祺便
陳，免生誤會。祺。

三　在金華投鼠疫桿菌
軍委會致外交部電

民國二十九年十二月十三日

外交部王部長、軍令部徐部長、軍醫署盧署長、衛生署
金署長、中國紅十字會潘秘書長：據浙江省政府主席黃
紹竑歌生電稱：上月二十八日敵機空襲金華，二架散佈
白煙並有魚子狀顆粒落下，經人民搜集送檢，由本省衛
生處長陳萬里、軍政部第二防疫大隊長劉經邦、福建衛
生處防疫專員柯主光、本省衛生處第二科長鄭介安、本
省衛生試驗所技正吳多豐五員，在鏡檢下鑑定其形，業
辨係鼠疫桿菌，除繼續由該員等施行其他生物學試驗
外，謹電呈報。又據第三戰區司令長官顧祝同虞緘電
稱：查此次金、衢兩縣先後發生鼠疫，發病迅速並無鼠
疫流行病學上預發象徵，如大量死鼠之發見等。當經調
查，均在發病前一週由敵機於疫區上空擲下穀類小麥，
其中混有跳蚤。上月儉日，又在金華擲下顆粒狀粘性
物，經搜集大舉檢查，證實確係鼠疫桿菌，顯然敵方施
行慘極人寰之細菌戰無疑。除飭所屬加緊防治外，懇請
通電世界各友邦，主持正義，揭發敵寇滅絕人性之暴
行，並通令全國注意防範各等語。查敵寇此種行為，顯
係違背人道，亟應一面設法嚴密預防，以免蔓延，並準

備對外宣傳，與發動國際主持正義干涉倭寇步驟，希即
會同切實研究，擬具具體方案，呈候核奪為要。中正，
元，侍秘渝。

四　在越拘捕華僑搜查中國領館

外交部致法大使館節略

民國卅年九月廿八日

外交部茲向法國大使館致意並聲述：據報，本月二十六
日晨二時，日軍強入駐河內總領事館搜查，當被拘去館
役二名，並掠去傢具及保險箱，又有中國人及安南人
共約一百名被拘，其中約六十名業經釋放。又據同盟
社及合眾社二十六日電，日軍在河內擅行搜查中國總
領事館，拘捕館役，搶奪財物，並在海防河內大捕華
僑，當時越南當局未能切實阻止，深覺遺憾。應請轉
電越南當局，向日軍方面要求立即將尚在拘留中之館
役及華僑釋放，並將掠去之財物送還。並請越南當局
注意，此後不得再有此類情事發生，一面對於中國駐
越各領館及在越華僑之身體財產繼續切實保護，並見
復為荷。合即略達。

傅次長會晤法大使館博德（Baudet）參事談話
紀錄

時間：卅年十月二日下午三時
地點：外交賓館
事由：越南日軍越軌行動
博德參事謂：前承劉司長告以中國政府，對於法國政府

所提撤退駐越南中國領館建議所採取之立場後，當即電
達法國政府，並指出中國政府之態度，不獨異常嚴正，
抑且表示對於法國政府之信賴，法國政府應予以諒解。
今晨果得維希外部來電，囑轉達三事：（一）法國政府
對日軍在越暴行，表示深切之歉意，日方行動，實違反
其與法方所締訂之協定；（二）越南政府，向日本駐河
內總領事館，及日本駐軍提出抗議，法國政府並已電令
駐日大使館，向日本外務省提出嚴重抗議，並請制止同
樣情事發生，及釋放被捕諸人；（三）法國政府已電令
越南總督採取任何有效方式──不論代價如何──保護
中國駐越領館及館員。

傅次長除表示欣感外，並謂法方困難，素為我方所了
解，此次法方能顧及我方之立場，行見中法邦交，益趨
鞏固，至堪欣慰。但日軍橫行，無所不用其極，萬一不
能停止其軌外行動，法方將何以應付。

博德參事謂此點不甚明瞭，當即電詢。俟得復再行奉
達。總之，中法合作，終將實現，目前雖不能提出具
體辦法，但個人深信必有達到目的之一日。前晤郭部
長時，亦曾提及此事；個人看法，此事可在許多方面
實行，例如越南可以米糧供給邊界駐軍。劉司長謂關
於越米事，已請主管機關供給我方需要之數字，俟得
復再告。

博德參事又謂：日前劉司長請其轉達越南當局，准許中
國領館駐高平人員以密碼通電，業已照辦。劉司長稱
謝，並謂：據我國駐法大使館來電稱，據密訊被捕之中
國人已有數人被日軍槍斃，應請查明真相。博德參事允

即電詢。

傅次長謂現在英美態度日益明顯，法方對日，似可減少
顧忌；在目前情況之下，日方未必敢實行侵佔越南全
部，法國政府儘可採取較為堅強之態度。博德參事謂：
英美之確定態度，已往對於法國已極有裨益，現在歐局
及中國戰局均漸有好轉（是日適接湘北大捷之喜訊），
此均可使法國興奮云云。

軍委會致外交部情報

民國卅年十月十一日

英駐貢總領事表示我貢領館遷大勒辦公，實為非計。駐
貢英國總領事面告，據英方所得消息，敵方意見，對於
越南問題，文治派主緩進，軍人派主急進，一時未能決
定。近衛內閣為避免困難起見，決將提前派文治派前輩
芳澤特使早日來越（按芳澤代表吉田已於九月廿九日抵
貢佈置一切），統理一切，軍人派察知此中意義，故決
計先行動手，製造既成事實，使越南政策仍能依照軍人
派意志向前猛進，即芳澤來越後，因事實已經無可挽
回，亦不得不循序做去。故河內海防捕僑事件，即軍人
派之嘗試行為，恐在芳澤未抵越前，或將再發生驚人舉
動，亦未可知。敵在河內搜查中國領事館，法方抗議
時，敵方藉口中國領事館事務，已委託河內美領事館代
辦，且總領事館招牌早經卸除，同時未升有中國國旗，
敵方認為僅係普通居民住宅，因有嫌疑，故入內搜查。
今駐西貢領事館退至大勒辦公，倘敵方又藉口中國領事
已遷大勒，前來搗亂，豈非自取其辱，故西貢領館撤至

大勒辦公實為非計，應請注意等語。

外交部電駐法大使館

民國三十年十一月十三日

駐法大使館：據駐西貢領事館電稱，廿二日晨三時至四時，敵憲兵在西貢堤岸綁擄華僑七十餘人，計有公司、戲院、旅館等，職員及工役職員二人、茶役一人、中國旅行社職員、招待、僕役各一人，怡太公司代表高憲周，新華旅館旅客及職工十餘人，現代茶室店主夥友十餘人，堤岸中國戲院院主職員四、五人，新亞旅館及白雲旅館旅客四十餘人，經該館會同當地警察局設法緊急營救，迄至廿二日晚有半數被釋，尚有三十餘人，被拘留於敵憲兵司令部，該館已向越督提出嚴重抗議等情。除向法國大使館交涉外，仰同時洽請法政府轉電營救，並具復為要。外交部。

五　日方企圖強奪上海特區法院
重慶司法行政部來電

民國廿七年五月十九日

外交部王部長勛鑒：密。本部據報，敵人嗾使上海偽組織，圖謀強迫接收特區各法院甚亟，已先後電令各該院長官切實注意，妥慎應付，並督飭僚屬勿得轉離職守，以杜覬覦在案。頃復准司法院秘書處函送軍委會軍令部第二廳抄送密電一件，列舉敵方計劃甚詳，事關我國法權至鉅，協定簽字各國均有共同維護之義務，各國果能堅持到底，敵人度必知難而退，倘租界當局以此藉口別

有企圖，欲置特區法院於其權力之下，即屬破壞協定，亦非我國所能容忍，應請貴部查照，迅商有關各國駐使對於敵人非法要求，務須嚴行拒絕，並轉飭租界當局尊重協定，與特區法院密切合作以敦睦誼，而維法權。仍希將交涉情形見復為荷。司法行政部，皓，印。

軍委會致外交部情報

民國二十八年十月廿六日

敵積極進行攫取滬特區法院。

十三日上午邀法國總領事來館，對於法院問題求其答復，該總領事答稱，如能圓滑實行兩重監察制度，實屬甚佳，但裁判官中若有拒絕南京政府之任命者，則將發生糾紛。重慶政府現已洞悉此種計劃，法國亦已受重慶政府之質問，今法國以成立一九三一年協定之當事者之立場，深願恢復與維新政府不發生任何關係之地位，率直言之，法國以為與我判官直接交涉較為妥善。

小官因稱：關於此問題，我方之所以與貴方磋商者，因法院在法租界之內，今後願不以法院之所在地為問題，只著眼於法院本身，而詳密進行我方計劃，尚望法國遮眼蔽耳，置若罔聞等語。該總領事對此頷首，並更堅決稱，如此則法國對於外部之非難，亦願不予理會。

小官繼再三稱：我方對一切必慎重進行，望貴方對於不受理任命者等，亦加深切注意。法總領事問：本計劃是否僅擬對第二特區法院交涉。小官當答稱：本計劃目前雖僅擬施之於第二法院，但將來對於第一特區法院亦擬作同樣交涉。

法總領事對此稱：以個人之私見，因特區法院裁判官，不論第一、第二皆為一體，故反以兩法院同時施行為當，不識以為然否？小官接稱：本計劃乃根據前次禁止揭揚青天白日旗之例者，公共租界並非在市參事會議長之獨裁下，而法租界則不然，可由法領事個人之意見而左右，故先由法租界法院開始，如適才貴方意見，認為與兩院裁判官折衝為適當，則同時與兩租界法院交涉事亦非不可能，法領事力稱若單對兩法院之一方交涉，一方法院之裁判官，必與他方法院之裁判官相商，此時若發見一方之裁判官，對此事尚毫不知曉，則一方之裁判官慮被他方裁判官認為負有某種使命，而加以警戒，對於接受經新政府之任命上不無阻礙，故認為此項交涉，同時向兩方進行，既安全而妥當。

小官對其忠告表示謝意，並答以電請上峯加以研究，同時法領事對第一特區法院裁判官，亦力說此項交涉應同時向兩方逕行為妥當之理由，推測其內面似可認為法方為避免此項辦法之實行週知時，各方祇對法方默認事之不滿而出之策。

外交部電軍委會

民國二十七年七月廿八日

軍事委員會蔣委員長鈞鑒：奉本月廿六日寢川侍六第二五八〇號代電，以據確報敵方與上海公共租界工部局協定臨時辦法，廢止特區法院，設立臨時裁判所，希即設法制止等因。查此事本部已於廿五日文請英、美兩大使館轉達，英、美政府迅電上海租界當局予以

制止，並仍維持現有法院之原狀，一面電飭郭、胡兩使就近提出交涉在案，除俟得復再行奉陳外，謹先電復，敬祈鑒核為禱。外交部部長王，叩儉。

六　發行偽鈔並擾亂中國金融

財政部咨

民國二十七年四月八日

查凡非中央核准發行銀行所發之鈔票，應依照向例，不得收受行使，違者重懲不貸。前於二十六年八月二十日由部通行遵照，嗣以華北偽組織設立所謂聯合準備銀行，發行偽鈔，希圖擾亂我國金融，並擬在天津英、法等租界設立分行，及流通偽鈔情事，經即以漢錢字第四三零八四號密咨，請轉商英、法等國駐華大使密飭各該國駐津領事拒絕設行，並曉諭僑民對於偽幣拒絕收受行使在案。近據密報：偽銀行成立後，即趕印偽券三億元，兌換中、中、交三行法幣，其印刷偽券之費，亦欠掛未付，並勒令我銀行認股攤負，我銀行洞燭其奸，已嚴正拒絕，但敵詭計百出，仍不免利誘威脅，俾遂其野心。茲為維護人民利益起見，特再向中外聲明，該項偽券在我國境內絕對無效，政府將來亦不負任何兌換及整理之義務，相應檢同聲明書一份，咨請查照，轉行各國駐華大使轉飭各該國僑民一體知照為荷，此咨外交部。附件。

財政部長　孔祥熙

附件

查敵人近在北方唆使偽組織設立偽準備銀行，非法

發行無價值不兌現之偽幣，連日中外報紙已披露其欺騙
人民，破壞我國幣制之詭謀，及平津中外商民一致信賴
法幣，拒收偽幣之事實。本部發言人並曾於本月十三日
列舉事實，揭其奸謀，諒為國人所週知。政府對於敵人
妄圖破壞我國幣制之陰謀，早籌制裁防範之方法，現正
分別施行，已收顯效。偽幣在平津市場價值大跌，即其
明證，偽銀行之終將倒閉，蓋為必然之事實。惟內地人
民或有不辨真偽，不明利害，致受其欺騙，貿然行使偽
幣者，特再舉其事實利害為國人告。

　　查偽銀行籌劃之初，曾謊稱將籌集資本若干，但醞
釀數月，開業迄今，資本分文無著。近接密報，其印刷
偽幣之費用，亦掛欠未付，其內幕之空虛，不言可知，
最初敵人原欲騙誘平津各銀行入股，並以各行負責人為
偽銀行之董監事等。各銀行深明大義，洞燭其奸，堅守
立場，嚴予拒絕，中、交各行經理並先後離津，表示決
絕。偽組織強派各行之股份，絕對不予繳解，故偽銀行
資金毫無著落，其所發行之紙幣，乃完全無擔保、無價
值之偽幣，將來決無法兌現也。

　　敵人國內財政恐慌，資金枯竭，其在華北設立銀
行，作偽款之用意有二：即一方欲以偽幣換取我法幣，
再轉而奪取我外滙，或以偽幣收購我之物產，運往國外
抵償其向他國購買軍需物品之貨款；一方則視偽幣為軍
用票，以之發放軍餉，由敵軍隨時使用，減輕其侵略之
耗費是也。我國人民收用偽幣一元，敵人即將多得一份
軍火，增進一份野心，轉而加堅殺戮我同胞，故使用偽
幣，不啻助敵殺我，在此全面抗戰期間，全國人民應深

明此義，絕對拒絕使用者。

　　再就收受偽幣者之本身利益言，偽幣無價值、無保證已如前述。政府對於偽幣絕對不予承認，將來敵軍潰敗，偽幣流散民間，決不能挾之俱去，偽幣必變成廢紙，凡持有偽幣者皆不免擔負損失。爾時雖欲補救，已無及矣，故為人民本身利益計，亦應絕對拒絕使用，免貽後患。

　　偽銀行內容既為空虛，其發行之紙幣自然毫無價值。吾人為抗戰前途計，為本身利益計，均應拒絕使用，務宜家喻戶曉，人人認識，華北同胞尤應特別注意，拒絕收用，要知政府對於法幣始終保障，信用鞏固，人民利賴之政府亦必保障之，在我國境內任何偽幣或敵銀行紙幣之流通，均非政府所能允許也。

　　政府對於友邦商民之利益，亦力予維護。抗戰八月以來，法幣滙價未嘗更動，今後自當更趨安定，友邦人士與政府協力合作，彼此均屬有利。最近平津方面友邦商民，一致拒用偽幣，政府方面殊引以為慰，敵人詭謀，友邦所深悉，仍望勿為所欺耳。

外交部致英法義各大使館節略

民國二十七年四月九日

外交部前據報告：以華北偽組織設立之所謂「聯合準備銀行」，擬在天津英、法、義租界設立分行，流通鈔票。當以該偽「聯合準備銀行」純係一種非法組織，目的在於擾亂中國金融，不但貽害中國人民，即各國對華貿易亦將受其影響。經於本年三月十六日略請英、法、

義大使館，轉飭天津英、法、義租界當局，力予拒絕在
英、法、義租界內設立分行，並勸告英、法、義國旅華
僑民，對於偽幣拒絕收受行使在案。現外交部續據報
告：該偽「聯合準備銀行」已趕印偽紙幣三億元，兌換
中央、中國、交通三銀行法幣。查該項偽幣在中國境內
絕對無效。中國政府將來不負任何兌換及整理之責任。
應再略請英、法、義大使館查照，並轉知英法義國在華
僑民一體知照為荷。合即略達。

軍委會電外交部

民國二十八年五月廿九日

外交部王部長勛鑒：據顧司令長官墨三宥祥電稱，據蘇
省府江南分署主任冷欣梗電，轉據無錫縣長毛木君電
稱：敵寇統制絲繭組織之華北公司，密派奸商冒充外
商，分赴各地設行收繭，一面壓低市價並準備行使偽
幣，企圖擾亂金融，擬請轉部迅向各領事交涉。凡屬絲
繭外商，須攜帶各該國領事護照與旗幟，或特定標記以
資識別，俾便保護等情。查江南絲繭，蘇省府業與貿易
委員會訂立合同，備款三百萬元，盡量收購，除飭查禁
並趕緊搶購外，擬請轉令外交部迅予交涉制止等語。查
敵寇企圖以偽幣收購我物資，以套換外滙之陰謀，自應
切實予以打擊。江南絲繭，蘇省府既經與貿委會備款盡
量收購，尤不容奸商代敵收買，據電前情，即希切實核
辦，設法交涉為盼。中正，艷侍秘渝。

巴達維亞總領館來電

民國二十八年八月十日

重慶外交部：五三三號敵運法幣賤價兜售事電敬悉。不明來歷法幣流入和屬，先在棉蘭巨港發現，嗣本埠偏僻區域亦有土人兜售，每百圓值和幣十一二盾，適新嘉坡中國銀行黃經理過巴，主持泗水中國銀行開幕，請新聞記者由各報館廣為勸告僑胞，並由本館商請本埠中華商會，通函各僑團切勿受愚，如果需要法幣，應向中國銀行、華僑銀行購買。剪報另呈總領館。

行政院令外交部

民國二十八年五月六日

案據中國銀行宋董事長子文，二十八年四月艷電暨五月東電，陳擬應付敵偽在滬成立華新銀行發行偽鈔辦法，及偽銀行於東日在滬新亞開成立會經過，暨應付辦法各等情，並奉委員長代電轉囑飭部照辦等因，應即由該部與財政部各就主管事項迅速辦理具報，除電復委員長暨宋董事長，並分令財政部外，合行抄發宋董事長來電及復電，令仰遵照，此令。計抄發宋董事長艷、東兩電暨冬機渝復電各一份。

院長　孔祥熙

抄宋子文先生艷電

渝。密。委座鈞鑒、孔院長勛鑒：敵偽近鑒於我維持津滬法幣滙兌，華北偽鈔價暴跌至法幣七折以上，窮象畢露，恐慌愈甚。惟謀破壞我金融益急。敵金融顧問宗祥

吉田等，在滬本有另設銀行之計劃，以奪取我華中金融，而為經濟侵略之張本，迭經密電呈報在案。茲查此項計劃，近已日見具體化，昨據本港英商銀行密報：敵偽已密向各該行接洽，定五月一日在滬虹口成立華新銀行，資本五千萬，發行偽鈔，與法幣同價行使，即由華新銀行按八辨士二五，在滬維持該偽鈔對外價值。該偽鈔一經流通，敵偽必照華北辦法，以政治力量，令各稅收機關，所有稅收一律收用偽鈔，一面向其佔領區域，強迫人民調出法幣，攜滬榨取我外滙基金，其用心至為險惡，其手段比發行華北偽鈔更為毒辣，政府亟宜運用全力予以克制，否則殊於抗戰前途發生莫大危險，茲謬擬對內對外緊急應付辦法如下：

（一）對外辦法：

甲、由外交部正式向英、法、美、荷、比等國提出，此次敵偽在滬成立新華銀行發行偽鈔，其最後目的在封鎖全國市場，以為日偽獨霸在華經濟開發與對華貿易之權益，故無論如何，各國不能坐視，聽其成功。

乙、請各該國政府訓令各該國在華銀行，凡偽政府所發一切紙幣，概予拒絕。

（二）對內辦法：

甲、由財部嚴令本國各金融機關、商業機關、各人民團體不准收用任何偽鈔，並不得以偽鈔為任何交易之媒介，違者以漢奸論罪。

乙、廣大宣傳大意如下：偽準備銀行內容空虛，對外毫無信用。成立一年餘，濫發偽鈔，搜羅民財，無微不至。近該偽鈔所值不及法幣百分之七十，查偽銀行發行

偽鈔之時，曾宣佈與日金同價，其幣值為一先令二辨士，今竟跌至六辨士左右，不及定值百分之五十，其欺騙民眾，無過於是。而其結果，則平津物價已飛漲，人民經濟上所受之隱痛尤巨。此際在滬開設銀行，無非欲抄襲故智，以榨取我華中人民之資財，亟應立起反抗，必須有寧死不用偽券之決心，如有武力強迫行使者，市民當以罷工罷業抵抗。

丙、應速在滬秘密組織擁護法幣拒用偽鈔之機關，聯合農、工、商、學各團體，一律拒收偽鈔。

以上各節皆屬急要，如蒙採納尚祈迅賜秘行，迫切待命。再對外方面與弟有私交者，均已分別拜託協助，至外間謠傳天津中、交兩行收受偽鈔，做上海滙兌一節，已查明並非事實，合併陳明。弟子文叩，艷印。

廿八年五月三日抄。

日擾亂金融之政策失敗

民國廿八年五月十日

華北敵擾亂我金融　已自承認完全失敗
偽組織無力制止民眾存儲法幣

（中央社香港八日電）津訊，敵偽在華北擾亂我金融，破壞外滙，禁止中交國幣流通，頃已自行承認完全失敗。偽政委會頃通令，對於「舊」法幣（此即指中交國幣）不再限制攜帶及存儲，惟不准通用，此種矛盾之辦法，足證偽組織絕無能力制止民眾存儲法幣，離開法幣。彼等統治下之地方金融，絕對不能安定也。偽津市長溫逆世珍，曾召集銀錢界談話，飭具結不准提高中交

國幣價值，換言之，即不再使偽幣價值低落，同時又召集外商銀行界談話，請求維持偽幣，但外商各行主張，最好辦法，莫如改使中交國幣，仍照常流通云。自偽幣跌落以來，敵圓價值因與偽幣發生聯繫，故亦隨之跌落，但偽幣跌價之最大原因，乃係敵方之儘量以偽幣收買中交國幣，以購外滙所致。

敵又在華中破壞我法幣　必蹈華北失敗覆轍
我國政府將採取相當對策　財部昨重要聲言

（中央社）財政部發言人九日接見中外記者時，對敵偽在華中設立「華興商業銀行」事，發表其意見如下，敵人自在華北設立偽聯合準備銀行，企圖破壞我幣制失敗後，乃又在華中試逞相同之詭謀，設立所謂華興商業銀行，然此項詭計，亦將同歸失敗也。敵人此種財政上新陰謀，顯為一種初步之策略，企圖實施統制以上海為中心之財政制度。惟上海方面財政制度之穩定，攸關外人之重大利益，敵人之統制企圖，果獲實現，則不但對外人在華中之利益，即對外人在全中國之利益，又將予以重大之打擊。同時敵人之陰謀，亦反映敵國財政已屆日暮途窮。敵方因急需金錢，以充戰費，並支持傀儡組織，已用盡方法，在其軍事佔領區域搜括金錢。華北偽銀行設立之目的，原即在強騙民眾使用不兌現毫無價值之紙幣，現敵人在華北之搜括，已達其限度，惟仍急需金錢，故又轉其目標於華中，敵方所擬設立之新銀行為商業銀行，據謂，其資本半由敵國各銀行擔任，半由傀儡政府擔任，鑒於偽幣在華北之失敗經過，可斷言除非

受敵偽之武力壓迫，決無人願接受此新偽銀行所將發行
之紙幣，敵方雖飾詞欺騙，其新陰謀終必歸於失敗，蓋
因民眾對於事實之真相，知之已甚稔也。我國政府將採
取相當對策，自不待言。若謂外國銀行將接受新偽紙
幣，或將收受新偽銀行之存款，或與之作其他往來，均
屬無人置信之事。各外國銀行為其本身及大眾之利益
計，自將繼續擁護我國之幣制，況一九三三年十一月英
政府即已宣布：中國之國幣，為英人在華交易之唯一合
法幣制。料外人有關各界將採取適當行動，以保障其自
身之利益，同時各外國政府，亦將對敵方在財政之此種
新陰謀，向敵當局提出抗議也云。

行政院令外交部

民國廿八年十月四日

案據財政部廿八年九月廿二日第一六二二九號代電稱：
「查敵人偽造我法幣，擾亂金融，應謀有效抵制辦法，
茲由中、中、交、農四行聯合辦事總處，擬具『敵人偽
造法幣對付辦法』一種，函經本部核定，共為九條，其
二、三、四、五、六、七、八各條多已見諸實行，茲經
彙總編定，既可便利各關係機關之查檢，並可互相參
照，各就應辦之事項努力邁進，除函復迅轉四行照辦，
並分行外，謹照錄原辦法電請察核，轉飭各關係機關分
別遵照，並乞指令祗遵。」等情，據此。除令准照辦，
並呈報國民政府簽核備案，暨分函中央執行委員會秘書
處，軍事委員會及司法院，轉行各關係機關遵照外，合
行抄發該辦法，令仰遵照，並轉飭所屬各關係機關遵

照。此令。

計抄發敵人偽造法幣對付辦法乙份。

院長　孔祥熙

敵人偽造法幣對付辦法

1·四行應設法阻止新法幣券轉入淪陷區內，及在接近淪陷區域之行處，多備舊券發行，使淪陷區內所有流通者，盡屬舊券，則敵人新製之偽券不易魚目混珠。

2·由財政部通令各關卡嚴密檢查敵人印製偽券，絕對不使竄入未淪陷區域內，則受害地方不致蔓延。

3·由財政部通咨各省轉飭所屬特別注意防範，務使境內敵人所造偽券不得留存。

4·四行應擇要發送各種樣本券，與接近淪陷區域之縣政府，請其張貼示眾，使人民發現偽券時就近可以核驗，不致受欺。

5·四行應宣示真券偽券不同要點，並將行使偽券之害，剴切詳列，印製宣傳品，由中央宣傳機關設法在淪陷區域內散發，並請中央宣傳機關，或駐在附近淪陷區域之軍委會政治部，以各種宣傳方法同時進行，俾我民眾知所從違拒絕行使。

6·凡據情報知敵人偽造法幣印製裝運等情時，應由國際宣傳機關對各友邦極力宣傳其狡謀，如知偽券號碼數額時，則由外交部正式對各友邦聲明，該項偽券本國不能承認，務使敵人不正當醜態舉世畢露。

7·淪陷區域內如有偽造機關時，因我軍警權力不能執達，應託印券之外國鈔票公司出面交涉，蓋敵人製造偽

券對銀行為破壞信用，對國家為擾亂金融，對印券公司則為侵害法益，在法律地位上言之，該鈔票公司自有出頭交涉之權也。

8．無論在任何地方，若有為敵方收藏轉運或行使偽造之法幣，或未通謀敵方而意圖供行使之用偽造法幣或收集者，經查獲或告發訊實後，應按其所犯情節，分別依照修正懲治漢奸條例第二條第十款，或修正妨害國幣懲治暫行條例第四條之規定，從重處斷。查獲之機關或告發人，於案結後應按照案情暨所獲偽造法幣之數額，由各發行行參酌破獲偽造鈔票給獎之例，優給獎金，如藉故誣陷者，應由原審訊機關依照刑法從嚴究辦。

9．現在流通市面四行法幣，種類繁多，因人民辨識較難，致偽券混用反易，故對付敵人偽造法幣辦法，自以劃一鈔票版式，實為治本之道，四行應將現有各種版式中擇其最精良之一種，作為標準，並將其他雜版陸續收回，以後規定一種券類，每行不得並用二種版式，庶可統一鈔幣，抵制偽造。

民國史料 14

近代中日關係史料彙編：
蘆溝橋事變前後的中日
外交關係

Historical Documents on Modern Sino-Japanese
Relations: Sino-Japanese Relations Before and
After the Marco Polo Bridge Incident

編　者　民國歷史文化學社編輯部
總編輯　陳新林、呂芳上
執行編輯　林育薇
美術編輯　溫心忻
排　版　溫心忻、盤惠秦

出版者　開源書局出版有限公司

香港金鐘夏慤道 18 號海富中心
1 座 26 樓 06 室
TEL：+852-35860995

民國歷史文化學社

10646 台北市大安區羅斯福路三段
37 號 7 樓之 1
TEL：+886-2-2369-6912
FAX：+886-2-2369-6990

銷售處　源流成文化 股份有限公司

10646 台北市大安區羅斯福路三段
37 號 7 樓之 1
TEL：+886-2-2369-6912
FAX：+886-2-2369-6990

初版一刷　2020 年 2 月 27 日
定　價　新台幣 380 元
　　　　港　幣 105 元
　　　　美　元 14 元
ＩＳＢＮ　978-988-8637-51-5
印　刷　長達印刷有限公司
台北市西園路二段 50 巷 4 弄 21 號
TEL：+886-2-2304-0488